우리 시대의 신화

우리 시대의 신화
현대 소설 속 종교적 인간의 이야기

펴낸곳 서울대학교출판문화원
펴낸이 오연천
지은이 유요한

초판 1쇄 발행 2012년 3월 5일
초판 2쇄 발행 2013년 7월 10일

출판등록 제15-3호

주소 서울 관악구 관악로 599 우편번호 151-742
대표전화 02-880-5252 팩스 02-888-4148
마케팅팀(주문상담) 02-889-4424, 02-880-7995
이메일 snubook@snu.ac.kr
홈페이지 www.snupress.com
영문홈페이지 eng.snupress.com

ⓒ 유요한 · 2012

저자와의 협의하에 인지는 생략합니다. 잘못된 책은 바꾸어 드립니다.
이 책의 무단 전재나 복제 행위는 저작권법 제98조에 따라 처벌받게 됩니다.

ISBN 978-89-521-1286-6   03200

* 이 책은 2007년 정부(교육과학기술부)의 재원으로 한국연구재단의 지원을 받아 수행된 연구임
 (NRF-2007-361-AL0016)

우리 시대의 신화

현대 소설 속 종교적 인간의 이야기

유요한 지음

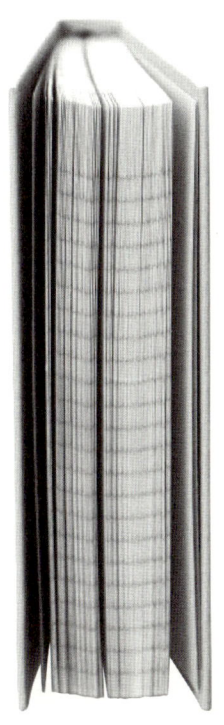

서울대학교출판문화원

프롤로그
문학에서 "종교적 인간"의 모습 찾기

2010년 가을학기와 2011년 봄학기에 그전까지 강의를 중심으로 진행하던 핵심교양 "종교 상징의 세계" 수업에 새로운 방식을 도입했다. 학생들이 최근 출판된 소설들을 매주 한 권 읽고 소설 속에 나타난 종교적 요소를 찾도록 한 것이다. 수업을 시작하고 첫 서너 주는 '종교,' '인간의 종교성,' '신화,' '의례' 등 종교학적 기본 개념과 이론을 간략하게 강의했다. 그 이후로는 학생들에게 한 주에 작품 한 편씩을 읽어 오도록 하여 텍스트 내용을 중심으로 토론과 강의를 함께 진행했다. 내 수업을 찾아온 학생들 중에도 인간의 종교적 면모에 대해서 별 관심이 없는 학생들이 상당수였다. 이들 중 대부분은 소설이나 영화 속에서 종교가 얼마나 중요한 위치를 차지하고 있는지 생각해본 적이 없었고, 종교학적 관점과 지식이 현대의 이야기 속에 담겨 있는 인간의 복잡한 내면과 행위 양태를 심도 있게 이해하도록 도와줄 것이라고 기대하는 학생도 많지 않았다. 당연하게도 이들은 현대 문학작품에서 종교적 인간의 갈망, 삶의 자세, 행위 양태들을 밝혀내는 일을 어려워했다. 하지만 여러 이야기 속의 인간 모습에 질문을 제기하고 함께 토론해가면서, 학생들도 현대의 이야기에서 종교적 신화의 요소를 찾아내기 시작했고, 나아가 상당히 타당성이 있는 자기 나름의 설명을 제기하기까지 했다.

나도 각 작품을 꼼꼼히 읽고, 학생들에게 내가 보는 관점의 해석과 설명을 전달해주었다. 주로 "종교학적 관점에서 이 작품을 이렇게도 읽어낼 수 있지 않겠느냐"는 의견 제시의 수준이었다. 내가 수업시간 중 학생들에게 종교학적 관점에서 작품을 설명해준 내용이 이 책의 토대가 되었다. 종교학 전공자인 내가 문학에 대한 전문 지식과 작품을 해석하는 훈련이 부족한 것은 분명했고, 그래서 각 작품을 보는 일이 무척 어려웠던 것도 사실이다. 소설을 읽으면서 나는 작품의 내용을 이해하고 이를 종교학적 관점에서 해석하는 해석자이어야 했을 뿐 아니라, 문학작품 속에 나타난 인간 군상을 통해 종교를 설명하는 이론가가 되어야 했고, 때로는 "인간에게 종교는 어떤 의미를 지니는가" 혹은 "인간에게 종교는 어떤 것이어야 하는가"와 같은 문제에 답하고자 애쓰는 철학자의 위치에 서야 하기도 했다. 내가 얼마나 이 일을 제대로 했는지는 확신하지 못하겠다. 사실 내가 문학을 다루겠다고 나선 것은 어쭙잖고도 주제넘은 일일지도 모른다.

그러나 나는 문학작품에 나타난 인간의 모습을 이해하는 데에 종교학이 매우 효율적 도구라는 점은 의심하지 않는다. 현대의 이야기들, 특히 소설에는 인간에게 가장 심오하고 폭넓은 영향을 끼친 종교적 성찰과 상징이 여전히 포함되어 있으며, 신화의 주제와 소재들이 끊임없이 차용되고 있다. 게다가, 독자들이 공감하고 감정이입을 할 수 있게 하며 마치 현실인 것처럼 경험하도록 한다는 면에서, 우리 시대의 소설들이 여전히 신화적 힘을 유지하고 있다고도 할 수 있을 것이다. 이 책에서 나는 인간의 모습을 읽어내고 설명하는 종교학의 힘에 의존하여, 우리 시대의 이야기들 속에도 "종교적 인간*homo religious*"의 모습이 담겨 있음을 보이고자 노력했다. 1장에서 좀더 자세히 언급하겠지만, 특히 인간의 위기와 한계를 이야기하는 소설들이 주요 분석 대상이었다. 종교를 통해 인간을 이해하는 것을 목표로 하는 종교학이 소설에 대한 설명도 설득력 있게 제시할 수 있을 것이라고 확신했기 때문에 감히 시도할 수 있는 일이었다.

물론 종교학적 관점으로 문학작품을 해석하는 것이 권장할 만한 유일한 독해법이라는 말은 결코 아니다. 나는 단지 이야기를 중심으로 하는 문학작품에 나타난 인간의 모습을 읽어내는 데 유용한 관점 하나를 제시하고 있을 뿐이다. 이 책의 목적이 여러 소설을 요약해서 소개하여 원작을 대신하는 것도 아니다. 여기서 다루는 이야기들을 읽지 않은 독자라면 내가 분석하고 설명하는 내용을 이해하기 어려울 것이다. 원작을 직접 읽을 것을 권한다.

이 책에서 다루지 않은 수많은 소설이 있고, 어쩌면 내가 알지 못하는 이야기들 중 이 책의 주제에 더 적합한 것들이 있을 수 있다는 것을 인정한다. 게다가 2009년에 냈던 『종교적 인간, 상징적 인간』에서 짧게나마 언급한 작품들을 배제하다 보니, 적절한 책들이 많이 빠졌다. 그중에서도 김훈의 『칼의 노래』, 『현의 노래』, 『남한산성』, 황석영의 『바리데기』, 밀란 쿤데라의 『참을 수 없는 존재의 가벼움』, 『느림』, 파울로 코엘료의 『연금술사』 등은 종교학적 설명을 위해 내가 가장 즐겨 사용하는 소설들이다. 하지만 이전에 냈던 책의 설명과 상당히 중복될 내용은 피해야 한다고 생각했다. 내 독서량이 부족하고 관심의 폭이 좁은 것이 아쉬울 따름이다. 하지만 정말 많은 현대의 이야기들이 종교적 신화의 주제와 내용을 반복하고 있다는 것은 앞으로 이어질 장에서 분석할 책들로도 충분히 보여질 수 있을 것으로 믿는다. 이 책을 읽는 독자들이 종교와 문학이 만나는 자리를 스스로 확인하며, 종교학적 관점을 이용하여 더 다양하고 깊이 있는 생각들을 발전시킬 수 있기를 기대한다.

나를 종교학의 길로 이끌어주신 김종서 선생님, 늘 따뜻한 격려를 아끼지 않으시는 윤원철 선생님을 비롯한 서울대 종교학과 선배 교수님들께 감사한다. 이분들이 한국에서 학문적 종교 연구의 길을 개척하며 힘들게 닦아놓으신 것을 돌이켜보면, 쉽고 편하게 종교학도로 살아가는 내 자신이 부끄럽다.

내가 가르치는 종교학 수업을 듣겠다고 학기마다 찾아오는 모든 학생들이 고맙다. 종교학적 관점이 문학 작품을 통해 설명될 수 있다는 것을 일깨워준 박혜미를 비롯하여, 제자이자 동학인 서울대 종교학과 대학원 학생들에게 고마움을 전한다. 어려운 환경에서도

부지런히 땀을 흘리고 있는 우리 대학원생들에게 종교학 공부는 꿈이자 삶이다. 나는 이들이 확장시킬 지적 지평을 통해 우리 종교학, 나아가 인문학의 지형이 바뀌게 될 날을 기대한다. 이들 중, 교정을 보며 충고를 아끼지 않은 김민아에게 따로 감사의 말을 전한다.

가족들은 내가 살면서 누리는 가장 큰 축복이자 감사의 제목이다. 든든한 격려와 후원을 아끼지 않으시는 부모님께 감사 드린다. 부족한 남편에 대한 무모한 신뢰가 여전히 변함없는, 사랑하는 아내에게 감사한다. 딸 혜강이와 아들 진강이는 나와 길을 나설 때면, 어디서든 내 손을 한 쪽씩 꼭 잡는다. 그 꼭 잡은 손들이 너무도 사랑스럽고 고맙다. 이 책에서 다룬 몇몇 소설을 고르는 데 큰 도움을 준 아우 요섭에게도 감사한다.

마지막으로, 책을 기꺼이 출판하기로 결정해주신 서울대학교 출판문화원과 도움을 주신 편집부에도 감사의 말씀을 드리고 싶다.

2012. 2.
관악에서

일러두기

1. 이 책의 각 장에서 주로 다룬 소설의 제목은 한국에서 출간된 번역서의 제목을 사용하였으며, 처음 등장할 때에만 원서의 제목을 병기하였다. 예를 들어 한국에서 『렛 미 인』이라는 제목으로 출간된 욘 A. 린드크비스트의 *Låt den Rätte Komma In*은 『렛 미 인 *Låt den Rätte Komma In*』으로 쓰고 이후부터는 『렛 미 인』으로 표기하였다. 또한 그 책을 인용할 때는 괄호 안에 페이지만 표기했다.
2. 번역서의 내용을 인용할 때의 표기법은 번역서의 것을 따랐으며, 명백한 오류를 제외하고는 교정하지 않고 그대로 두었다.
3. 인용문 중 고딕체로 표기한 것은 모두 원저자가 강조한 부분이다.

차례

프롤로그 문학에서 "종교적 인간"의 모습 찾기

1장 "종교적 인간"의 신화와 현대 소설   •14

제1부 우리 시대의 이야기 속 종교

2장 사회적 성스러움, 개인의 성스러움 지향   •44
— 조지 오웰, 『1984』

3장 종교적 이상을 추구하는 자, 종교를 이용하려는 자   •54
— 윤태호, 『이끼』

4장 존재의 의미를 느끼게 하는 이야기, 실재하는 대상의 경험   •70
— 무라카미 하루키, 『1Q84』(1~3권)

제2부 한계에 맞서는 종교적 인간의 이야기들

5장 절망 속 희망의 조건   •116
— 코맥 매카시, 『로드』

6장 인간이 생존을 위해 만들어내는 것들   •134
— 헤르타 뮐러, 『숨그네』

7장 신비, 매혹, 두려움   •156
— 스테프니 메이어, 『트와일라잇』

8장 무의미한 현실을 살아내기 •172
– 윤대녕, 『대설주의보』

9장 우리 시대의 사제 •188
– 오쿠다 히데오, 『면장 선거』, 윤대녕, 『천지간』

 제3부 꿈을 꾸는 종교적 인간의 이야기들

10장 천상을 향한 열망과 완벽한 아름다움의 추구 •208
– 켄 폴릿, 『대지의 기둥』

11장 필멸의 인간, 불멸을 꿈꾸다 •228
– 밀란 쿤데라, 『불멸』

12장 황폐한 현대인의 핏빛 신화 •240
– 욘 A. 린드크비스트, 『렛 미 인』

13장 삶의 공포와 삶을 통한 구원 •254
– 파울로 코엘료, 『베로니카, 죽기로 결심하다』

14장 죽은 자를 기억하는 법, 죽고 다시 살아나는 법 •272
– 구효서, 『저녁이 아름다운 집』, 천운영, 『그녀의 눈물 사용법』

15장 강 건너를 바라보는 종교적 인간 •296
– 김훈, 『공무도하』

에필로그

chapter 01

"종교적 인간"의 신화와 현대 소설

인간의 종교적 속성과 신화

나는 이 책에서 현대의 이야기들 속에 종교적 신화의 요소들이 여전히 살아있다는 것을 보일 것이다. 이를 위해서는 먼저 종교, 인간의 종교성, 신화 등 종교학의 기본 개념과 시각에 대해서 아주 간략하게나마 정리해야 할 것 같다. 이미 졸저 『종교적 인간, 상징적 인간』에서 이와 같은 내용을 설명하는 데 상당한 분량을 할애한 바 있지만, 종교학에 대한 기본적인 이해 없이 이 책에서 처음으로 종교학의 개념과 관점을 접하는 독자는 혼란스러울 수도 있기 때문이다. 여기서 충분하게 설명되지 못한 내용을 좀더 살펴보려면 『종교적 인간, 상징적 인간』의 2, 3, 4장을 참고할 것을 권한다.[1]

종교는 문화마다 제각기 다른 형태로 존재하며 역사의 흐름

---

[1] 유요한, 『종교적 인간, 상징적 인간』(서울: 이학사, 2009), 29-156쪽. 이 책에서 간략히 언급하게 될 인간의 종교적 속성과 신화에 대한 내용이 좀더 자세히 설명되어 있다.

에 따라 변화를 계속해왔다. 그래서 종교를 정의하는 일은 매우 어려울 수밖에 없다. 여기서 몇몇 종교 정의를 소개하는 것은 특정 종교 정의를 수용하거나 비판하기 위해서가 아니라, 학자들이 주목해 온 종교의 주요한 특성을 살펴볼 수 있도록 하기 위해서임을 밝혀 둔다.

여러 종교연구자들이 자신의 관점에서 종교를 정의해왔으나, 대개 매우 포괄적인 종교 현상의 일부만을 부각시키는 불완전한 정의가 많았다. 타일러E. B. Tylor처럼 "영적 존재들에 대한 신앙"이 종교라고 정의한다면, 영적 존재를 대상으로 하지 않는 전통은 종교의 범위에서 배제될 뿐더러, 신앙이 종교와 동일시되거나 종교의 본질로 간주되어 신화, 교리, 의례, 공동체 등 신앙 이외의 요소는 모두 주변으로 밀려나게 된다. "영적 존재"와 "신앙"을 종교의 본질로 간주한 타일러의 정의는 서구 중심적 사고를 극복하지 못했다고 할 수 있다. 그래서 타일러 이후의 많은 학자들은 좀더 포괄적이며 객관적인 종교 정의를 제시하려 노력해왔다. 예컨대 뒤르케임Émil Durkheim은 "종교는 성스러운 것, 즉 격리되고 금지된 것과 관련된 신앙과 행위의 통합 체계인데, 이 신앙과 행위는 추종자들을 교회라고 하는 단일한 도덕 공동체로 묶는다"고 정의했다.[2] 많은 학자들이 뒤르케임의 이 종교 정의를 수용했고, 지금도 종교를 설명할

---

2 Émil Durkheim, *The Elementary Forms of the Religious Life*, trans. Carol Cosman (Oxford: Oxford University Press, 2001[1912]), p. 46.

때 뒤르케임 정의가 자주 인용된다. 하지만 뒤르케임이 말하는 "성스러운 것"과 종교는 모두 사회적 구성물이다. 종교는 사회질서에 바탕을 두고 있고 사회의 유지를 위해 형성된 것이라는 것이다. 종교가 사회질서를 유지하는 점만 강조한 것에 대해서 문제를 제기할 수 있을 것이며, 그의 사회적 정의가 개인의 종교적 성향이나 지향성을 포함하지 못한다는 점도 지적해야 할 것이다. 뒤르케임 이후로 종교를 상징 체계로 정의한 기어츠Clifford Geertz나 인간 문화의 산물로 정의한 스피로Melford E. Spiro 등의 견해가 널리 알려졌으나, 종교의 특정 측면을 부각하고 다른 측면은 무시한다는 등의 비판을 받았고 일반적으로 수용되지 못했다.

종교의 본질을 통해 종교를 정의하는 대신, 종교의 주요 내용을 기술하는 이른바 "기술적인descriptive 정의"를 시도한 학자들도 있다. 예컨대 바흐Joachim Wach는 인간의 종교경험이 이론적 · 실천적 · 공동체적으로 표현된다고 분류했고, 스마트Ninian Smart는 종교의 요소를 교리적 · 철학적 차원, 신화적 · 서사적 차원, 윤리적 · 율법적 차원, 의례적 · 실천적 차원, 경험적 · 감정적 차원, 사회적 · 조직적 차원 등 여섯 개의 범주로 분류했다. 이렇게 종교의 내용을 분류하고 기술한 것은 사실 정의라고 보기는 힘들 뿐더러, 각 종교마다 또는 종교를 보는 관점에 따라 강조하는 요소들이 상이할 수 있다는 문제가 있다. 이 범주들이 다 포함되어 있어도 종교라고 하기 어려운 경우도 있고, 어떤 종교에는 일부 요소가 잘 드러나지 않기도 한다. 그러나 기술적 정의는 종교의 속성을 전체적으로 잘 보게 해준다는 점에서, 종교의 특정한 일부 요소를 강조하는 종교 정의보다 종교를 이해하는 데 더 도움이 된다고 할 수 있다.

각기 다른 관점을 가진 사람들이 동의할 만한 포괄적인 종교의 정의를 내리는 일은 매우 어렵다. 하지만 종교에 대한 견해가 다른 사람들도 인간에게 종교적 속성이 있다는 점에는 비교적 쉽게 동의한다. 오랜 세월 동안 많은 종교는 인간이 종교적이라고 말해왔다. 고대 근동近東 및 그리스 종교를 비롯하여, 유대-기독교 전통은 물론 불교, 유교, 도교 등 동양 종교 전통들도, 인간의 존재 목적 자체를 종교적인 것으로 해석하거나, 인간에게 "영원을 사모하는 마음"이나 "불성" 혹은 "궁극적인 하늘의 성품"이 있다고 지적했다. 또한 인간의 문화와 종교를 관찰한 학자들 대부분이 인간에게 종교적 성향이 있다고 말해왔다. 종교가 거짓에 근거한 것이라고 주장하는 무신론적 관점의 종교 비판가들도 인간의 종교성을 부인하지 않는다. 종교가 "상상력이나 환상에 관계되는 일, 곧 감정에 관계되는 일일 뿐만 아니라 욕구 능력과 관계되는 일"이고 신은 인간 욕구에서 비롯된 "환상이 만들어낸 창조물"이라고 비난한 포이어바흐Ludwig Feuerbach는 종교가 "그 가장 깊은 근거에서 인간의 본질 속에 들어 있는 하나의 공통적인 근원에서 연원한다"고 말했다.[3] 종교를 신경증처럼 "억압에 근거한 그릇된 환상"이라고 규정한 프로이트

---

3 루트비히 포이어바흐, 『종교의 본질에 대하여』, 강대석 역(서울: 한길사, 2006[1851]), 290, 324쪽.

Sigmund Freud는 종교를 언젠가는 극복해야 하는 대상으로 보면서도, 종교가 인간의 가장 오래되고 가장 강렬한 소망이라는 점을 인정했다.[4]

엘리아데Mircea Eliade는 인간이 "종교적 인간homo religious"이라고 말하여, 모든 인간에게 종교적 성향이 있다는 것을 강조한다. 엘리아데는 인간의 존재론적 지향성을 인간의 근본적인 성향이자 종교의 동인動因으로 본다. 따라서 매주 교회나 사찰에 찾아가는 적극적인 종교 참여자들만 종교적인 것이 아니다. 엘리아데에게 종교는 "반드시 신, 신들, 정령에 대한 신앙을 의미하는 것이 아니라, 성스러움의 경험을 가리키며, 따라서 존재, 의미, 진리의 개념과 연관이 있는 것"이기 때문이다.[5] 인간은 범속한 영역에서 경험하는 일들에 이 영역을 넘어서는 어떤 의미가 있다고 생각하고, 현재 우리의 삶을 구성하는 존재와는 다른 존재가 되기를 바라거나 적어도 그런 초월적 존재와 관계를 맺기를 갈망하며, 시간의 흐름 속에서 변해가고 결국 소멸하는 이 세상의 원리를 초월하는 절대적 진리를 추구한다. 엘리아데는 "겉으로는 그렇게 보이지 않는다고 하더라도, 삶의 의미에 대하여 이야기하기 때문에 인간 존재는 근본적으로 종교적"이라고 주장한다.[6] 더 나아가 그는 "인간으로 존재한다는 것,

---

4 Sigmund Freud, *The Future of an Illusion* (New York: W. W. Norton, 1989[1927]), pp. 6-12.
5 Mircea Eliade, *The Quest: History and Meaning in Religion* (Chicago: University of Chicago Press, 1969), p.v. 고딕 글씨체는 원저자의 것.
6 Mircea Eliade, *Ordeal by Labyrinth: Conversation with Claude-Henri Rocquet*, trans. Derek Coltman (Chicago: University of Chicago Press, 1982), p. 117.

아니 오히려 인간이 된다는 것은 '종교적'이라는 것을 의미한다"라며, 인간이 종교적이기 때문에 인간이라고까지 말한다.[7]

엘리아데는 인간이 경험하는 위기와 인간의 종교성을 연결해 설명한다. 엘리아데에 따르면, 인간이기 때문에 겪게 되는 "모든 실존적 위기는 세계의 현실과 세계 속에서의 인간의 현존을 모두 다시 한 번 의문에 붙이는" 역할을 한다.[8] 종교적 인간은 실존적 위기를 통해 세계와 자신의 존재 방식에 의문을 품게 되었고, 이 세상 너머에 있는 진정으로 존재하는 것을 지향하게 되었다는 것이다. 인간이 자신의 삶의 요소들이 시간에 따라 변하고 소멸되며 장소의 한계에 갇혀 있음을 자각하며 살아가야 하는 한, 인간은 종교적이다. 가변적이고 제한적이며 부조리한 자신과는 다른, 초월적이고 완전한 존재와 접촉하거나 그를 모방하기를 갈망한다. 또한 불완전한 감각적 경험을 통해 완전한 실재의 의미를 파악할 것을 추구하며, 때로는 자기 스스로 인간의 한계를 초월하는 존재가 되려고 시도하는 모든 자세가 인간의 종교적 지향성이다. 이때 인간이 갈망하고 지향하는 존재, 의미, 상태, 속성을 아울러 "성스러움"이라고 할 수 있다. 성스러움은 "속(俗)과 대립하는 것"이며 인간의 존재 양태와 구별되는 것을 포괄적으로 가리킨다.

범속한 세상을 사는 종교적 인간은 신화와 의례를 통해서 가

---

7 미르치아 엘리아데, 『세계종교사상사 1: 석기시대에서부터 엘레우시스 비의까지』, 이용주 역 (서울: 이학사, 2005[1976]), 6쪽.
8 Mircea Eliade, *The Sacred and the Profane: The Nature of Religion*, trans. Willard R. Trask (New York: Harvest Book, 1987[1957]), p. 210.

장 효율적이고 체계적으로 자신의 한계 너머의 성스러움을 표현하고, 축적하고, 전달해왔다. 신화로 구성된 성스러움의 상징은 인간에게 살아있는 의미를 전달하고, 의례는 성스러움과 관련된 인간의 행위를 체계적으로 구성한다. 이 책은 특히 신화에 주목한다. 종교학의 관점에서 신화는 "성스러움과 관련되어 특정 집단의 사람들이 진실로 받아들이거나 매우 중요하게 여기는 이야기"라고 말할 수 있다. 알렌Douglas Allen은 신화를 "성스러운 실재를 드러내는 참된 이야기나 역사를 보여주는 특정한 종류의 종교 현상"이라고 정리했고,[9] 도니거Wendy Doniger는 신화를 "그것의 가장 중요한 의미를 발견하는 일군의 사람들에게 공유되며 그들에게 성스러운 이야기"라고 요약한다.[10] 요컨대 신화는 특정 집단의 사람들에게 중요한 의미를 지닌 '종교적인' 이야기다. '세속화secularization'와 '비신화화demythologization'가 이루어지기 전의 전통 사회에 속했던 "종교적 인간"은 신화를 통해 성스러운 존재와의 관계를 설정하고 우주와 인간의 기원을 이해했다. 이들은 신화에서 이야기하는 성스러운 힘에 사로잡히는 경험을 하고 신화의 사건들을 자신들의 삶에서 재현하는 등, 신화를 삶으로 살아냈다. 그들에게 신화는 범속한 "가짜" 이야기와 철저히 구별되는 참된 이야기다.[11]

---

[9] Douglas Allen, *Myth and Religion in Mircea Eliade* (New York: Routledge, 2002), p. 129.
[10] Wendy Doniger O'Flaherty, *Other People's Myths: The Cave of Echoes* (Chicago: University of Chicago Press, 1988), p. 27. 졸저 『종교적 인간, 상징적 인간』, 111-31쪽에서 종교학적 관점의 개설적인 신화 설명을 참조할 것.
[11] 미르치아 엘리아데, 「신화와 신화학」, 세르기우스 골로빈, 미르치아 엘리아데, 조지프 캠벨, 『세계 신화 이야기』, 이기숙·김이숙 역(서울: 까치, 2007[1998]), 15-17쪽.

신화적 주제의 생존

지금까지 말한 종교적 인간의 모습이 현대인에게서는 잘 드러나지 않는다는 것을 부인할 수 없다. 세속화된 현대 사회에서 전통 종교의 다양한 신화들은 이전에 누리던 '참된 이야기'로서의 지위를 상실했다. 신화는 신성한 과거를 현재에 재현하고 미래와 연관시키는 역할을 더는 하지 못하고, 단지 과거 사람들이 만들어낸 상상의 이야기 정도로만 인식되고 있는 것이 사실이다.

그러나 종교적 인간의 신화는 은폐되고 위장된 형태로 현대인에게 계승되었다.[12] 우리는 신화가 여전히 살아있다는 것을 현대 문화의 여러 분야에서 확인할 수 있다. 무엇보다도, 현대의 문학, 만화, 영화 등 여러 형태의 이야기들이 종종 의도적으로 신화를 자료로 이용한다는 사실을 기억할 필요가 있다. 신화적 기반은 다른 장르의 여러 이야기로 전위되어 그 이야기 속에 가라앉아 있는 것이다.[13] 이야기를 만든 작가들이 종교적인 의도를 가지고 있지 않았더라도, 혹은 신화를 일부러 모방한 것이 아닐지라도, 종교적이고 신화적인 내용은 이야기 속에 들어가 있다. 『스파이더맨Spider-Man』, 『헐크The Hulk』, 『아이언맨The Iron Man』 등의 유명 만화의 원작자인 스탠리Stan Lee는 "믿어 달라. 나는 의식적으로 종교적 주제를 내 이야기들 속에 삽입하려고 시도하지 않았다. 그러나 종교적이고 신화적인

---

12 Mircea Eliade, *Myth and Reality*, trans. Willard Trask (Prospect Heights, IL: Waveland Press, 1998[1963]), pp. 162-93; *The Sacred and the Profane*, pp. 201-13 참조.
13 Jaan Puhvel, *Comparative Mythology* (Baltimore: The Johns Hopkins University Press, 1987), p. 2.

주제들은 종종 극적으로 [내가 만든] 만화책들 속에 한데 얽혀 있는 것이 분명하다"라고 말한다.[14] 종교적 신화를 염두에 두지 않아도, 사람들이 좋아하는 이야기를 만들다 보면 신화적 주제로 돌아가게 되어 있는 것이다.

현대인들이 열광하는 이야기들 중에서, 특히 슈퍼맨, 원더우먼, 스파이더맨, 배트맨 등 현대 사회에 살면서 초월적 능력을 발휘하는 "슈퍼 히어로superhero"를 다룬 만화와 영화는 전통적인 신화의 주제와 내용을 충실하게 수용했다.[15] 물론 영웅이 되는 조건과 슈퍼 히어로가 되는 방식은 다르다. 전통 신화 속 영웅들은 대개 신의 후손이거나, 신에게 특별한 능력을 받은 사람들이었던 반면, 슈퍼 히어로들은 신과 아무런 상관없이, 현대인들이 좀더 그럴듯하게 받아들일 만한 방식으로 생겨난다. 슈퍼맨은 우주 저편 다른 행성에서 왔고, 배트맨은 첨단 과학 장비와 훈련을 통해 초인으로 거듭났으며, 엑스맨은 유전자 변이를 거쳐 태어난 변종이고, 스파이더맨과 헐크는 잘못된 과학 실험의 결과로 생겨났다. 그러나 슈퍼 히어로 이야기는 분명 종교 신화의 여러 요소를 받아들였다.

B. J. 오로페자B. J. Oropeza에 따르면, 슈퍼 히어로 만화들은 몇 가지 면에서 보편적인 신화의 요소를 활용한다. 첫째, 비극적인 현

---

14 Stan Lee, "Foreword," B. J. Oropeza, ed., *The Gospel According to Superheroes: Religion and Popular Culture* (New York: Peter Lang, 2005), p. xii.
15 Eliade, *Myth and Reality*, p. 185. 엘리아데는 만화의 주인공들이 현대인의 이상을 구현하여 만들어졌다고 설명하고, 특히 슈퍼맨은 이미 잘 알려진 신화적 주제를 부활시킨 것이라고 지적한다.

실의 고통으로 괴로워하는 슈퍼 히어로는 낙원을 상실한 인간의 현 상황을 보여준다. 인간이 성스러운 존재로서의 진정한 정체성을 잃었으며 이를 회복할 필요가 있다는 기독교적 가르침을 재현하는 것으로 볼 수도 있다. 둘째, 어려움을 극복하며 진정한 영웅으로 등극하는 슈퍼 히어로들의 삶의 과정은 거의 모든 문화에 나타나는 신화 속 주인공의 삶과 매우 유사하다. 이전의 삶에서 분리되어 전이轉移의 단계를 지난 다음 새로운 지위로 통합되는 '통과의례rites of passage'를 거치는 여러 종교의 구원자들이나 영웅들의 삶의 형태가 슈퍼 히어로의 이야기 속에서 재현되는 것이다. 셋째, 슈퍼 히어로는 종말론적 위기 상황에서 질서를 파괴하는 괴물과 맞서 싸워 이기는 신화 속 전사의 역할을 이어받았다. 마지막으로, 어떤 형태로든 죽은 후 새로운 존재로 거듭나는 히어로들은, 죽음을 맞게 되지만 결국 불멸의 존재인 신의 지위에 이르는 신화 속의 여러 영웅 이야기와 맞닿아 있다.[16] 덧붙여 오로페자는 슈퍼 히어로 이야기가 예전에 신화가 하던 역할을 하는 경우도 있다는 점도 지적한다. 예를 들어, 1930년대 미국에서 인기를 끌기 시작한 슈퍼 히어로 만화는 종교적 영웅 신화를 재현함으로써 1차 대전 후 대공황과 나치의 흥기로 인한 불안 속에 있던 미국인들이 현실 속의 무기력을 극복하는 데 도움을 줄 수 있었다고 한다.

---

16 B. J. Oropeza, "Introduction: Superhero Myth and the Restoration of Paradise," in *The Gospel According to Superheroes*, pp. 2, 4-10.

"판타지 소설"은 슈퍼 히어로 만화보다 더 노골적으로 신화를 재생하려 한다. 이 소설들은 현재 우리가 사는 세계와는 다른 신화적 세계에서 일어나는 일들을 묘사하고, 신비한 힘을 지닌 사람과 상상 속의 동물을 등장시키는 등 전통 신화의 주제, 내용, 배경까지 채용한다. 시련과 난관을 극복하고 영웅으로 성장한 주인공이 초인적 힘을 발휘하여 악마적 존재를 물리친다는 판타지 소설의 줄거리는 고대의 신화를 그대로 옮겨놓은 듯하다. 지면에 인쇄된 형태로만 사람들에게 다가갔던 판타지 소설과 슈퍼 히어로 만화는 이제 첨단 미디어를 통해 더 많은 지지자를 확보하고 있다. 이런 작품들을 원작으로 하여 제작되는 수많은 영화와 애니메이션, 그리고 이 이야기들이 만들어내는 신화적 세계 속으로 사람들을 끌어들여 가상의 경험을 하도록 하는 컴퓨터 게임까지, 현대인들이 여전히 신화에 열광하는 모습은 곳곳에서 찾을 수 있다.

신화와 현대의 소설

물론 이런 현대의 신화적 이야기들이 옛 신화와 동일시될 수 있다는 것은 아니다. 신화는 종교적 인간들에게 '참'으로 받아들여져 그들의 삶의 형태를 만드는 기능을 했으나, 현대의 이야기들은 허구임을 전제로 하며 대개 오락의 목적으로 이용된다. 하지만 판타지 소설이나 슈퍼 히어로 영화, 신화를 배경으로 하는 컴퓨터 게임의 스토리 등은 신화적 주제와 내용을 노골적으로 반복하고 있다. 반면 오늘날 '소설' 장르에 속한 작품들은 이런 이야기들보다 신화와의 거리가 훨씬 더 멀어 보인다. 대부분의 소설이 내세우는 주인공은 신화적 영웅이 아니라 오늘날을 사는 평범한 사람들이기 때문이다. 한 평론가가 "근대소설은 영웅서사가 끝난 자리에서 시작되고, 근대의 삶은 그런 영웅을 위한 자리를 좀체 마련해주지" 않는다고 말했듯,[17] 예전의 신화와는 달리 오늘날의 소설 대부분은 현실적 인간에 대하여 이야기한다.

그러나 우리 시대에 나온 현실적 내용의 소설들도 판타지 소설이나 슈퍼 히어로 만화처럼 여전히 종교적 신화를 계승한다고 볼 수 있는 분명한 이유들이 있다. 첫째, 소설이 그려내는 현실 속의 사람들 이야기 중에도 신화가 말하는 태초의 인간이나 영웅들의 이야기와 유사한 주제와 내용을 많이 찾을 수 있다. 달리 표현하자면, 신화나 현대 소설 둘 다 우리가 알고 있는 것을 다시 이야기한다. 새로운 이야기에서 이전에 사용된 주제, 즉 신화소mythemes를 끊임없이 재사용하는 것은 신화의 주요한 특징이기도 하다.[18] 레비-스트로스Claude Lévi-Strauss가 지적했듯이, 신화적 사고에서 비롯된 주제는 반복적으로 회귀하는 경향이 있고, 이것이 현대 소설에도 이어지는

---

17 정홍수, 「작품해설: 소설의 조율과 승경의 발견」, 구효서, 『저녁이 아름다운 집』(서울: 랜덤하우스, 2009), 308쪽.
18 Wendy Doniger, *The Woman Who Pretended to Be Who She Was: Myths of Self-Imitation* (Oxford: Oxford University Press, 2005), pp. 3-6을 참조할 것. "신화소"라는 말은 레비-스트로스가 처음 신화 분석에 사용했다. Claude Lévi-Strauss, *Structural Anthropology*, trans. Claire Jacobson and Brooke Grundfest Schoepf (New York: Basic Books, 1963[1958]), pp. 206-31.

것이다.[19] 신화는 오랜 세월 동안 지속된 인간 정신의 작용 방식을 보여준다. 다양한 정도의 변형을 거쳐가면서도 계속해서 다시 이야기되어 온 것이 신화다.[20] 엘리아데는 "수많은 신화와 신화적 모티프들은 종교적 의미와 기능을 상실한 뒤에도 그 서사성과 상상력을 자극하는 힘"을 유지한다고 말한다.[21] 바로 그 힘이 소설 속에 반영된다. 그래서 개별적 저자가 없는 채로 오랜 세월 동안 전통 속에서 구체화되어 형성된 신화와,[22] 각 작품의 저자들이 의도에 따라 저술한 문학작품이 공통적인 내용을 나타내는 것이다.

특히 이 책에서 주로 다루게 될, 인간이기에 맞닥뜨려야 하는 여러 가지 위기와 한계 상황을 이야기하는 소설들은 신화의 주제를 계승하고 있음이 분명하다. 최근에도 위기와 한계 상황에 맞닥뜨린 인간의 모습과 한계를 넘으려는 인간의 갈망을 주제로 하는 소설들은 계속 출간되고 있다. 이런 소설들 속에 신화 속 종교적 인간의 고뇌가 고스란히 담겨 있다는 것을 확인할 수 있을 것이다. 소설이 신화에서 벗어나 독자적 영역을 구축하려 한다고 하더라도, 이와 같은 인간의 모습에 주목하는 한 신화 속에서 다루어지던 종교적 인간의 모습을 다시금 보여주게 되어 있다. 신화에 나타난 이야기들이 수용되고 변형되며 번역되어 온 긴 흐름의 연장선 상에서 오

---

19 레비-스트로스, 『신화학1: 날것과 익힌 것』, 임봉길 역(파주: 한길사, 2005[1964]), 100쪽.
20 Claude Lévi-Strauss, The Naked Man: Mythologiques, vol. 4, trans. John and Doreen Weightman (Chicago: University of Chicago Press, 1990[1971]), pp.639, 644.
21 엘리아데, 「신화와 신화학」, 26쪽.
22 레비-스트로스, 『신화학1』, 119쪽.

늘날의 소설을 이해할 수 있는 것이다.

둘째, 신화와 소설 둘 다 이야기의 힘을 지니고 있다. 도니거는 이야기를 하는 것storytelling이 인간의 보편적이고 공통적인 요소들 중 하나라고 지적한다.[23] 도니거는 이야기에 힘이 있다는 점도 강조한다. 특히 이야기는 직접 주장을 하지는 않으면서도 사람들을 설득하는 힘이 있다. 이 힘은 "어떤 주장이 우리에게 실제로 이루어지도록 하는 은유metaphors"를 통하여 확보된다. 도니거에 따르면, 이야기는 단계적으로 주장을 제기하는 것보다 훨씬 더 효과적으로 설득하는 사고의 방식을 제공한다.[24] 현대의 소설들과 신화 둘 다 사람들을 설득하고 공감을 일으키는 이야기의 힘을 통해 사람의 마음을 움직인다. 이런 점에서는 많은 소설 중에서도 설득력이 있고 공감을 불러일으키는 이야기를 하는 소설만이 신화의 기능을 수행할 수 있다고도 할 수 있을 것이다. 암스트롱Karen Armstrong은 신에 대한 언급을 배제한 소설이 신화와 일치하는 점이 바로 이 힘에 있다고 지적했다. 독자들은 소설 내용이 사실이 아니라는 것을 알면서도 읽는 중에 가슴이 벅차 오르고 눈물을 흘리는 것을 경험한다. 설득력 있는 소설powerful novel은 다 읽고 나서 옆으로 치운 한참 뒤에도 "우리 삶의 배경의 일부"가 된다. 신화처럼 소설도 "시간과 공간의 장

---

[23] Doniger, *Other People's Myths*, p. 1. 참고로, 도니거는 "이야기하기에 대한 신화"에 대해 설명하면서 이야기의 보편성을 말했다. "신화는 출생, 사랑, 미움, 죽음 등과 같이 우리가 모두 공유하는 인간의 경험과 사건들에 대한 것이다. 그리고 그러한 경험들 혹은 사건들 중 하나가 '이야기하기(storytelling)'다. 이야기하기는 몇 안 되는 진정으로 보편적인 인간의 공통적 요소들 중 하나다. 어느 시대, 어느 장소에서나 사람들은 밤에 둘러앉아 이야기를 했다."
[24] Doniger, *Other Peoples' Myths*, p. 2.

벽을 허물고 공감을 확장하며, 그래서 다른 사람의 삶과 슬픔에 이입할 수 있도록 하는 힘," "다른 눈으로 세계를 보도록 하는 힘"이 있다.[25]

셋째, 공감을 불러일으키고 설득력이 있는 소설은 독자들에게 시간의 흐름에서 벗어나는 경험을 제공한다. 이것은 전통적으로 신화가 담당했던 기능이다. 독자들은 흘러가는 일상의 시간에서 벗어나 소설이 만들어놓은 시간의 리듬 속으로 들어가는 경험을 한다. 엘리아데는 문학 작품, 특히 소설을 읽음으로써 사람들이 가장 효과적으로 '시간으로부터 탈출'할 수 있다고 지적한 바 있다. "문학은 다른 어떤 예술보다도 역사적인 시간에 대한 저항, 즉 우리가 살아야 하도록 운명지어진 시간과는 다른 시간의 흐름 속으로 들어가고자 하는 욕망을 강하게 실현시킨다." 전통 사회의 종교적 인간들처럼 신화가 제시하는 성스러운 시간을 자신의 삶에 재현하는 정도는 아니더라도, 소설의 독자와 신화를 대하는 종교적 인간 모두 "역사적이고 개인적인 시간에서 벗어나 현실을 초월하는 신화적 시간 속으로 침잠한다"는 점은 같다고 할 수 있다.[26]

지금까지 소설이 신화의 주제, 설득력, 기능 등을 계승한다고 말해왔지만, 각 작품이 신화와 얼마나 맞닿아 있는지는 다른 문제다. 특히 소설의 주제가 신화의 관심사를 반영하는 수준은 천차

---

25 Karen Armstrong, *A Short History of Myth* (New York: Canongate, 2005), pp. 147-48.
26 Eliade, *Myth and Reality*, pp. 192-93.

만별이다. 2008년에 작고한 소설가 이청준은 마지막 소설집을 낸 후 한 인터뷰에서 자기 소설이 신화까지 이르지 못한 아쉬움을 토로한다.

> 이렇게 책을 묶어놓고 보니, 작가로서 제가 죽어라 하고 매달려온 주제가 보이는 것 같아요. 한마디로 말하자면 이념이나 이데올로기의 문제라고 할 수 있겠죠. 나라가 무엇이고 백성이 무엇인지, 백성에게 나라란 무엇인지가 제 문학의 주제였던 것 같아요. 거기서 더 가면 신화가 되겠죠. 신화란 영혼의 형식이고 이데올로기의 심화된 형태라 하겠는데, 저는 거기까지는 가지 못했어요. 후배작가들이 신화와 영혼의 차원을 좀 더 파고들었으면 합니다.[27]

이청준은 자신의 소설이 이데올로기 차원에서 국가와 국민 즉, 공동체의 문제를 다루었지만, "거기서 더 가"서 심화된 영혼의 형식인 신화의 차원까지 이르지는 못했다고 고백한다. 우리 공동체가 공감할 수 있는 이야기이면서, 이청준이 "영혼"이라고 표현한 인간의 더 깊숙한 어딘가를 파고드는 소설이 신화를 한층 더 직접적으로 계승한다고 할 수 있을 것이다. 이청준의 말대로 "신화와 영혼의 차원"

---

27 《한겨레》, 2007. 2. 11. 이 부분은 졸저 『종교적 인간, 상징적 인간』에서 신화를 설명하면서도 인용한 바 있다.

을 파고드는 소설이라면 종교학자들이 주의를 기울이지 않을 수 없다. 인간의 근원적 갈망과 지향성에 관심을 기울여온 종교학이 신화를 연구하는 것은 물론, 신화를 계승하는 문학작품에도 관심을 갖는 것은 당연한 일이다. 다시 말하지만 현대 문학 작품에는 신화적 기반이 숨겨져 있다. 이를 찾아내는 일은 문학평론가뿐 아니라 종교학자가 감당해야 할 몫이기도 하다. 부족하나마 이 몫을 감당하기 위해, 앞으로 이어지는 모든 장들은 종교학자의 시각에서 우리 시대의 소설들을 해석하고 설명하는 내용으로 채우고자 한다.

위기에 처한 인간이 한계에 맞서는 내용의 신화들

한계에 맞닥뜨린 인간에 대한 이야기는 수많은 문화의 전통 신화가 오랜 세월 동안 채용해온 주제이기도 하다. 특히 죽음은 신화 속 주인공들이 맞서는 위기와 한계 중에서 가장 힘겨운 상대일 것이다. 죽음 외에도, 가난이나 갑작스런 사고, 억울한 피해 등 일상에서 맞는 고난, 신분이나 성性으로 인한 사회적 차별, 사람이 감당할 수 없는 어려운 과제 등 신화 속 영웅들이 맞부딪히는 위기와 한계 상황은 다양하다. 예컨대 우리 전통 신화에는 사회적 차별로 인해 시련을 겪는 주인공들이 적지 않다. 제주 전통 무가에 「차사본풀이」의 주인공 강님은 아전 신분이었기에 억울하게 힘겨운 과제를 안고 저승으로 가야 했고, 「차사본풀이」 앞부분에 나오는 버무왕 아들 삼형제는 승려 복장으로 양반집에 왔다고 멍석말이를 당하며, 「초공

본풀이」에서 노가단풍자지맹왕아기씨의 세 아들은 승려의 아들이라고 과거 급제가 취소된다. 여성이기에 받는 차별의 신화는 더 많이 찾을 수 있다. 우리나라 대부분 지역에 전해져오는 신화 「바리데기」의 주인공 바리공주는 여자아이로 태어났다는 이유로 버려졌다. 제주도 본풀이 신화 중에는 여자아이로 태어나 차별을 받는 주인공들이 많은데, 딸이라는 이유로 벼슬살이 가는 부모를 따라가지 못하고 (노가단풍자지맹왕아기씨, 칠성, 월정본향당 황정승 딸), 원하지 않는 임신을 했다는 이유로 혹은 부모의 마음에 들지 않는 행동을 했다고 하여 집에서 쫓겨나며 (노가단풍자지맹왕아기씨, 칠성, 삼승할망, 자청비), 감히 남자(혹은 남신) 앞에 나타났다고 구박받는다(삼승할망, 세화본향당 벡주또).[28]

시련에 맞서 싸우는 신화 속 영웅들은 결국 어떤 결말을 맞게 되는가? 이들 중 어떤 이들은 비참한 최후를 맞는 반면, 이 세상에서는 죽지만 신의 지위에 오르는 영웅도 있다. 어떤 영웅은 이 세상의 문화 창조자가 되고, 또 다른 영웅은 시련을 이겨낸 후 죽지 않은 채 신이 되기도 한다. 신화 속 영웅들이 맞는 결말을 몇 가지 유형으로 나누어 생각할 수 있을 것이다.

첫째, 시련과 위기에 분연히 맞서지만 결국에는 인간으로서의 한계를 감당하지 못하고 죽음을 맞는 영웅들을 생각할 수 있다. 그

---

[28] 구술되어온 많은 신화가 그렇듯, 제주도 신화는 하나의 정형화된 형태로 전해지지 않는다. 심방(제주 무속인)이 구술해온 본풀이를 채록한 여러 본은 내용상 크고 작은 차이를 보이면서도 서사적인 공통점도 지닌다. 나는 안사인 심방의 본풀이 채록을 기본으로 한 현용준, 『제주도 신화』(서울: 서문당, 1976)를 주로 참고했다.

리스 신화의 영웅들 중 오이디푸스는 인간 운명이라는, 고대 그리스인들이 생각하기에 벗어날 수 없는 인간의 한계를 넘지 못하고 쓸쓸히 죽어간다. 테베의 왕 라이오스는 아버지를 죽이고 어머니와 결혼할 것이라는 신탁을 받은 아들이 태어나자 키타이론의 산에 내다버린다. 코린토스의 왕자로 자라난 오이디푸스는 자신이 아버지를 죽이고 어머니와 결혼할 것이라는 신탁을 받자 이를 피하려고 코린토스를 떠나 방랑한다. 자신의 친아버지와 시비가 붙었을 때 그가 아버지인 줄 모르고 죽인 후, 테베 사람들을 잡아먹는 스핑크스와 겨뤄 이기고 왕비인 어머니와 결혼하여 테베 왕이 된다. 그 후 테베에 역병이 돌았을 때 그 원인이 자신이 저지른 부정 때문임을 알게 되자 스스로 두 눈을 뽑은 후 떠돌다가 죽고 만다. 중국 신화에서 가장 강력한 영웅 중 하나인 예羿도 비극적인 결말을 맞는 영웅이다. 그는 원래 천제天帝의 신하로 신들의 세계에 속했다. 천제의 열 아들인 태양이 한꺼번에 떠서 세상에 엄청난 해를 끼치자 세상에 내려와 태양 아홉 개를 활로 쏘아 떨어뜨리지만, 아들을 잃은 천제에게 버림을 받고 인간으로 지상에서 살게 된다. 그는 죽음이라는 인간의 한계를 극복하고자 했다. 그러나 아내 항아에게 속아 불사약을 먹지 못하게 되고, 가신이자 제자인 봉몽에게 배신을 당하여 쓸쓸하게 죽어간다. 현대 소설도 극한의 위기에 분연히 맞서기는 하지만 비극적인 결말을 맞는 사람들에 대한 이야기들을 끊임없이 재생해낸다. 이 책에서 다룰 소설에서도 이런 주인공들을 만날 수 있을 것이다.

다음으로, 비극적인 죽음을 맞지만 새로운 존재로 다시 태어나는 영웅 신화의 유형이 있다. 이런 영웅 중에는 헤라클레스가 대표적이다. 헤라클레스는 제우스의 아들이지만 인간 어머니의 피를 받았기에 죽어야만 했다. 그는 신들마저 제압하는 초인적 힘을 지녔으나, 인간으로서 감내해야 할 위기를 여러 차례 겪어야 했다. 그는 갓난아기 때부터 헤라 여신이 보낸 뱀과 싸워야 했고, 나중에는 헤라의 계략으로 정신착란을 일으켜 아내와 자식들을 살해하기에 이른다. 이 죄를 씻기 위해 지상에서 가장 강한 영웅에게도 너무 힘겨운 노역을 열두 가지나 감당했다. 나중에 칼리돈의 공주 데이아네이라와 결혼하지만 그녀의 실수로 치명적인 독이 묻은 옷을 입게 되고 뼈와 살이 녹는 고통 속에서 스스로 장작더미에 뛰어들어 죽음을 맞는다. 하지만 그의 죽음은 끝이 아니었다. 죽은 후에 신들의 세계에 들어가 불사의 존재인 신의 반열에 오르는 것이다. 헤라클레스가 살아있는 동안 죽음의 힘을 이겨낸 이야기들은 그의 죽음으로 모든 것이 끝나지 않을 것임을 암시한다. 그는 스틱스 강을 지키는 사공 카론을 힘으로 굴복시키고 지옥 입구를 지키는 개 케르베로스를 끌고 나온 일이 있고, 명계冥界에서 나온 사신死神과 격투를 벌여 제압하고 아드메토스의 아내 알케스테스를 살려내기도 한다. 살아있는 동안 온갖 시련을 감당하고도 결국 죽었지만, 죽은 후에 새로운 존재인 신이 되는 것이다. 현대 소설에는 죽은 후 신이 되는 사람이 나오지 않는다. 그러나 인간으로서의 삶을 마감한 후 인간을 초월한 존재 양태가 된다는 이야기가 완전히 소멸된 것은 아니다. 예컨대 오늘날의 뱀파이어 소설의 주인공들 중에는 끔찍한 괴물 흡혈귀가 아니라 인간으로서의 삶을 마친 후 불멸의 뱀파이어로 새롭게 태어나는 영웅들을 찾을 수 있다.

셋째, 시련과 위기를 겪은 후 이 세상에서 새로운 존재가 되는 영웅 신화도 찾을 수 있다. 죽음 이후 신이 되는 것이 아니라 이전과는 다른, 더 훌륭한 '인간'이 된다는 점에서 헤라클레스로 대표되는 두 번째 유형과는 다르다. 메소포타미아 신화의 길가메시가 바로 이 세상에서 온갖 위기와 시련을 겪은 후 '문화영웅'으로 거듭나는 대표적인 영웅이라고 하겠다. '늙은이'(길가)가 '젊은이'(메시)가 되었다는 뜻의 이름에서 알 수 있듯이 그는 늙어가고 결국 죽을 수밖에 없는 인간의 한계를 넘고자 하는 열망을 표상하는 신화의 주인공이다. 인간과 신 사이에 태어난 길가메시는 원래 사람들을 괴롭히는 악당이었다. 신의 처벌도 피해가며 초인간적 무용을 발휘하던 그는 절친한 친구 엔키두의 죽음 이후 충격을 받아 죽음을 뛰어넘고자 한다. 그러나 그는 죽지 않는 존재가 되려면 7일 동안 잠을 자지 않아야 한다는 시험도 통과하지 못한다. 분명 길가메시는 죽음이라는 한계를 극복하지는 못한 것이다. 그러나 그는 삶의 과정 중 맞닥뜨린 도전과 시련을 통해 결국에는 이 세상에 기여하는 문화영웅으로 거듭난다. 초인간적 힘을 지닌 말썽꾼 영웅이던 그가 우룩Uruk 시의 성벽을 쌓는 문화적 업적의 창조자가 되는 것이다. 시련을 통해 새롭게 거듭나 세상에 기여하는 영웅들은 여전히 많은 현대 소설과 만화, 영화 등에서 주인공 자리를 놓치지 않고 있다.

마지막으로, 신화의 주인공들 중에는 엄청난 위기와 시련을 극복해낸 후 죽지 않은 상태에서도 신들의 지위에 오르는 영웅들도 있다. 특히 우리나라 전통 신화에는 죽지 않고도 신이 되는 주인공들이 많이 있다. 물론 신화들은 엘리아데가 말한 대로, 현재의 역사와는 다른 "그 시간*in illo tempore*," "신화적 태초의 시간," "비역사적 시간"을 배경으로 한다.[29] 이 시간 속에서는 인간과 신, 저승과 이승, 삶과 죽음이 명확히 구별되지 않는 경우도 있는 것이 사실이다. 그러나 우리의 신화 가운데는 주인공이 삶의 과정에서 온갖 시련과 죽음을 당할 위기를 맞고, 이를 극복한 후 죽음을 경험하지 않은 채로 신이 되는 것을 분명히 묘사하는 것이 적지 않다. 바리공주는 어느 왕국 대왕마마의 일곱째 딸로 태어나 버려졌다. 그러나 병든 아버지를 살릴 불사약을 구하기 위해 저승세계와 신선세계로 건너가 온갖 시련을 이겨낸 후 불사약과 사람을 살리는 꽃을 가져와 이미 죽은 아버지를 살리는 데 성공한다. 그 공으로 무당의 제향을 받는 무신巫神이 된다. 이런 신들은 많이 있다. 제주 본풀이 신화의 무조신巫祖神 삼시왕, 농신農神인 세경 자청비, 서천꽃밭 꽃감관 할락궁이 등도 죽지 않고 신이 되었다.[30]

---

29 Eliade, *The Sacred and the Profane*, pp. 68-95; *No Souvenirs: Journal, 1957-1969*, trans. H. Johnson, Jr. (New York: Harper & Row, 1977), p. 89. 신화를 반역사적이고 비시간적으로 이해한 엘리아데의 신화 이론에 대한 해설을 보려면 Allen, *Myth and Religion in Mircea Eliade*, 8장과 9장을 참조할 것.
30 우리 신화 중 제주도 신화만이 어느 정도 체계성을 갖추고 있기 때문에, 우리 신화를 언급하면서 제주도 신화를 가장 많이 인용하게 된다. 신동흔, 『살아있는 우리 신화』(서울: 한겨레출판, 2006), 306쪽 참조.

앞으로 이어지는 장들에서 보게 될 우리 시대의 이야기들의 주인공들은 신화 속 영웅처럼 극단적 위기에 처한다. 어떤 이는 처절하게 분투하다가 비참한 최후를 맞고, 어떤 이는 이 세상에서 새로운 존재로 거듭나고, 또 다른 이는 한계 너머를 꿈꾸고 그 너머와 관계를 맺는다. 물론 극한의 위기 앞에서 한없이 초라해지는 주인공도 있으나 그 역시 인간이 그 나름대로 한계에 맞서는 방식을 나타낸다. 주인공들이 위기를 감당하며 한계 너머를 꿈꾸는 이야기에서 우리는 신화 속 종교적 인간의 모습을 확인하게 될 것이다.

한계 너머를 꿈꾸는 인간에 대한 우리 시대의 이야기들

오늘날의 소설에 남아있는 종교 신화의 유산을 찾기 위해 이 책에서 다룰 이야기를 선택한 조건은 두 가지였다. 첫째, 종교학적 관점에서 읽어내기에 적합한 이야기들이어야 했다. 그런 책이야 너무도 많지만, 그중에서도 현재 우리나라 사람들이 접하기 쉬우면서 가급적 최근에 나온 것을 뽑으려 노력했다. 한국 소설은 물론, 우리말 번역본이 출판된 작품들이라면 어느 나라 소설이건 상관하지 않았다. 그러다 보니 미국, 영국, 일본, 브라질, 독일, 스웨덴 등 여러 나라의 작가들 작품이 포함되었다.

둘째, 고대 신화로부터 현대 소설에 이르기까지 수많은 이야기에 공통적으로 나타나는 주제 중 하나에 주목하고자 했다. 신화에 "문화적 장벽을 뛰어넘는 매우 폭넓게 공유되는 인간의 유대와 전제들의 결과로 생겨난 공통적 주제들"이 있는 것처럼,[31] 작가의 국적에 상관 없이 여러 소설에 공통적으로 나타나는 주제들이 있다. 이러한 공통적 주제들 중 하나에 천착하여 인간의 근원적이고 깊숙한 부분을 탐구하는 종교학의 과제를 감당하고 싶었다.[32] 그중에서도 삶의 다양한 위기를 만나고 이에 대응하는 사람들의 이야기를 뽑았다. 앞에서도 언급했듯이, 위기와 한계 상황에 맞서 그 너머를 지향하는 사람들의 이야기는 세계 여러 문화에서 고대 신화로부터 현대의 소설까지 끊임없이 이어지고 있다. 이어지는 장들에서는 위기와 시련을 겪으며 인간의 한계를 인식하고, 때로는 그 너머를 꿈꾸는 사람들에 대한 소설들 속에서 신화적 요소를 찾고 인간의 종교적 면모를 살피게 될 것이다.

지금까지 1장에서는 "종교적 인간"의 종교적 지향성과 신화, 그리고 신화를 계승한 현대의 이야기들에 대해 개략적으로 설명하였다. 이제는 신화를 계승한 구체적인 작품들을 다룰 차례다. 1부는 한계에 맞서 한계 너머를 꿈꾸는 인간의 이야기들 중, 특히 종교의 속성과 개념에 대해 생각할 기회를 제공하는 세 편의 작품을 중심으로 구성했다. 2장에서는 조지 오웰의 『1984』에서, 사회를 표상하는 성스러움이 개인의 이상과 신념을 억압하는 모습을 살펴보고, 뒤르케임이 말하는 사회적 종교 정의는 현실 너머를 지향하는 개인

---

31 Wendy Doniger, *Splitting the Difference: Gender and Myth in Ancient Greece and India* (Chicago: University of Chicago Press, 1999), p. 4.
32 그런 맥락에서 엘리아데는 "종교학은 가장 높은 차원에서, 가장 깊이 있게 인류의 통일성을 탐구한다"라고까지 주장했다. Mircea Eliade, *The Quest*, p. 69.

의 갈망을 아우를 수 없다는 것을 확인할 것이다. 3장은 이 책에 포함된 유일한 만화책인 윤태호의 『이끼』를 중심으로 논의를 전개한다. 개인의 사욕을 위해 종교를 이용하려는 사람과 독선적 방법으로 종교적 이상을 성취하려는 사람의 대립을 통해, 종교에 대한 인간의 자세를 반추하고자 한다. 4장은 무라카미 하루키의 『1Q84』 1, 2, 3권 내용을 바탕으로 했다. 『1Q84』는 '인간에게 의미가 있는 거짓,' 혹은 '진실보다 아름다운 가설'을 따라 사는 모습이 종교라고 말하면서, 초월적 존재인 리틀 피플과 그들의 대변자의 초월적 능력을 실재로서 경험하는 종교 집단의 모습도 보여준다. 종교의 본질과 속성에 대해서 생각할 기회가 되리라 기대한다. 『1Q84』는 2011년 12월 현재 아직 완결편이 출간되지 않았음에도 분량이 2,000페이지에 달했고 내용 또한 복잡했다. 이 책에서 『1Q84』를 다루는 내용도 다른 장들에 비해 많아졌다. 독자들의 양해를 바란다.

　이어서 2부의 책들은 위기와 한계에 처한 인간이 어떻게 그 위기를 받아들이고, 감내하고, 때로는 저항하는지에 대한 이야기를 중심으로 선택했다. 5장에서 만날 코맥 매카시의 『로드』는 인간이 쌓아온 문화, 자연의 생산력, 그리고 사람들의 가슴 속에 있던 인간성마저도 다 파괴된 세계에 살아남은 아버지와 아들이 그토록 절망적인 상황에서도 따뜻한 마음과 희망을 간직하는 이야기다. 6장에서 보게 될 작품은 헤르타 뮐러의 『숨그네』다. 구소련의 수용소에서 강제 노역과 굶주림에 시달리는 노동자들이 힘겹게 생존하는 방식에서 종교적 인간의 흔적을 찾고자 한다. 7장은 영화로 만들어져

더 널리 알려진 스테프니 메이어의 『트와일라잇』을 다룬다. 초인간적 능력과 매혹적인 모습을 지닌 뱀파이어를 통해, 인간의 한계는 결국 인간이 존재하는 방식에 의해 설정되는 것임을 상기하게 될 것이다. 8장에서는 윤대녕의 『대설주의보』를 통해 무의미한 일상적 삶 역시 인간이 감내해야 할 한계가 될 수 있다는 것을 짚어보고자 한다. 9장에서 만나게 될 오쿠다 히데오의 『면장 선거』와 윤대녕의 단편 「천지간」은 인간이 삶 속에서 만나는 위기와 한계 상황을 극복하는 모습에서 종교적인 의례의 방식이 나타난다는 것을 보여준다.

  3부는 자신의 한계 너머를 갈망하며 꿈꾸고, 때로는 그 너머의 세계와 관계를 맺는 사람들에 대한 이야기들을 중심으로 구성했다. 10장에서는 켄 폴릿의 『대지의 기둥』을 통해 인간이 신과 하늘을 향하여 품은 열망과 더불어, 더 완벽에 가까운 아름다움의 구현을 갈망하는 모습을 보게 될 것이다. 11장에서 보게 될 『불멸』의 저자 밀란 쿤데라는 인간의 본질이 남들의 눈에 보이는 이미지라면, 잊혀지지 않을 이미지를 남기고자 하는 사람들의 시도는 결국 영원히 존재하고자 하는 욕망에 다를 바 없다고 말한다. 12장에서는 또 하나의 뱀파이어 소설 욘 A. 린드크비스트의 『렛 미 인』을 읽는다. 죽지 않기 위해 인간의 피를 먹어야 하는 뱀파이어와 철저하게 소외된 현대인이 서로에게 꿈이 되고 때로는 끔찍한 욕망의 대상이 되는 모습을 보게 될 것이다. 13장에서 다룰 파울로 코엘료의 『베로니카, 죽기로 결심하다』는 삶의 무의미를 감당하지 못하여 죽음을 택한 여자가 사랑, 꿈, 그리고 "진정한 자아"를 찾는 과정에 주목한다. 14장은 구효서의 『저녁이 아름다운 집』과 천운영의 『그녀의 눈물 사용법』등 두 권의 소설집을 다룬다. 두 소설에 나타난 수많은 종교 상징적 요소를 살피면서, 살아있는 사람에게 죽음이 어떤 의미인지에 대해 특별히 관심을 기울일 것이다. 상징적인 죽음을 통해 새로운 존재로 살게 되는 사람의 모습도 찾을 수 있을 것이다. 마지막 15장에서는 김훈의 『공무도하』를 중심으로 부조리한 현실에 무기력한 인간이 그 현실 너머를 바라보고 지향하는 모습을 생각해보겠다.

현대에도 인간은 신화의 주인공이 겪었던 것과 다를 바 없는 어려움들을 경험한다. 이 책에서 함께 살펴볼 이야기들은 인간이 맞부딪히는 수많은 한계 상황과 더불어 인간이 이런 한계에 맞서는 다양한 방법도 보여준다. 우리는 위기에 처한 인간이 꿈을 꾸고 생각하고 행동하는 모습들 속에 신화의 주제가 반복되며 종교적 양태가 나타나는 것을 이 이야기들을 통해 확인하게 될 것이다. 그래서 이 이야기들이 곧 "우리 시대의 신화"인 것이다. 자, 이제 우리 시대의 신화가 안내하는 종교적 인간의 세계로 들어가보자.

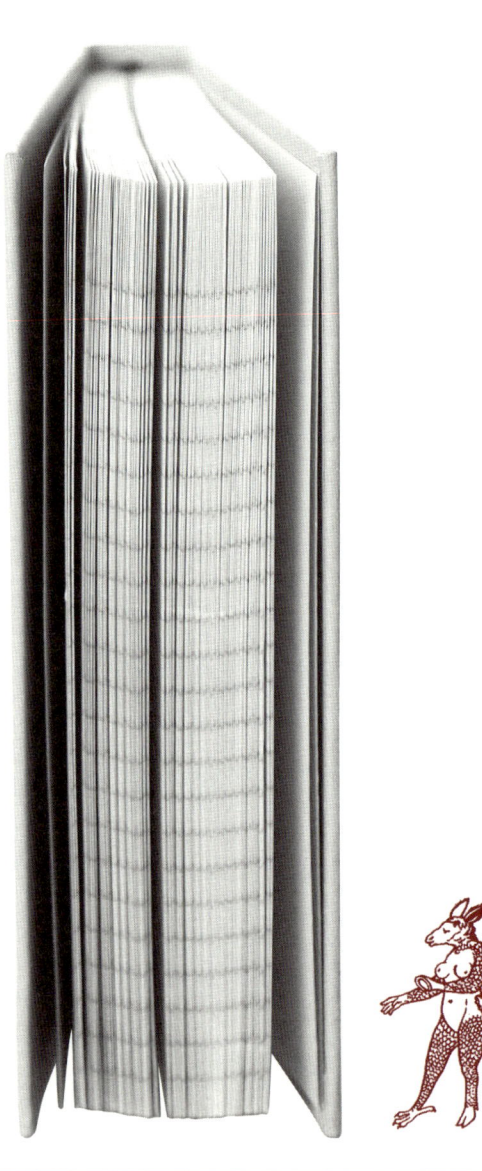

제1부

우리 시대의
이야기 속 종교

사회적 성스러움, 개인의 성스러움 지향
— 조지 오웰, 『1984』

종교적 이상을 추구하는 자, 종교를 이용하려는 자
— 윤태호, 『이끼』

존재의 의미를 느끼게 하는 이야기, 실재하는 대상의 경험
— 무라카미 하루키, 『1Q84』(1~3권)

chapter **02**

사회적 성스러움, 개인의 성스러움 지향

조지 오웰, 『1984』*

사회가 개인을 통제하는 방식들

20세기 최고의 문학작품 중 하나로 꼽히는 조지 오웰George Orwell의 『1984』는 절대 권력을 지닌 거대한 전체주의 사회체계가 개인을 철저하게 통제하고 나아가 말살시키기까지 하는 이야기다. 소설의 배경인 "오세아니아"라는 국가는 철저하게 지도자 "빅 브라더"를 중심으로 운영된다. 사실 빅 브라더는 실존 인물이 아니라, 전체 사회를 지배하는 당을 표상하는 가상의 존재다. 전체 국민은 인구의 2퍼센트를 구성하는 내부당원, 이들의 지시를 받아 업무를 수행하는 인구의 13퍼센트인 외부당원, 그리고 85퍼센트의 무산계급이라 불리는 피지배계층으로 이루어져 있다. 이 사회에서 각 개인은 그 자체로는 아무런 의미와 존재 가치를 지니지 못한다. 당은

---

* 조지 오웰, 『1984』, 정회성 역(서울, 민음사: 2010[1949]).

개인의 판단과 생각은 물론 기본적인 욕구도 통제한다. 섹스도 사회 유지를 위해서만 의미가 있기 때문에, 출산을 목적으로 하지 않는 모든 성욕도 "사상죄"에 해당된다(97). 당은 국민들이 외국인과 접촉하는 것도 철저히 금지한다. 포로들을 공개적으로 처형할 때 외에는 외국인을 볼 수 없다. 자기와 타자를 구별하여 공동체의 결속을 튼튼히 하고 적개심의 대상인 적들을 분명히 드러내는 것이다. "누구든 외국인과 접촉하면 그들도 자신과 비슷한 인간이고, 그들에 대해서 들어온 이야기의 대부분이 거짓이라는 사실을 깨닫게 된다."(275) 요컨대, 이 사회에서는 개별적인 인간으로서의 존재는 물론 보편적인 인간에 대한 인식도 철저히 부정된다. 당은 사람들에게서 단지 오세아니아 사회 구성원으로서의 정체성만 남기고자 하는 것이다.

당은 과거의 기록을 고치고 "이중사고"라는 사고의 방식을 주입하여 사람들의 기억을 교묘히 조종한다. 사람들의 기억을 장악했기에 역사도 마음대로 바꿀 수 있다. 있었던 일을 없었던 것으로 만들기도 하고 일어나지 않은 일을 일어났던 것으로 만들기도 한다. 당의 선언은 사실 여부와 관계없이 진실이 되는 것이다(59, 298). 우리는 종교가 과거를 통제하는 힘을 발휘한다는 것을 기억할 필요가 있다. 죄나 부정impurity 등 종교적 지침에 어긋나는 과거의 일들을 속죄나 정화 등의 의례를 통해 없는 것으로 만들기도 하고, 역사적 사실에 부합하지 않는 신화적 이야기도 종교적 인간에게 진실로 받아들여진다. 오세아니아에서 당의 지배에 거스르는 자들을 "치료"하는 것도 종교적 가르침을 주입하는 것과 비교할 수 있다(353). 당이 치료라고 부르는 행위는 개인의 의지나 기억을 없애고 당의 말을 무조건 받아들이도록 강제로 교육하는 방식으로 이루어진다. 특정 종교 단체들 중에는 새로 입교한 사람들이 기존 가치관을 버리고 자신의 가르침을 받아들이도록 하기 위해 세뇌brainwashing 및 정신 통제의 방식을 사용하여 문제를 일으킨 경우가 있다. 이 사람들이 그 종교 단체를 떠나 사회에 재적응하도록 할 때도 세뇌와 정신 통제의 방식을 사용한다. 종교 단체에 의해 강제적으로 주입된 내용을 버리도록 하는 "디프로그래밍deprogramming" 과정 역시 계속되는 역질문과 설득을 통해 반대되는 정보를 주입한다. 당이 개인을 통제하는 과정에서 종교 의례나 개종을 위한 설득 방식 등이 엿보이는 것이다.

"전쟁은 평화, 자유는 예속, 무지는 힘"이라는 당의 3대 슬로건에는 오세아니아 사회가 개인에게 요구하는 것이 잘 나타나 있다(28). 자유의 개념이 사회에 예속되는 것으로 대체되고(자유는 예속), 당이 제공하는 지식 외에는 아무것도 알아서는 안 되며(무지는 힘), 권력의 지배를 공고히 하기 위해 끝없이 이어지는 전쟁이 평화로운 일상이 되어버렸다(전쟁은 평화). 전쟁은 "헐벗고 만족스럽지 못한 생활로 인한 불평불만"을 "은밀하게 외부로 방출"시키는 수단이고, 불평불만을 매일 "깨끗이 씻겨버리는" 수단은 "2분간 증오"와 같은 의례다(294). "2분간 증오"를 통해 사회 구성원들은 빅 브라더를 중심으로 통합된다. 텔레스크린 화면에 당의 배신자이자 인민의 적인 지상 최고의 악당 골드스타인이 나타나면 모든 사람은 일제히 고함을 질러대며 극도의 증오를 표출한다. 이어서 적국(유라시아)의 군인이 총을 쏘며 다가오는 장면이 공포를 불러일으킨 후, "권력과 신비스런 정적에 싸인 빅 브라더의 얼굴이 스크린에 나타"난다. 사람들은 빅 브라더가 말하는 두서너 마디의 격려사를 듣고 있다는 사실만으로 "서로의 신의를 회복할 수 있는" 안정을 얻는다.

빅 브라더, 사회적 성스러움의 극단적 표상

더 나아가, "2분간 증오"는 빅 브라더를 예배하며 공동체를 결속하는 종교적 의례라고 할 수 있다. 주인공 윈스턴의 사무실에서 일하는 한 여자는 화면에서 사라진 빅 브라더를 향해 "나의 구세주여!"라고 떨리는 목소리로 고백하며 양팔을 벌리고 기도까지 한다. 마지막으로 모든 사람은 "도저히 감정을 주체할 수 없는 순간에 부르는 일종의 후렴이요 빅 브라더의 지혜와 위엄에 대한 찬가"로 "빅―브라더!"를 연호한다(28-29). 빅 브라더는 단순히 국가 지도자가 아니라 기도와 예배를 받는 신적인 존재인 것이다. "오세아니아 사회는 궁극적으로 빅 브라더는 전능하고 당은 완벽하다는 신념 위에 서 있다"(295)는 소설 속의 설명은, 달리 말해 빅 브라더 혹은 빅 브라더로 표상되는 당이 전능하고 완벽한 존재라는 뜻일 것이다. 사회가 강요하는 대로 무지를 힘으로 받아들인 사람들은 "탁월하신 영도력으로 우리에게 새롭고 행복한 삶을 주신 빅 브라더께 감사드린다고 목이 터져라" 외친다(84). 당에 저항하겠다고 결의하는 사상

죄를 저지른 윈스턴을 고문하며 내부당원 오브라이언이 설명하듯, 빅 브라더는 "당의 화신"(362)이며 "당이 스스로 과시하기 위해 설정한 가공인물"(292)이다. 그러나 오브라이언은 빅 브라더가 사회적 실재로 분명히 존재한다고 말한다. 나아가, 당이 "불사의 존재"인 한, 빅 브라더 역시 영원히 죽지 않는다고도 단언한다(363, 376).

여기서 우리는 종교사회학자 에밀 뒤르케임Émil Durkheim, 1858~1917의 종교와 사회의 관계에 대한 설명을 기억해볼 필요가 있다. 그는 오스트레일리아 원주민의 토테미즘의 사례를 근거로, 원시사회 주민들의 숭배 대상인 토템은 그 사회를 가리키는 상징이라고 주장했다. 나아가 발전된 형태의 종교의 신 역시 사회에서 기원한 사회의 표상이라고 설명했다. 토템이 숭배의 대상이며 동시에 사회의 상징이라면 숭배의 대상인 신은 사회 자체이며 사회를 나타내는 다른 표현이라는 것이다.[1] 즉 신으로 숭배되는 토템은 결국 사회를 가리키며, 따라서 사회가 결국 신이라는 등식이 성립된다. 오웰이 『1984』에서 사용한 표현을 빌리자면 신은 곧 사회의 "화신"이다. 빅 브라더는 사회를 상징하는 성스러움의 극단적인 예가 될 것이다. 이 사회 내에서 빅 브라더는 "피라미드의 정점"에 있는 "완전무결하고 전지전능한 존재"로, "모든 성공, 모든 성취, 모든 승리, 모든 과학적 발견, 모든 지혜, 모든 행복, 모든 덕성이 그의 지도력과 영감

---

[1] Émil Durkheim, *The Elementary Forms of the Religious Life*, trans. Joseph Ward Swain (Mineola, New York: Dover, 2008[1912]), pp. 205-206, 214-23, 295-96 등.

에서 나온 것"이다(292). 오웰은 오브라이언의 입을 빌려 빅 브라더로 이름 붙여진 "신은 권력 그 자체"이고 "권력이란 집단적"이라고 설명한다. 권력이 집단적인, 다시 말해 사회적인 힘이고 신이 권력 자체라는 말은 뒤르케임이 말하는 사회적 의미의 신 개념에 정확히 들어맞는다(369).

오세아니아의 사회 구조도 종교적으로 설명될 수 있다. 오브라이언은 자신을 비롯한 내부당원들이 "권력을 신봉하는 성직자"라고 말한다. 내부당원들은 사회적인 힘, 즉 신의 능력이 극대화되도록 하는 구별된 역할을 맡은 사람들이다. 사회가 모든 것을 장악하는 것을 이상으로 삼는 이 관점에 따르면 개인은 아무 의미가 없다. 개별적 존재로서의 인간은 "언젠가 죽기 마련이고 죽음은 가장 커다란 패배이기 때문"이다. 개별적 인간은 개인임을 포기하고 신으로 표상되는 사회와 하나가 되어야 죽음을 초월한 존재가 된다. "철저하고 완전하게 복종함으로써 자신의 존재를 버리고 스스로 당이 될 만큼 당의 일에 적극적으로 나선다면, 그때는 불멸의 전능한 존재"가 되는 것이다(369). 반면, 윈스턴처럼 당에 복종을 거부하고 개인의 뜻을 추구한다면, "자네는 존재하지 않네, 윈스턴"(362)이라는 뼈아픈 선고를 받게 될 것이다.

개별적인 인간 윈스턴의 현실 너머에 대한 꿈

『1984』에는 당과 빅 브라더에 의존해서 살아가는 삶을 당연히 받아들이고 개인의 욕구를 포기하는 사람들도 등장한다. 대표적으로 윈스턴의 전 아내 캐서린이 그렇다. 그녀는 "만족을 위한 성행위는 반역"이라는 당의 지침을 따라, 성적 만족을 추구하지 않으며 육체관계도 "당에 대한 우리의 의무"라고 간주한다. 윈스턴은 그녀의 머릿속에 당의 슬로건 외에는 들어 있지 않았고 당이 주는 것 이외에는 들은 게 없는 사람이었다고 회상한다(97-98).

그러나 빅 브라더와 같은 사회적 성스러움이 개인을 지배한다고 하더라도, 인간은 여기에만 만족해서 살 수 없는 존재다. 인간은 사회적 존재이면서 동시에 개별적 존재이기 때문이다. 개별적인 인간이 가지고 있는 갈망, 두려움, 꿈은 자신의 세계 내에서 해결되어야 한다. 사회의 수많은 구성원이 똑같은 위기에 처한다 하더라도, 각 개인은 자신이 경험하는 고통과 한계에 맞서게 된다. 『칼의 노래』에서 김훈은 전쟁 중 죽어가는 사람들이 감당하는 "각자의 몫들은 똑같은 고통과 똑같은 무서움이었다 하더라도, 서로 소통될 수 없는 저마다의 몫"이라고 지적하며, "나의 고통은 나의 생명 속에서만 유효한 실존적 고통인 것이다"라고 주장한다.[2] 『1984』에서 줄리아는 독립된 개인의 세계를 구축하려는 인물이다. 윈스턴의 애인이자 동지인 그녀는 "독립된 개인은 결국 패배하고 만다"는 사고를 거부하고, "자신이 선택한 방식대로 살 수 있는 은밀한 세계"를 만들

---

[2] 김훈, 『칼의 노래』(서울: 생각의나무, 2007[2001]), 135쪽; 『바다의 기별』(서울: 생각의나무, 2008), 42쪽.

려 한다(192). 개인의 성性마저도 완전히 통제하는 사회에 대항하는 그녀의 방식은 당이 모르게 애인과 밀회하여 성관계를 갖는 것이다.

윈스턴은 단지 개인에 대한 통제를 싫어하는 줄리아보다 더 깊이 들어갔다. 그는 빅 브라더와 당을 성스러운 존재로 인정할 수 없었던 것이다. 뒤르케임이 말한 "사회적으로 구별되고 금지된 것" 으로서의 성스러움은[3] 인간이 갈망하는 성스러움에 대한 욕구 전체를 만족시킬 수 없다. 엘리아데의 말대로, 성스러움은 범속한 세상과 그 현실을 넘는 어떤 것을 추구하고 경험하는 인간의 속성과도 관련이 있는 것으로 생각해야 이해의 폭이 넓어진다.[4] 윈스턴은 자신이 살아가는 사회의 특징을 "적나라함, 추악함, 무관심"이라고 규정하고, 모두가 집단최면 상태에서 똑같은 모양으로 살아가는 "전사와 광신자들의 땅"에 저항할 것을 결심한다(104). 당이 2+2가 4가 아닌 5라고 하면 그것이 답이 되는, 다시 말해 사회가 곧 진실이라는 현실을 받아들일 수 없었다. 그에게는 "당이 과거에까지 손을 뻗어 이런저런 사건을 가리키면서 '이런 것은 절대로 없었다'라고 말한다면, 이는 단순한 고문이나 죽음보다 더 무서운 일"이었다(52). 윈스턴은 현 사회에는 없어져버린, "보이지 않는 불변의 사랑"을 꿈꾸었다. 그의 꿈에 자주 나타나는 어머니는 바로 그 불변의 사랑의 표상이었다(47). 또한 그는 현실과 대조되는 이상적 세계인 "황금의

3　Durkheim, *The Elementary Forms*, p. 47.
4　Eliade, *The Sacred and the Profane*, pp. 8-13 참조.

나라"에 대한 꿈을 가지고 있었다. 황폐한 도시인 자신의 환경과는 완전히 다른, 잔디밭과 목초지로 이루어진 들판 너머에 시내가 흐르고 거기에 물고기가 헤엄을 치는 곳이었다(47, 175). "미래를 향해, 과거를 향해, 사고가 자유롭고 저마다의 개성이 다를 수 있으며 혼자 고독하게 살지 않는 시대를 향해, 진실이 존재하고 일단 이루어진 것은 없어질 수 없는 시대를 향해" 가기를 원하는 윈스턴에게는 (43-44), 너무나 당연하게 받아들여지는 범속한 일상 너머를 꿈꾸는 인간의 속성이 남아 있었던 것이다.

윈스턴은 빅 브라더를 중심으로 하는 극단적인 사회적 성스러움의 지배가 성공하지 못할 것이라는 신념이 있었다. 그는 극심한 통제로도 왜곡할 수 없는 불변의 진리를 믿었다. "당신들이 실패하리라는 걸 알고 있습니다. 이 세상에는 당신들이 정복할 수 없는 정신이랄까 어떤 원칙 같은 게 있습니다"(377)라는 믿음은 모진 고난과 회유를 받으면서도 쉽게 변하지 않았다.

그러나 조지 오웰은 결국 개인의 파멸로 이야기를 마무리한다. 이 소설에서 승자는 오세아니아 사회다. 장기간의 세뇌와 공포스런 고문을 겪은 윈스턴은 결국 모든 신념, 이상, 사랑 등의 가치를 모두 잃어버리고, 빅 브라더의 "사랑 가득한 품 안"에 안기는 심정으로 자신의 모든 꿈을 상실한 채 죽임을 당한다(417). 그는 자신이 처한 사회의 한계 너머를 꿈꾸지만 결국 비참한 최후를 맞고 마는 실패한 영웅의 후계자다.

chapter 03

종교적 이상을 추구하는 자, 종교를 이용하려는 자

윤태호, 『이끼』*

마을의 "알파와 오메가" 천용덕

윤태호의 장편만화 『이끼』는 소위 "잔혹 스릴러"를 표방했지만, 『1984』에 비해 훨씬 더 희망적이다. 권력적 성스러움의 지위를 누리려는 천용덕 이장과 이상적 공동체를 꿈꾸는 류목형의 대립은 천용덕의 압도적 승리로 끝났다. 천용덕은 마을에서 권력을 더욱 강화했고 류목형은 마을에서 힘을 잃고 쓸쓸히 죽었다. 그러나 류목형의 아들 류해국은 아버지를 대신하여 천용덕의 절대적 권력에 맞서 이겨낸다. 류목형이 자신을 닮은 아들이 자신을 대신해 천용덕 일당의 악행이 심판 받도록 할 것이라고 예상했다는 점과, 죄가 다 드러난 천용덕이 권총으로 자살할 때 죽은 류목형이 천용덕 뒤에서 총을 입에 넣도록 하는 장면을 고려하면,[1] 류목형이 현재

---

* 윤태호, 『이끼』 vol. 1-5(서울: 한국데이타하우스, 2010).
[1] 여기서는 『이끼』에서 류목형과 천용덕이 추구하는 것들을 대조하는 데 초점을 맞출 것이며, 류해국이 천용덕과 일당의 죄상을 드러내고 결국 심판하게 되는 내용은 다루지 않을 것이다.

처한 상황 너머를 바라는 일에 완전히 실패하고 비참하게 죽는 비극적인 주인공인 것만은 아니다.

천용덕과 빅 브라더 둘 다 사회적으로 구별된 존재로서 성스러움의 지위에 있다고 할 수 있다. 물론 이들이 이 지위를 획득하는 과정은 전혀 다르다. 오세아니아 지배층이 당 자체를 표상하는 가상의 지도자 빅 브라더를 만들어냈다면, 천용덕은 개인적 의도에 의해 공동체를 만들고 자신이 그것을 좌우하는 절대적 위치를 차지한다. 하지만 자신이 만든 마을에서 빅 브라더처럼 사회 자체의 표상, 즉 신적 지위에 오르는 일에 성공하고, 오세아니아의 빅 브라더와 당 못지않은 통제력을 발휘한다. 천용덕은 류목형의 힘을 빌려 마을을 만들기 전에 형사로 일하면서도 자신의 권력을 이용해 오세아니아의 당이 했던 것과 유사한 일을 했다. 가장 대표적인 예는 류목형을 취조하는 장면에서 찾을 수 있다. 사실을 말하는 그를 호되게 고문하며 "진실은 내가 갖고 있다"(4권 247)라고 말하는 대목에서, 자신이 말하는 것이 비록 사실이 아니더라도 진실이 되도록 만들려는 의도를 볼 수 있다.

그는 류목형, 전석만, 하성규, 김덕천 등 자신의 목적을 달성하기 위해 꼭 필요하면서도 쉽게 이용할 수 있는 사람들을 끌어 모아 마을을 만드는 데 참여하도록 했다. 류목형은 주변 마을 사람들의 마음을 끄는 데 필요했고, 정신병력이 있는 김덕천은 마치 백지 상태에서 천용덕이 시키는 일을 아무 생각 없이 그대로 따르는 사람이다. 거칠고 힘이 센 전석만과 하성규는 치밀한 방법으로 자신에게 충성하게 만들었다. 천용덕은 살인을 저지른 두 사람을 체포하지만 곧 풀려 나오도록 하여 다른 사람들은 모르는 약점을 잡는 동시에 그들이 충성할 수 있는 명분을 만든다. 그뿐만 아니라, 이 두 사람이 새로운 존재가 되게 하는 상징적 의미를 담은 의례를 거행한다. 하성규에게 자신이 저지른 죄를 모두 고백하는 글을 쓰게 하고, 글을 모르는 전석만은 죄를 녹음하도록 한 후, 글과 녹음테이프를 복사하여 세 부를 만든다. 각 사람의 한 부는 천용덕 자신이 가지고, 한 부는 서로 교환하게 하여 다른 사람 것을 갖고 있도록 하고, 마지막 하나는 태워버린다. 서로의 비밀을 나눈 것은 간직하고 자기 것은 없애기 위해서였다. 불타는 문서를 보면서 천용덕은 다음과 같이 말한다. "다시 태어나그라. 어린 아 맹키로, 시키는 대로 하고, 하지말란 건 쳐다도 보지 말고, 서로 비밀을 지켜주고, 감시하라! 너그들은 평생을 같이 가는기야."(3권 184-85) 서로의 비밀을 지키면서 동시에 감시하는 완전한 공동체 일원이 되도록 만들고, 자신의 과거를 태워버림으로써 어린아이와 같이 새로운 존재로 다시 태어날 수 있도록 하는 상징적 의례다. 이처럼 과거와의 단절이나 상징적 죽음 등을 통해 새로운 존재로 태어나는 의례에 대해서는 앞으로 더 볼 기회가 있을 것이다.

천용덕은 탐욕스럽고 나쁜 사람이다. 그는 "가져도 가져도 끝이 없는 기 세상이라"고 말하며(5권 125), 많은 재물과 절대적인 권력을 끝없이 소유하고자 한다. 그것이 그가 추구하는 삶의 목적이었다. 겉으로는 다른 사람들이 방심하도록 "후지게" 보이도록 하면서 손에 닿는 모든 것을 다 자신의 것으로 만들려 했다. 또한 "과거에 열을 빼앗겼어도 지금 둘 받으모 헤벌레하는기 인간이란 종자라"(5권 122)고 말하는 것에서 알 수 있듯이, 그는 사람들을 통제하는 법을 안다. 자신의 목적인 권력과 부를 달성하기 위해서 어수룩한 사람들은 착취하고, 도움이 될 법한 사람과 결탁하며, 권력자에게는 아낌없이 뇌물을 쓴다. 부당하게 부동산 시세를 조정하고, 수하들을 앞세워 공포에 휩싸이도록 때리고 위협하며, 약점을 잡아 협박하고, 또 때로는 어르고 달래어 주변 마을 사람들의 부동산을 빼앗는다.

그러면서 동시에 그는 "마을의 시작과 끝"이었다. 수하들이 그렇게 불렀고(3권 42), 자신도 그렇다고 선언한다(5권 154). 시작과 끝이라는 것은 마을 자체라는 뜻일 것이며, 마을의 신과 같은 존재라는 말이기도 하다. 『신약성서』에서 그리스도가 자신을 가리켜 "나는 처음과 마지막이요 시작과 끝이다"[2]고 말한 것과 비교하면 마을에서 천용덕의 절대적 위치를 알 수 있을 것이다. 그가 신과 같은 절대적 존재가 되려 한 것은 "목줄을 쥔 인간"이 되려고 했다는 말에서도 나타난다. 계속해서 사람들을 괴롭히며 나쁜 짓을 저지르는 자신을 죽이려 한 류목형을 붙잡아놓고, "내는 인간을 맹글지는 몬 해도! 언놈이건 요래 목줄 딱 쥐고 원하는 대로 흔들 준 안다 아이가!"라고 소리친다. 천용덕은 인간을 지배하는 것이 목적이었다. 그

---

2 『신약성서』, 「요한계시록」 22:13("현대인의 성경"의 번역).

래서 천용덕은 묻는다. "니는 신이 될라 캤나? 나는 인간이 될라 캤다! 요래 목줄 딱 쥔 인간!"(5권 169-72) 그가 말하는 "목줄 딱 쥔 인간"은 단순한 인간이 아니다. 류목형이 지향하는 신 이상의 지위를 지닌 인간이며, 오세아니아의 당과 빅 브라더가 그렇듯 성스러움의 한 측면이다. 무섭고 절대적인 신들이 인간의 "목줄"을 쥐고 있었다는 생각은 고대 사회 여러 곳에서 찾아볼 수 있고, 그 신을 통해 공동체를 통제하려는 사람들이 특히 강조하는 신의 속성이었다.

종교를 이용하려는 사람과 종교적 이상을 추구하는 사람

종교적 이상주의자와 종교를 현실에 이용하려는 이들은 인간 역사에 항상 공존해왔고, 지금도 그렇다. 그리고 종교를 현실에 이용하려는 사람들은 종교적 이상주의자들을 앞세워 자신의 이익을 추구한다. 천용덕이 인간을 지배하고 군림하는 신과 같은 존재가 되려 했다면, 류목형은 인간성을 상실한 사람의 인간성을 회복하고 싶어 했다. 류목형이 생각하기에 그것이 신이 원하는 바였고, 그가 추구하는 성스러움이었다. 그러나 천용덕이 보기에 이런 성스러움은 너무도 이상적이었다. 그래서 천용덕이 류목형에게 "언능 정신차리소. 여그는 기도원이 아이라! 세상이라! 현실이라꼬!"라고 말하며 답답해 하고(5권 125), "니는 신이 될라 캤나?"라고 빈정댄 것이다.

천용덕은 류목형의 종교적인 능력과 태도를 이용하려고만 했다. 류목형에게는 다른 사람의 마음을 끄는 힘과 진심이 있었다. 눈을 마주쳐주기만 해도 사람을 위로할 수 있을 정도였다. 천용덕은 류목형의 이런 능력을 이용했다. 또한 그는 인간에게 의미를 추구하고 종교적 이상을 찾는 면이 있다는 것을 알았다. 그래서 류목형을 앞세우면 의미가 있고, 남들 보기에 좋고, 격조가 생긴다고 생각했다. 천용덕이 류목형에게 하는 말을 눈여겨보자.

> 이상하게도 당신이 있으면 뭔가 의미랄까 그런게 생긴다 아이가. 넘들이 보는 눈에도 좋고 마을이 아조 격조가 절로 생겨… 당신 가만 보이 사람 눈 돌아가게 맹그는데 도사라. 당신은 딱 한번 착 쳐다보고 구원들은 얻었나[라고 물으면 사람 마음을 얻는다].(5권 159, 161)

일상에서는 찾을 수 없는 "의미"를 만드는 일은 전통적으로 종교가 담당해왔다. 여기에 대해서는 4장과 9장에서 다시 언급할 것이다. 천용덕은 류목형에게 이와 같이 종교의 역할을 기대했다. 그는 류목형이 의미를 만들고 사람들의 마음을 끄는 것이 "뜬구름" 잡는 일일 뿐이라고 말한다. 하지만 동시에 그는 류목형이 돈벌이가 되지 않는 뜬구름 잡는 일을 하는 것만으로도 자기 몫을 하는 것이라고 인정한다. 천용덕은 사람들이 범속함 너머의 성스러움을 동경하는 속성을 지니고 있다는 것을 알고 철저히 이용하려 한 것이다. 천용덕이 죽은 후, 류해국을 도와 천용덕의 악행이 드러나도록 한 이영지는 류목형에 대해 다음과 같이 말한다. "선생님은 누구도 죽일 수 없었어요. 이장이라 해도, 죽일 수 없다기보다 류 선생님이 있는 편이 더 좋았죠. 필요는 없지만 언제나 옆에 있는 종교 같은 분이셨으니까."(5권 365) 돈을 버는 데는 직접 필요하지 않지만, 옆에 두고 이용할 가치가 있는 "종교" 같은 사람이었다는 것이다. 천용덕이 류목형을 옆에 두고자 한 것은 역사 속의 수많은 폭군 왕이나 독재자들이 자신을 가치 있어 보이도록 만들고 사람들의 마음을 얻고자 주변에 종교인이나 현자를 두었던 것과 다를 바 없다.

천용덕의 수하 전석만과 하성규도 류목형의 종교적 이상을 적당히 이용했다고 해석할 수 있다. 이 두 사람이 마을로 들어오게 된 계기부터 짚어보자. 류목형은 인간성이 파괴되고 절망적인 사람들이 변하여 새사람이 되는 이상적 공동체를 세우고 싶어했다. 천용덕과 손을 잡은 후, 그에게 적당한 땅을 알아보도록 하고, "돌아갈 수 없는 인간들… 진정으로 다시 살고 싶은 사람들"을(5권 90) 모아달라고 했다. 이런 의미에서 류목형은 마을이 생기도록 한 사람이다. 그러나 천용덕은 류목형의 아이디어를 자신의 버전으로 바꾸어, 자신이 군림할 수 있는 마을을 만들고, 자신의 수족으로 다시 살아갈 사람들을 모았다. 그들이 전석만과 하성규였다. 잔혹한 살인자 전석만과 하성규가 천용덕의 충성스런 하수인이 되는 데에는 류목형도 어느 정도 공헌했다. 류목형 앞에서 전석만은 눈물을 흘리며 "정말… 정말… 지우고 싶습니다"고 말했고, 하성규는 칼로 팔을 그어가며 "맹세하라고 하믄 맹세하겠습니다. 피로 하라믄 그리 허겠습니다"고 결의했다(5권 98-100). 자신들의 과거를 지우고 다시 태어나겠다는 다짐이었다.

그러나 이들은 류목형처럼 높은 이상을 실현할 생각은 전혀 없었다. 사람을 죽이지 않고, 적당히 남들 괴롭히면서 돈을 모으는 정도면 충분히 잘사는 것이라고 생각했다. 한편으로는 절대적 권력을 지닌 천용덕을 보좌하면서 악행을 돕고 한편으로는 그에게 적당히 통제받으며 편하게 살아가는 것으로 만족했다. 거기서 더 나가고 싶지 않았다. 어쩌면 류목형 앞에서의 다짐은 살인을 저지른 자신들의 죄책감을 적당히 누그러뜨리기 위한 것이었을지도 모른다. 전석만은 자신이 죽인 세 사람을 위해 매일 화병에 국화꽃을 꽂아 놓고, 하성규는 자신이 불을 내서 여섯 사람이 죽은 날을 잊지 못한다. 이런 사람들이 세상에서 아무런 일이 없었다는 듯 살아가기 위해서는 종교에 참여하여 눈물 흘리는 것이 도움이 된다. 그러나 새로운 삶을 살라는 류목형의 요구는 듣기 싫어한다.

이와 마찬가지로 사람들은 죄책감을 덜고 자신을 정당화하기 위해 종교와 관련을 맺으면서도, 종교가 제시하는 이상적인 도덕적·정신적 수준까지 이르려 하지 않는다. 이것은 먼 옛날부터 지금까지 수많은 종교인이 가져온 큰 문제다. 종교인뿐 아니라 이상을 향한 열정을 잃은 종교 자체도 문제다. 현대 한국에서도 거대해진 종교들이 사람들의 죄책감을 덜어주고 과거를 정당화하는 데에서 그치고, 종교 본원의 가르침은 말하지 않는다. 많은 종교인이 죄를 짓고도 교회나 사찰에 가면 마음이 편해지고, 현재 살인을 저지르지 않을 정도의 느슨한 도덕적 수준을 유지하는 것만으로도 만족한다.

종교적 이상 실현이 실패했을 때의 극단적 반응

다시 이상을 추구하는 종교인 류목형으로 돌아가자. 그는 베트남전에서 수많은 사람을 죽인 후 돌아와, 자신의 죄를 씻고 새로운 사람으로 살기 위해서는 신이 필요하다고 생각하여 기도원으로 들어갔다. 거기서 생식을 하는 등의 고행을 하고 성서를 50번이나 정독한 후, 눈에서 살기를 없애는 데 성공했다. 그는 기도원 사람들에게 "스스로를 구원"할 것을 강조했다(4권 229). 여기서 "스스로를 구원"한다는 것은 사람들 스스로 신에게 가까이 가는 것이라고 해석할 수 있다. 모든 것을 다 보고 있고 알고 있는 신과 교류하는 일은 각자 스스로 감당해야 하는 것이지 기도원에서 돈을 받고 대신해 줄 수 없다는 의미일 것이다. 류목형은 원장의 회유를 받은 신자들이 기도원에 돈을 바치는 것을 막고, 자신이 대신 돈을 받아 신자들의 집을 지을 수 있는 땅을 사주려 했다. 그는 신의 이름으로 "인간의 영역"을 추구하는 것에 강하게 반대했다. "돈은 인간의 영역"이고 "권력 또한 인간의 영역이지. 더럽기로는 돈과 권력 어느 것도 다툼에서 밀리지 않아"라고 말하는 류목형은 타협하지 않고 이상을 추구하는 사람이었다(4권 236, 238).

    류목형의 이상은 천용덕을 만나면서 첫 번째로 꺾이게 된다. 신자들에게서 돈을 받아내지 못하게 된 기도원장이 천용덕을 사주하여 류목형을 체포하도록 한 것이다. 기도원장 역시 종교의 이름으로 자기 배를 불리는 사람이다. 사람들에게 천국에 갈 수 있도록 해준다는 명목으로 돈을 걷어내는 능력이 있다. 그러면서 자신은 신에게 선택 받은 사람이며 남의 마음을 훔치는 류목형은 사탄이라고 단정한다(4권 255-58). 종교의 이름으로 스스로를 합리화하고 남을 비난하는 태도는 많은 종교인에게서 찾을 수 있다. 기도원 원장처럼 신의 이름으로 자신의 이익을 추구하고 자신을 합리화하며 타인을 정죄하는 사람들은 그들이 믿는 성경의 가르침으로부터 멀리 벗어난 자들이다. 이상을 추구하는 류목형의 눈에 이런 사람은 심판의 대상이며 더는 존재하면 안 되는 사람이다. 기도원장의 압력을 받아 류목형을 배신하고 불리하게 거짓 증언을 한 신자들도 그의 이상으로부터 너무 멀리 벗어난 사람들이었다.

류목형은 기도원장과 자신을 배신한 신자들을 직접 심판하려 한다. 그는 그것이 순리라고 생각했다. 감옥에 갇힌 동안에도 다른 죄수들을 동원하여 자신을 괴롭히는 천용덕에게는 죄를 인정하고 심판을 두려워하여 형사 직을 그만두어야 심판을 면할 것이라고 경고한다. "형사란 죄의 껍데기를 벗겠다면 당신은 예외로 해두지… 두려움이 당신을 구할 것이오."(5권 27) 류목형은 천용덕을 포섭하여 이상향을 만들고 정의를 구현하는 목적을 실현하는 일에 참여하도록 하고자 했다. 천용덕도 온갖 괴롭힘에도 한 치의 흐트러짐이 없어 보이는 류목형에게 상당히 감화되었다. 그러나 류목형이 심판자가 되려고 하고 천용덕을 자신의 대리인으로 내세우면서 계획이 틀어졌다. 먼저 천용덕을 보내 기도원에서 만난 십대소녀 이영지에게 몹쓸 짓을 한 나쁜 사람들을 죽지 않을 만큼 때리도록 했다. 천용덕은 류목형을 대신해서 그 사람들을 때린 후, 자신이 류목형에게 휘둘리고 있음을 깨닫는다. 그러고는 류목형이 사람의 마음을 움직이는 능력이 있음을 인정하고 그를 이용할 계획을 세운다(5권 165). 형사를 그만두고 류목형과 함께 하기로 하면서, 류목형에게 "선물"을 주겠다고 제안한다. 그 선물은 기도원장과 신자들을 심판하고자 하는 류목형을 대신해 그들 모두 처참하게 살해하는 것이다.

류목형은 왜 이 사람들을 죽이려고 했을까? 그저 종교의 이름으로 악을 행하는 사람들과 배신자에 대한 심판만은 아닐 것이다. 이 학살은 실패한 이상적 공동체를 종결하고자 하는 목적으로 행해졌다고 봐야 한다. 특정 종교 집단이 표방한 종교적 이상이 실패하면 공동체를 극단적인 방식으로 끝내는 경우는 실제로도 종종 볼 수 있다. 짐 존스Jim Jones가 미국에서 시작한 인민사원Peoples Temple이라는 종교 집단을 예로 들어보자. 그는 만민평등과 사회개혁을 기치로 걸고 인민사원을 시작했으나 미국에서 이상적 공동체를 만드는 데 실패한다. 인종 평등을 부르짖었으나 지도부가 모두 백인이었고, 존스가 공동체를 제왕적으로 좌우한다는 비판을 받았기 때문이다. 그 후 남미 가이아나로 이주하여 정글에 존스타운Jonestown을 건립하고 이상을 실현하겠다고 했지만, 그곳에서도 신도 학대와 강제 노동 등의 신고가 이어졌다. 이를 조사하러 리오 라이언 하원의원과 방송기자들이 존스타운을 방문했을 때, 30명 정도의 신도들이 인민사원에 불만을 표하며 라이언 의원과 함께 떠나겠다고 나섰다. 존스는 경비들을 동원하여 라이언 의원과 기자들, 그리고 배신한 신자들에게 총격을 퍼부었고, 라이언 의원과 기자 세 명, 그리고 신자 한 명이 그 자리에서 죽었다. 존스는 자신을 포함한 신도 전원의 자살을 결정했고, 결국 1978년 11월 18일 914명 신자의 집단 자살이라는 끔찍한 일이 발생했다. 이 사건이 광신적 종교 집단의 위험성과 지도자의 병적 광기가 빚은 참극이라는 대다수 사람들의 의견에 나 역시 동의한다. 그러나 조나단 스미스의 제안대로 그 이상의 학문적 설명을 제시하자면, 집단 자살은 종교적 이상의 실현이 실패한 것에 대한 반응으로 선택한 극단적 방식이라고 설명할 수 있을 것이다.[3] 존스는 인종 평등 등 자신이 내세운 이상의 실현이 실패하자, 자신들을 실패로 몰고갔다고 생각한 변절자들을 비난하며 공동체의 종결을 선택했다. 배신자는 이상적 공동체 설립에 가장 큰 걸림돌이자 적이다. 짐 존스가 변절자들을 가장 심하게 비난했듯이, 류목형도 배신자들을 내버려둘 수 없었다. 모든 것이 공개되고 하원의원마저 살해한 이후 더는 갈 곳이 없었던 짐 존스는 공동체 구성원들과 자기 목숨을 끊었지만, 새롭게 이상적 공동체를 세워보겠다는 의지가 있었던 류목형은 배신자를 처단하며 실패한 공동체를 끝내고자 했고 끔찍한 학살을 주도하였다.

반면 직접 살인을 저지른 천용덕에게 이 끔찍한 사건은 전혀 다른 의미가 있었다. 그는 류목형을 앞세워 자신의 의도대로 움직

---

[3] 나는 졸저 『종교적 인간, 상징적 인간』에서 존스타운 집단 자살 사건을 "현실에서 유토피아적 이상향을 설정하는 일이 불가능한 상황이 되면 성스러운 공간을 유지하려는 노력을 포기하는 것"의 극단적 예로 설명한 바 있다(176). 참고로, 종교학자 조나단 스미스(Jonathan Z. Smith)는 이 사건이 자신들을 실패로 몰고간 외부 세계와 변절자들을 향한 저항의 몸짓이라고 해석했다. Jonathan Z. Smith, *Imagining Religion: From Babylon to Jonestown* (Chicago: University of Chicago Press, 1982), pp. 102-20 참조.

일 마을을 만들고 싶었다. 그래서 기도원 사람들을 심판하고 싶어 하는 마음이 있던 류목형에게 그들을 죽여주겠다는 "선물"을 제안했고, 그 선물을 통해 두 사람의 본격적인 관계가 시작되었다. 천용덕은 살인 과정에서 류목형에게 위압감을 줌으로써 그 관계에서 자신이 우위에 서고자 했다. 류목형은 기도원 사람들을 청산가리로 독살하자고 했으나 천용덕은 모든 사람을 칼로 찔러 죽이며 그렇게 하면 류목형에게 "눈 돌아간 놈"처럼 보일 것이라고 생각했던 것이다(5권 168).

천용덕과 일당이 악행을 저지르는 것을 알게 된 류목형은, 자신이 앞장서 만들었던 마을도 이상적 공동체가 될 수 없음을 깨닫는다. 인간답게 살기 위해 몸부림쳐왔고, 인간답게 살지 못한 사람을 변화시키고자 했으나, 천용덕, 전석만, 하성규 등은 자신의 의도와 전혀 다르게 행동했다. 그들에게 인간답게 사는 것은 돈과 권력을 획득하는 것뿐이었던 것이다. 그러자 류목형은 다시 심판자가 되어 악인을 없애고 공동체를 바로잡고자 한다. 천용덕을 살해하기 위해 칼을 들고 몰래 숨어들어갔으나 예상하고 있던 천용덕에게 잡혀 구타당하고 천용덕이 자신과 함께 한 것은 단지 자신을 이용하려는 것이었음을 확인한다. 심판은 완전히 실패로 돌아간 것이다.

이상적 공동체를 만들고자 한 사람이 이상 실현의 실패를 확인하면 스스로 공동체를 끝내고 싶어한다. 그러나 류목형이 심판이라고 부른 행위는 인간성을 상실한 사람이 인간성을 회복하는 공동체를 만들겠다는 류목형의 이상에 부합하지 않는다. 또한 이 심판은 그가 추구한 성스러움, 즉 신이 원하는 모습이라고 생각했던 것과도 전혀 다르다. 천용덕에게 처참하게 구타당하고 쓸쓸히 물러나는 류목형에게 전석만은 "아저씨가 우리랑 다른 게 뭐요?"(178)라고 힐책한다. 작품 속에서 류목형도 자신의 방법이 잘못되었음을 알게 되는 듯하다. 그가 자신의 잘못을 돌이켜보면서 "내 눈의 들보가 쌓이는구나. 나를 구원하소서"라고 말한다(5권 203). 이 말은 『신약성서』「마태복음」에서 예수가 남의 잘못을 비판하면서 자신의 더 큰 잘못은 모르고 있는 사람들에게 경고하는 내용에서 온 것으로 보인다. 예수는 "어찌하여 형제의 눈 속에 있는 티는 보고 네 눈 속에 있는 들보는 깨닫지 못하느냐"고 가르쳤다.[4] 류목형은 남을 비판하는 위치에만 있으면서 자신을 돌아보지 못했던 것을 생각하고 있는 것이다.

천용덕과 수하들의 힘 앞에서 무기력해진 류목형은 이제 넘을 수 없는 한계에 부딪힌 것처럼 보인다. 이상적 공동체의 꿈은 이미 멀어진 지 오래다. 이 상황에서 그는 자기를 희생함으로써 한계를 넘기로 한다. 숨을 잘 쉬지 않고 음식을 거의 먹지 않는 식으로 서서히 죽어가기로 한다. 앞에서도 언급했듯이, 그는 자신이 죽은 후엔 자신을 꼭 빼닮은 아들 류해국이 올 것이고, 류해국은 천용덕 일당의 악행과 죄상을 드러낼 것이라고 기대했다. 자기의 희생을 전제로 한계를 극복하고자 하는 이 방식이야말로 어쩌면 그가 추구

---

4 『신약성서』,「마태복음」 7:3 ("개역개정판" 번역).

했던 성스러움에 더 가까운 것인지도 모른다. 종교의 이름으로 남을 심판하고 죽이는 것이 아니라, 자신이 낮아지고 희생하는 것. 그것이야말로 그가 50번을 정독하며 새로운 존재가 되고자 한 성서의 가르침이며 신에게 가까이 가는 방식이 아니던가.

chapter **04**

존재의 의미를 느끼게 하는 이야기, 실재하는 대상의 경험

무라카미 하루키, 『1Q84』(1~3권)*

종교, 인간의 표상과 표현인가, 실재하는 대상의 경험인가

가장 영향력 있는 종교학자 중 하나로 꼽히는 조나단 스미스Jonathan Z. Smith는 종교를 인간의 표상과 관련된 문제로 이해하는지 아니면 실재하는 대상에 근거한 것으로 이해하는지에 따라 종교 연구자들을 두 부류로 나눌 수 있다고 말한다.[1] 어떤 연구자들은 종교를 인간이 표현expression하고 표상representation하는 차원의 것으로 접근하는 반면, 종교를 실재presence하는 대상을 경험experience하는 것으로 규정하는 사람들도 있다는 것이다. 인류학적 관점을 지닌 위베르, 모스, 뒤르케임, 쿨랑쥬, 반 즈네프, 레비-스트로스 등은 전자의

---

* 무라카미 하루키,『1Q84』vol. 1, 2, 3, 양윤옥 역(파주: 문학동네, 2009, 2009, 2010). 이 장을 집필하는 2011년 여름까지『1Q84』4권이 아직 출간되지 않았다. 하루키가 그려낸 종교적 인간의 세계가 광대했기에 분량이 많아질 수밖에 없었지만, 완결되지 않은 1~3권만으로는 제대로 설명할 수 없는 부분도 많이 있을 것이다. 독자들이 완결편을 읽고 1Q84의 세계를 더 명확히 그려보기 바란다.

1 Jonathan Z. Smith, *Relating Religion: Essays in the Study of Religion* (Chicago: University of Chicago Press, 2004), pp. 102-103, 207, 363.

입장에 선 학자들이며, 신학 및 존재론의 영향을 받은 오토, 쇠더블롬, 스플레트, 파이겔 등은 후자의 입장에 선 학자들이라고 분류한다. 스미스 자신은 전자의 입장에 서있다는 것을 분명히 밝힌다. 사실 스미스뿐 아니라, 대학을 중심으로 활동하며 객관적인 학문을 추구하는 종교 연구자 대부분은 적어도 연구 방법론에 있어서는 종교를 인간의 사회적 투사물 social human projects로 간주하는 학문적 자세를 수용해왔다. 그래서 경험이 언어보다 앞선다는 "표현적 실재론 expressive realism"을 적절하지 않은 것으로 보고 거부하며, 인간의 경험은 매개를 거친 것이기에 실재에 대한 직접적인 것으로 볼 수 없다고 단언한다.

『종교적 인간, 상징적 인간』에서 나는 엘리아데의 종교이론을 인간의 표현과 표상의 문제로 설명하고자 했다. 범속한 현실 너머의 성스러움을 상정하고 이를 갈망하는 인간의 지향성에 대한 엘리아데의 이론은 실재하는 대상을 고려하지 않고도 충분히 이해될 수 있기 때문이다. 그러나 엘리아데가 종교를 표현과 표상의 차원으로만 접근한 것은 아니다. 스미스도 지적하듯이,[2] 엘리아데는 종교를 표현/표상으로 이해하는 관점과 실재/경험으로 이해하는 관점을 통합하려 한 학자다. 그는 인간이 표상하고 표현하는 것을 중심으로 종교 연구를 전개하면서도, 성스러움의 경험이 인간이 표상하고

---

2 Smith, *Relating Religion*, p. 103. 스미스는 엘리아데가 양쪽의 입장을 조화시키려 하면서 존재론적인 관점을 옹호하고 인류학적인 면을 소홀히 하는 결과를 낳았다고 비판한다.

투사하는 것에서만 비롯된다는 주장에 동의하지 않는다. 엘리아데의 종교 현상에 대한 기술을 살펴보면, 그가 종교인들이 말하는 실재의 경험을 인간의 경험으로 수용하면서, 동시에 그것이 표현되는 형태에 주목하고 있는 것을 알 수 있다.[3]

종교를 연구하는 학자들의 상반된 두 주장과 이를 통합하려는 엘리아데의 관점을 염두에 두고 무라카미 하루키의 『1Q84』에 접근해보자. (2011년 12월 현재) 지금까지 3권이 출판된 『1Q84』는 종교와 분리시켜 이해할 수 없다. 단지 이 소설의 스토리가 "선구"라는 종교단체를 중심으로 진행되기 때문만은 아니다. 『1Q84』는 매우 복잡하게 뒤얽힌 방식으로 인간의 종교적인 면모들과 여러 종교적 세계관에 대한 뛰어난 통찰을 보여준다. 주인공들이 종교학자를 직접 인용하여 설명하는 것을 보면, 저자 하루키의 종교학에 대한 이해도 상당한 듯하다. 예컨대, 종교단체 "선구"의 리더인 후카다는 프레이저Frazer가 『황금가지Golden Bough』에서 설명한 신성왕권Divine Kingship 개념을 근거로 성스러운 존재인 "리틀 피플"과 인간의 관계를 설명한다.[4] 또한 하루키는 달, 숲, 동굴, 천둥, 뱀 등 전통적으로

---

[3] 엘리아데의 이론이 양쪽 모두의 관점으로 설명되면서 동시에 비판되는 것은 바로 이런 이유 때문이다. 예를 들어, 워서스트롬(Wasserstrom)은 엘리아데가 신비주의적 종교인이라고 비판하고, 페이든(Paden)은 엘리아데를 프랑스 인류학 전통에 위치시켜 설명한다. Steven M. Wasserstrom, *Religion after Religion: Gershom Scholem, Mircea Eliade, and Henry Corbin at Eranos* (Princeton: Princeton University Press, 1999), pp. 102, 155, 239-41; William E. Paden, "The Concept of World Habitation: Eliadean Linkages with a New Comparativism," Brian S. Rennie, ed., *Changing Religious Worlds* (Albany: State University of New York Press, 2001), pp. 249-59.

[4] 『황금가지』는 1890년 1판 이후 내용이 확대되어 1915년 3판은 12권으로 출판된 막대한 분량의 책이다. 요즘 번역되고 세계적으로 읽히는 것은 1922년 판 축약본이다. 필자는 1922년 판 맥밀란출판사의 축약본을 재출간한 다음의 판본을 참조했다. James George Frazer, *The*

종교가 사용해온 상징들을 의미를 크게 부여하지 않고 작품 속에 도입했다. 간단히 말해, 종교학적으로 다룰 수 있는 내용이 엄청나게 많은 것이다. 하지만 나는 이 장에서 『1Q84』의 방대한 분량을 모두 검토하며 종교적 요소들을 가능한 한 많이 찾아내고자 하지 않겠다. 대신, 『1Q84』에 나오는 등장인물들의 종교적인 면들을 검토하여, 인간이 지향하는 바의 표상으로서의 종교와 성스러운 존재의 경험으로서의 종교가 이 책 속에 공존하고 있다는 것을 보일 것이다. 그래서 이 책에 나타난 종교와 관련된 내용을 이해하려면 엘리아데처럼 종교의 속성과 관련된 두 진영의 관점을 모두 동원해야 한다. 왜냐하면 『1Q84』가 한편으로는 인간의 지향성을 반영한 표상에 근거하여 비종교인인 아오마메가 살아가는 모습을 "종교"라고 지칭하면서도, 또 한편으로는 성스럽다고 간주되는 리틀 피플이 실재로서 등장하고 그들을 직접 경험하는 종교단체 선구 사람들의 이야기가 중요한 비중을 차지하기 때문이다.

　소설 밖 현실 세계에서도 이런 모습은 마찬가지가 아닐까? 스스로 종교와는 상관 없다고 규정하는 수많은 현대인도 종교적인 지향성을 여전히 지니고 있고 이를 표상을 통해 표현하고 있다. 나아가 인간과는 다른 어떤 힘센 존재가 있다고 생각하는 사람들도 많다. 현대인은 이러한 사실을 너무나 자주 무시한 채로 인간에 대해 이야기하고 있지 않은지 점검해봐야 할 일이다.

　Golden Bough: A Study in Magic and Religion (New York: Touchstone, 1996[1922]).

아오마메의 종교: "존재를 의미 있게 느끼도록 해주는 이야기"

아오마메는 특별한 종교에 소속된, 소위 '종교인'이 아니다. 어린 시절 부모를 따라 "증인회"라는 종교단체에서 활동했으나, 증인회의 위압적인 교리와 신자들에게 요구하는 행위들에 반감을 품고 떠난 지 오래다. 그러나 종교인이 아닌 아오마메가 실은 매우 종교적이라는 것이 책의 여러 곳에서 드러난다. 아오마메는 종교 단체 "선구"의 일에 연루되기 전에도 종교적으로 세상을 이해하고 이를 삶 속에서 실천하는 사람이었다. 그녀는 자신의 행위에 상징적 의미를 부여하고 그 의미를 실현하기 위해 노력한다. 의미가 부여된 행위는 종종 종교적인 의례와 다를 바 없게 된다. 예를 들어, 그녀는 자신의 신체를 단련하는 것에도 진지하게 의미를 부여한다. 그녀는 스포츠클럽의 트레이너라는 직업 때문에 당연히 운동을 해야 한다고 생각하지 않는다. "인간의 신전神殿"인 육체를 "조금이라도 더 강인하고 아름답고 청결"하게 해야 한다는 "흔들림 없는 신념"에 바탕을 두고 자신의 몸을 단련한다(1권 288). 자신의 육체는 성스러운 신전이고 그래서 최상의 상태로 관리해야 한다는 말이다. 성서에서도 인간의 몸이 "하나님으로부터 받은 것," "[인간] 안에 계시는 성령님의 성전," "하나님이 기뻐하시는 거룩한 산 제물"이라고 표현하는 것을 기억해보자.[5] 아오마메는 종교적 메타포를 이용하여 육체를 단련하는 일에 의미를 부여한다.

---

5 『신약성서』, 「고린도전서」 6:19; 「로마서」 12:1("현대인의 성경"의 번역).

아오마메가 너무나 능숙하게 해내는 살인과 관련된 행동들과 살인에 부여하는 의미를 자세히 살펴보면 그녀의 종교적 성향을 좀 더 분명히 알 수 있다. 그녀는 가장 친한 친구가 남편의 폭력에 시달리다 결국 죽게 되자 친구의 남편을 아무도 눈치채지 못할 방법으로 살해한다. 그 후에는 폭력으로 피해를 당한 여성을 돕는 노부인과 뜻을 같이하여 가해자들을 암살하는 '킬러'로 일한다. 그녀는 자신의 살인에 단순히 여자의 적들에게 대신 복수를 하거나 나쁜 사람을 처단하는 것 이상의 의미를 부여한다. "죽음에 값할 정도의 죄악"을 저지른 사람을 "확실하게 저쪽 세계로 보내버리는… 사명"을 수행하는 그녀의 살인은 세상을 깨끗이 하는 것과 같다(1권 85, 139, 360). 이는 당연히 그래야 할 세상을 만들기 위한 신성한 행위다. 아오마메는 성공적으로 살인 임무를 마무리하고 나서 살인을 지시한 (혹은 권고한) 노부인의 온실을 방문할 때는 자신이 "시간의 감각을 잃는 듯한 마음"이 들었고(1권 178), 노부인을 "깊은 숲 속에서 양분이 풍부한 아침이슬을 받아 마시는 요정"처럼 생각한다(1권 179). 또한 온실에서 나오는 것은 "현실세계"로 돌아오는 것으로 인식한다(1권 183). 달리 말하자면, 이 온실을 시간의 흐름으로부터 벗어난 성소聖所로 간주하고, 여기서 이 세상과는 구별되는 어떤 존재와 만나는 것으로 생각하는 것이다. 노부인과 헤어질 때면 "우리는 올바른 일을 했으니까요"라는 똑같은 인사말을 하는데, 아오마메는 이 인사를 "진언mantra"이나 "기도"와 같다고 말한다.

아오마메가 처음으로 살인을 했을 때는 살인 직후에 "기도문은 그녀의 입에서 거의 반사적으로 흘러나왔다."(1권 361) 그 후로는 살인 직전에 증인회의 기도문을 꼭 암송한다. 살인을 앞두고 극도로 긴장한 상태에서 기도를 하면 신경이 위안을 얻고, 공포가 덜어지며 호흡도 안정된다(1권 325, 2권 179). 그녀는 "예전[증인회에서 활동하던 어린 시절]에는 그저 고통이던 그 기도가 이제는 자신을 지탱하게 해 준다"고 느낀다(2권 172). 신흥종교 단체 "선구"의 리더 후카다를 죽이러 갔을 때도 그 기도문을 암송한다. 자신이 할 수 있는 것이 아무것도 없는 상황에서 그녀는 초월적 존재에게 기도하는 것을 선택하는 것이다. "그녀는 알고 있었다. 그 기도는 효과가 있다는 것을."(2권 179) 기도문의 내용에 대해서는 깊이 생각하지 않는다. 그녀에게는 기도를 했다는 사실 자체가 중요하기 때문이다(1권 76). 그렇다고 그녀가 허공에 대고 의미 없는 말을 날려보낸 것이라고 봐서는 안 된다. 아오마메는 증인회의 운영 방식뿐 아니라 거기서 가르친 신도 증오했지만, 증인회에서 말하는 분노와 증오의 신이 아니라 "더울 때나 추울 때나 그저" 자신과 함께 있는 신을 믿는다는 사실을 스스로 인정한다(3권 329-31). 특정한 종교에 소속되어 있지는 않지만, 위기를 맞을 때면 자신의 한계 너머에 있는 존재를 의지하고 그 존재에게 기도하는 매우 종교적인 사람인 것이다.

아오마메의 종교성에서 가장 중요한 것은 덴고를 향한 사랑이다. 그녀의 존재 자체가 덴고를 향한 사랑을 중심으로 이루어졌다. 아오마메는 "나라는 존재의 중심에 있는 것은 사랑이다. 나는 변함없이 덴고라는 열 살 소년을 그리워한다"고 말한다(2권 133). 그녀는 열 살 이후로 보지 못한 덴고를 향한 사랑을 20년간 변함없이 품어왔다. 초등학교 시절, 같은 반 학생들은 증인회 교리에 따라 살기 때문에 다른 아이들과 잘 어울리지 못하는 아오마메를 따돌리며 "존재하지 않는 것"으로 취급했다. 어느 날 과학실험을 하면서 한 남자아이가 아오마메의 증인회 선교활동에 대하여 심하게 놀려대는 일이 생겼고, 이때 반에서 가장 힘이 세고 성적도 가장 우수했던 덴고가 나서서 막아주었다. 이 일을 계기로 아오마메는 덴고의 손을 잡으며 평생 덴고를 사랑하기로 결심한다(1권 326). 덴고를 향한 아오마메의 사랑은 정말로 변함이 없었다. 성적 욕구를 충족하기 위해 모르는 남자들과 성관계를 갖기도 하지만, 이 역시 덴고와의 관계를 통해 설명된다. "때때로 참을 수 없이 남자와의 섹스를 원하는 것은 자신 속에 키워온 덴고의 존재를 가능한 한 순수하게 유지하고 싶어서"였다. "자신의 몸을, 그것을 사로잡고 있는 욕망에서 해방시키고" 나면, "그 해방 뒤에 찾아오는 은밀하고 온화한 세계에서 덴고와 함께 어떤 것에도 귀찮게 휘둘리지 않는 친밀한 시간"을 보낼 수 있었기 때문이라는 것이다(2권 134).

　　20년간 보지 못한 덴고를 향한 사랑은 일반적으로 볼 수 있는 남녀 사이의 사랑과는 달랐다. 덴고를 만나지 못한 채 아오마메가 혼자 지켜온 이 사랑은 현실이 아니었고, 그래서 오히려 손상을 입지 않은 이상적인 상태로 유지될 수 있었다. "그는 이곳에는 존재하지 않는다. 하지만 존재하지 않는 육체는 멸하지 않고, 서로 나누지 않은 약속은 깨지는 일이 없다."(2권 133) 존재하지 않기에 불변과 불멸의 사랑이 될 수 있다는 말이다. 이상화된 가설과 같은 사랑이다. 사랑의 대상인 덴고 역시 현실이 아닌 아오마메의 희망과 바람에 의해 표상된 가설이다. "아오마메 안의 서른 살 덴고는 현실의 덴고가 아니다. 그는 이른바 하나의 가설에 지나지 않는다." 이러한 가설과 같은 사랑은 선구의 리더 후카다가 말하는 종교의 정의와 꼭 들어맞는다. 사람들은 "자신의 존재를 조금이라도 의미 있게 느끼게 해주는 아름답고 기분 좋은 이야기"가 필요하기 때문에 종교가 성립되는 것이라고 후카다는 말한다(2권 276-78). "대부분의 인간은 아픔이 따르는 진실 따윈 원치" 않으며, "자신이 힘 없고 왜소한 존재라는" 것을 부정하고 극복할 수 있도록 하는 어떤 것을 원하고 그것을 통해 인간 삶의 의미를 찾는다. 이를 간단히 말하자면 "진실보다 오히려 아름다운 가설"이며, 후카다는 그것이 바로 종교라고 규정한다. 아오마메에게 자신의 존재를 의미 있게 하고 아름답게 하는 것, 즉 후카다가 말하는 의미에서 종교는 바로 덴고를 향한 사랑이다. 후카다는 아오마메의 사랑을 "힘없고 왜소한 육체와, 이울어짐 없는 절대적인 사랑"이라고 정리하고, "그런 모습 자체가 말하자면 종교 그 자체"라고 결론 내린다. "힘없고 왜소한 육체"라는 분명한 한계 속에 사는 인간이지만 불변하고 절대적인 사랑을 통해 그 한계를 초월한 의미와 아름다움을 확보하게 된다. "진실보다 오히려 아름다운 가설"로서의 종교는 달리 말하자면 현실 이상의 의미를 만들어내는 가설로서의 종교다. 이는 희구하는 대상의 실재 여부와는 상관 없이, 인간의 희망과 지향이 만들어낸 표상으로서의 종교다.

그러나 "가설"로서의 종교가 단지 인간이 표상하는 바에 대한 표현이라고 해도, 그것이 인간에게 절대적인 영향을 끼치는 힘이 있다는 것도 아오마메의 종교에서 확인할 수 있다.

아오마메의 사랑이 곧 종교라는 후카다의 단언을 이해하려면 그녀의 사랑이 어떤 것인지 좀더 자세히 살펴볼 필요가 있을 것이다. 덴고를 향한 사랑은 아오마메가 존재하는 이유 그 자체다. "덴고를 만나 맺어지는 것. 그것이 내가 이 세계에 존재하는 이유다. 아니, 거꾸로 보면 그것이 이 세계가 내 안에 존재하는 유일한 이유다."(3권 585) 덴고는 살아갈 의욕을 잃고 있던 아오마메가 삶을 지속하는 이유이자 목적이기도 하다. 후카다를 죽이고 선구의 보복을 피해 도피생활을 하던 중, 아오마메는 아파트 창문을 통해 부근 어린이공원에 있는 덴고를 보게 된다. 그 이후로 덴고를 향한 그리움과 욕망이 그녀의 강한 생명력의 원천이라는 것을 확인한다. 아오마메는 자살을 결심했지만 "다시 한번 덴고를 만날 수 있을지도 모른다"고 생각하고 "죽는 건 그 다음이어도 된다"고 결론 내린다(3권 44). 산다는 것은 곧 덴고를 만날 수 있을지도 모른다는 가능성이 남은 것임을 깨닫고 살아야 한다는 마음을 품게 된 것이다.

한편으로는 현실 속에서 정말 만나게 될지는 알 수 없는 "덴고를 향한 거센 욕망에 몸을 사르는" 것은 "끊임없는 갈증과 절망의 예감"을 불러오기도 한다(3권 112). 아오마메는 절망의 상황에서 덴고라는 희망을 품고 살며, 또 그 희망이 이루어지지 않을 것을 두려워한다.

이것이 계속 산다는 것의 의미이다. … 인간은 희망을 부여받고, 그것을 연료로, 목적으로 삼아 인생을 살아간다. 희망 없이 인간이 계속 살아간다는 건 불가능하다. 하지만 그것은 동전 던지기와도 같다. 앞면이 나올지 뒷면이 나올지는 동전이 떨어질 때까지 알지 못한다.(3권 112)

하루키는 아오마메를 통해 미래의 결과를 알지 못하면서도 희망을 품고 그 희망으로부터 살아갈 힘을 얻어가며 살아가는 인간의 모습을 보여준다. 종교가 위기와 한계에 몰린 인간에게 계속 살아갈 수 있는 희망을 부여해왔다는 점에서도, 덴고를 향한 아오마메의 사랑을 종교적이라고 할 수 있을 것이다. 그녀가 "1Q84의 세계"(여기에 대해서는 뒤에서 자세히 살펴볼 것이다)로 들어온 이유도 덴고를 향한 갈망 때문이다. 그녀는 자신도 모르게 어느 순간 1Q84라는 새로운 세계에 들어왔으나 그것은 우연하게 이루어진 것이 아니며, 덴고를 만나기 위해서 반드시 여기에 있어야 하기에 스스로 주체적인 의사에 의해 들어왔음을 알게 된다(3권 585).

후카다의 종교 정의는 인간이 자신의 현실을 넘어서는 어떤 것을 희망하고 이를 현실과는 구별되는 형태로 표상하고 표현하는 것으로 종교를 설명하는 학자들의 관점과 다를 바 없다. 후카다에 따르면 아오마메도 절대적 사랑의 갈망이라는 가설로서의 종교를 가지고 있다.

그러나 아오마메의 종교는 실재의 직접적인 경험이라는 측면도 포함한다는 것을 간과해서는 안 된다. 애초에 아오마메의 종교는 덴고를 향한 절대적인 사랑이었고, 이 사랑은 그녀의 존재에 의미를 부여한 진실보다 아름다운 가설이었다. 그런데 작품 속에서 이 가설이 현실화되고 직접 경험된다는 것을 주목해야 한다. 그녀는 덴고를 만나지 못한 상태에서도 어떤 초월적 힘을 통하여 덴고와 교류하고 그의 아이를 임신한다(3권 264, 588). 갈망하던 사랑의 성취는 아오마메가 자신의 희생을 각오하고 한계에 부딪혔기 때문에 가능했다. "현실이 아닌 가설"을 상식적으로 설명할 수 없는 방식에 의해 삶 속에서 경험한 것이다. 결국에는 그를 만나 오래 꿈꿔 온 희망을 이루고, 위기와 시련에 함께 맞서기 위해 서로를 의지한다. 아오마메는 한계 너머에 대한 가설을 만들고 꿈을 꾸는 것에서 끝난 것이 아니라, 한계 너머를 실현해낸 것이다.

가설을 현실의 경험으로 만드는 과정에는 덴고를 향한 아오마메의 사랑과 아오마메를 향한 덴고의 사랑이 함께 작용했다. 특히 아오마메를 1Q84의 세계로 끌어들인 것은 덴고의 특별한 능력이 힘을 발휘한 결과였다. 아오마메는 1Q84의 세계가 덴고가 쓴 "이 이야기[『공기 번데기』]에서 시작되었다"는 것을 알게 된다(2권 500-501). 그녀는 "후카에리와 덴고가 만들어낸 '반 리틀 피플 모멘트'의 통로"에 들어왔고, "덴고가 만들어낸 이야기 속에 있는" 것을 자각한다. 어떤 의미에서는 자신이 덴고의 몸에 들어가서 몸의 병근(病根)인 후카다를 살해하는 사명을 성공했다고 자랑스럽게 생각한다. 덴고가 이야기를 현실로 만드는 힘을 통해 아오마메를 끌어오기는 했지만, 거기에는 덴고를 향한 아오마메의 열망도 함께 작용한 것이다. 이 둘은 열 살 이후 서로를 사랑하고 서로 몹시 강하게 끌어당기고 있었다. 덴고와 아오마메는 같은 경로로 1Q84의 세계에 옮겨 왔고, 반反 리틀 피플 모멘트를 가동하고 리틀 피플 대리인을 말살하는 팀을 이루게 된다(2권 331-37).

아오마메가 덴고를 위해 죽을 것을 각오하지 않았으면 이들은 만나지 않았을지도 모른다. 후카다는 아오마메가 자신을 죽이게 되면 그에 대한 징벌로 선구 사람들이 아오마메를 죽일 것이지만, 후카다가 죽으면 후카다의 일을 방해하는 덴고는 오히려 안전하게 될 것이라고 말했다. 아오마메는 자신이 죽고 덴고를 살리겠다는 생각으로 후카다를 죽인 것이다. 3권까지 내용에서는 아오마메와 덴고 둘 다 죽지 않았고, 선구 사람들은 둘 중 누구도 죽이려고 하지 않았다. 후카에리의 액막이, 즉 자신과의 성관계를 통해 아오마메가 덴고의 아이를 가지게 한 것이 둘 다를 살린 것으로 볼 수 있다. 선구 측에서 새로운 퍼시버와 리시버로 아오마메의 아이와 덴고를 원했기 때문이다. 아오마메는 후카다가 말한 대로 "무거운 시련을 뚫고" 나갔고, 그래서 자신이 "있어야 할 곳에 있는 것을 목격할" 수 있었다(2권 344). 사랑을 위해 자신의 죽고자 했을 때 1Q84의 세계에서 절대적인 사랑이라는 소망을 이루어낸 것이다.

덴고의 종교: 존재의 의미를 느끼게 하는 이야기의 실현

종교심리학자이자 실용주의 철학자인 윌리엄 제임스_{William James}는 남다른 종교적인 재능과 능력을 지닌 종교의 "천재"가 있으며, 종교공동체 내부에서는 이들이 남들을 이끄는 리더의 역할을 하는 경우가 많다고 했다. 정신과 의사이기도 했던 제임스는 종교적 리더가 되는 종교적 천재들이 종교적 경험을 할 때 종종 신경의 불안정이나 병리적인 우울증 등의 비정상적인 신체적 증상을 보인다는 점도 지적했다.[6] 덴고는 제임스가 말하는 종교적 천재에 속한다고 할 수 있다. 물론 그는 어린 시절 증인회에 소속되어 활동했던 아오마메와는 달리 예전에도 현재도 특정 종교에 소속된 적이 없다. 그는 아오마메보다도 종교적이라는 말과 더 거리가 멀어 보인다. 그가 살아오는 동안 종교는 그의 삶에 개입하지 않았다. 덴고는 어머니 없이 아버지 밑에서 자랐고 아버지도 친부가 아니었기에 어린 시절을 힘들게 보내기는 했다. 그러나 아버지로부터 일찌감치 독립한 후로는 크고 튼튼한 몸과 명석한 두뇌를 이용하여 무난하게 잘 살아왔다. 고교와 대학 시절에는 유도부 소속 선수로서 장학금을 받으며 기숙사에 살았고, 일류 대학 수학과를 졸업한 유능한 수학 강사이며 상당히 글을 잘 쓰는 소설가 지망생이다.

그러나 덴고는 종종 남들이 경험하지 못하는 특별한 경험을

---

6 William James, *Varieties of Religious Experience: A Study in Human Nature* (Charleston, SC: BiblioBazzar, 2007[1902]), p. 23.

한다. 그는 한 살 반 때 아버지가 아닌 남자가 어머니의 젖꼭지를 빨고 있는 장면을 목격했고, 이 장면의 영상은 성장한 이후에도 반복해서 떠오른다. 덴고에게 어머니의 영상이 떠오르는 것은 단순한 기억이 아니라 일종의 신성한 "계시"와 같다.[7] 이 장면의 영상은 아무런 징후도 없이 갑작스럽게 찾아온다. 이때 덴고는 그 장면 외에는 아무것도 보지 못하는 상황에 빠져들고, 세계가 자신과는 무관한 것으로 바뀌는 것을 경험한다. 이러한 경험은 소설 속에서 "레일의 포인트가 바뀌는 것을 경험한다"고도 표현된다(1권 32-35). "레일의 포인트가 바뀐다"는 것은 1984에서 1Q84로 세계가 바뀌는 것을 가리킬 때도 사용된 것을 고려하면, 덴고는 이 세상과 구별된 어떤 것에 대한 경험, 달리 말해 종교적인 경험을 한다고 할 수 있을 것이다. 이 경험이 끝나고 나면 몸은 지독히 소모되고 눈꺼풀을 들 수 없을 정도로 온몸이 무기력해진다는 것도 지적해야 할 것이다. 이는 후카다가 "리시버"로서 리틀 피플의 목소리를 들을 때 겪게 되는 것과 동일한 경험으로(2권 540), 종교적 천재가 종교 경험을 할 때 수반되는 신경의 불안정과 같은 비정상적인 신체적 증상을 갖게 된

---

[7] 3권까지는 덴고의 어머니에 대해 분명한 설명이 나오지 않으나, 덴고가 어머니에 대해서 알게 되는 것을 "광대하고도 선명한, 이른바 우주적인 풍경"에 대한 계시로 받아들인다는 것은 알 수 있다. 선구를 위해 일하는 우시카와가 어머니에 관한 정보를 주겠다고 하자 이를 거부하면서 다음과 같이 생각한다. "어머니에 대한 소식은 … 부분적인 정보로서가 아니라 종합적인 '계시'로서 주어지지 않으면 안 된다. 그것은 단 한순간에 모든 것을 알아볼 수 있는 광대하고도 선명한, 이른바 우주적인 풍경이어야 한다. 그런 극적인 계시가 앞으로 자신에게 과연 주어질 것인지 덴고는 물론 알지 못한다… 하지만… 압도적인 스케일을 가진 뭔가의 도래가 거기에 있어야 했다. 그것을 손에 쥠으로써 그는 한없이 정화되어야 했다."(2권 300-301) 덴고는 어머니의 소식이라는 우주적인 "계시"를 통해 그 자신이 "한없이 정화"될 것을 기대하고 있는 것이다.

다고 볼 수 있다. 그래서 후카다가 죽은 뒤 '선구'에서 '목소리를 듣는 자'의 후계자로 덴고를 지목하고 찾으려 했던 것으로 보인다.[8]

후카다가 성스러운 존재의 목소리를 듣는 '리시버'로 일할 때 그를 돕는 '퍼시버'가 있었듯이, 덴고에게도 조력자들이 있다. 이들은 덴고가 다른 세상을 경험하도록 하는 통로의 역할을 하는 샤먼 혹은 무녀巫女와 같은 여자들이다. 이 조력자들을 통해 덴고는 종교적인 경험을 하고, 종교적 천재로서의 능력을 찾아간다.

후카다의 딸 후카에리가 하는 일이 덴고에게 얼마나 중요한지는 『1Q84』를 읽은 사람이라면 누구나 알아챘을 것이다. 그녀는 덴고에게 위험을 경고하기도 하고 앞으로의 일을 예언하는 등 무녀의 역할을 충실히 한다. 덴고의 종교적 자질을 깨우쳐준다는 점에서는 그를 입문시키는 선배 샤먼이기도 하다. 후카에리는 덴고가 리시버의 자질이 있는 것을 알고 접근했다. 덴고를 통해 자신의 경험이 세상에 나오도록 하기 위해 리틀 피플과 공기 번데기의 이야기를 전해주고 덴고의 손을 빌려 『공기 번데기』라는 소설이 완성되도록 했다. 그녀는 덴고가 소설을 통해 1Q84의 세계를 열게 하고 그 세계로 들어가게 한 것이다(2권 541). 이들은 서로에게 필요한 부분을 채워주며 "둘이서 하나"의 관계를 형성한다(2권 319, 1권 107 등 참조). 후카에리는 리틀 피플이 통제하는 선구의 모습에 반기를 들고 도망

---

[8] 『1Q84』의 완결편이 나온 다음 다시 확인할 필요가 있으나, 3권까지 내용을 바탕으로 생각하자면 선구는 새로운 리시버로 덴고를, 올바르게 기능하는 퍼시버로 아오마메의 태중에 있는 아기를 원하는 것으로 생각된다. 2권 544, 3권 451, 628, 642, 689쪽 등을 참조할 것.

쳐 나와 공기 번데기 이야기가 덴고에게 전달되도록 했고, 덴고는 이 이야기를 소설로 써서 세상에 알리는 일을 했다. 자신들의 이야기가 세상에 알려짐으로써 리틀 피플은 활동에 제한을 받았고, 덴고와 후카에리는 반反 리틀 피플의 "모멘트"(원인 혹은 계기)를 확립하는 팀을 이루게 된 것이다(2권 167, 329). 리틀 피플과 후카에리의 대립 관계에 대해서는 뒤에서 더 이야기하겠다.

덴고와 아오마메가 만나고 관계를 형성하게 되는 것도 후카에리를 통해서다. 덴고는 후카에리와의 성관계를 통해 아오마메를 임신시킨다. 이 성관계에 대해서는 조금 더 설명이 필요할 듯하다. 덴고가 아버지의 요양소에 갔다가 돌아왔을 때, 후카에리는 리틀 피플이 나올 수 있는 입구를 찾아내지 못하도록 액막이를 해야 한다고 한다(2권 319). 그녀는 덴고에게 닥쳐올 위험을 막는 의례를 집행하는 일을 너무도 능숙하게 담당한다. 액막이는 후카에리가 이끄는 방식대로 이루어진 두 사람 사이의 성관계였다. 그러나 이 성관계는 에로틱하거나 흥분을 수반하는 것이 아니라 이상적인 "관념에 가까운" 것이었다(2권 299, 359). 후카에리와의 관계 중 덴고는 아오마메를 떠올리게 되고, 그녀를 만나야 한다고 생각한다(2권 366). 이 날 이후 덴고에게는 몇 가지 변화가 생겼다. 먼저 성욕이 사라지고 주기적으로 발생하던 발기도 일어나지 않는다. 퍼시버인 후카에리의 짝이 되어 리시버의 역할을 시작하는 것도 이날 이후다. 액막이를 한 이 밤은 아오마메에게도 중요하다. 바로 이날 밤에 후카다를 죽음에 이르도록 했고 성관계 없이 덴고의 아이를 임신했다. 후카에리와의 관계 중 사정한 덴고의 정액이 후카에리를 통해 아오마메의 자궁에 전달되었던 것이다. 아오마메 역시 덴고와 재회할 때까지 성욕을 한번도 느끼지 않는다. 후카에리가 덴고와 아오마메를 이어주는 통로의 역할을 했다고 할 수 있다.

    아오마메를 만나는 일이 너무도 아득해서 도무지 가능하지 않을 것으로 생각하는 덴고에게 후카에리는 두 사람이 반드시 만나게 될 것임을 확신시켜준다. 그러고는 덴고에게 그녀가 "고양이 마을"이라고 부르는 아버지의 요양소에 다시 방문할 것을 권유한다. 덴고가 읽은 소설에 나오는 "고양이 마을"은 그곳을 방문한 사람이 이 세상에서 "상실되어야 할" 바로 그 장소이며 "도시 생활을 지하에서 받쳐주는 명계와도 같은 장소"다(2권 198, 199). 덴고는 아버지의 요양소가 마치 자신에게는 소설 속의 고양이 마을과 같은 곳이며, "자신을 위해 준비된 이 세상에는 없는 장소"라고 자각한다. 후카에리는 덴고가 여기에 가면 이전과 다른 존재로 변했음을 알게 될 것이라고 말해준다. 덴고는 아버지의 요양소에서 자신이 『공기 번데기』에서 묘사한 형태 그대로의 공기 번데기를 본다. 그 속에는 자신이 "이십 년 동안 내내 가슴에 품고 살아온" 열 살의 아오마메가 들어 있었다(2권 594). 덴고는 이 공기 번데기를 보고 자신이 아오마메를 얼마나 보고 싶어했는지 깨닫게 되고, "아오마메… 나는 반드시 너를 찾아낼 거야"라고 말하게 된다. 후카에리는 덴고를 "고양이 마을"로 보내 자신이 책에 묘사한 세계가 현실이 되었다는 것과 아오마메를 만나게 될 것을 자각하도록 한 것이다.

덴고가 아버지가 있는 요양소에서 만난 간호사 아다치 구미도 무녀의 역할을 하는 것으로 볼 수 있다. 언뜻 보면 구미는 덴고가 요양소에서 지낼 때 스치듯 만난 사람인 것처럼도 생각된다. 하지만 그녀는 덴고가 요양소에서 자신이 어디에 있고 어떤 방향으로 가야 할지를 알려주는 인물이다. 덴고는 공기 번데기 속에 들어있는 아오마메를 보고 싶어서 이 주일 남짓 인근 마을의 여관에 머물며 요양소를 지켰다. 다시 아오마메를 만나지 못해 지쳐갈 무렵 덴고는 간호사들과 저녁식사를 한 후 구미의 집에서 하룻밤을 보낸다. 이때 구미는 덴고와 함께 해시시(대마초)를 피우면서, 덴고의 손을 잡고 무엇이든지 다 아는 "숲의 수호신 올빼미"를 만날 수 있는 곳으로 들어가도록, 즉 원하는 지식을 얻는 상태가 되도록 그를 이끌어준다(3권 217). 덴고는 구미를 통해 현실과 상상의 경계를 허물고 어린 시절 초등학교 교정으로 돌아가 소녀 아오마메를 만나는 신비로운 체험을 하게 된다. 구미가 마련해준 "또 다른 형태의 환영" 속에서(3권 226), 아오마메는 덴고에게 자신이 그를 찾았고 덴고 역시 그녀를 찾을 수 있을 것이라고 말한다. 신비 체험 속에서 다른 세계의 존재를 만나게 해주는 것이 샤먼의 전문영역임을 고려할 때, 구미는 덴고에게 샤먼의 역할을 한다고 볼 수 있다.

구미는 죽고 새롭게 다시 태어난 무녀다. 해시시를 피우면서 그녀는 자신이 공기 번데기 속에 들어간 "도터"이고 그 바깥으로 "마더"의 모습이 보인다고 말한다(3권 208, 209). 그녀는 자신이 한 번 죽었고 그래서 재생했다고도 말한다. "공기 번데기는 말하자면 자궁과 같은" 것이어서 그 속에서 사람은 새롭게 태어날 수 있다. 죽고 다시 태어나는 과정을 강조하는 의례들은 거의 모든 종교전통에서 찾아볼 수 있다. 성년식과 같이 인생 주기에 따른 통과의례들도 이전 단계의 존재가 죽고 새롭게 태어난다는 것을 강조한다. 원시부족들의 성년식은 동물을 죽이거나 신체의 일부를 손상시키는 등 죽음을 상징하는 행위를 한 후 동굴이나 가죽 주머니 등 마치 공기 번데기처럼 자궁을 상징하는 곳에 들어가 있다가 나오는 절차로 이루어진다. 이 의례들은 어떤 방식으로든 죽음을 경험한 후 새롭게 태어나는 상징적 과정을 잘 보여준다. 특정 집단에 가입하거나 새로운 지위에 오를 때 거쳐야 하는 입사식入社式, initiation rites 역시 죽고 다시 태어나는 과정을 상징적으로 재현한다. 일반인이 샤먼이 되려면 이전의 존재는 혹독한 괴로움 속에서 죽고 샤먼이라는 새로운 지위로 태어나는 입사식의 과정을 거친다. 구미도 죽었다가 다시 살아났기 때문에 덴고가 신비 체험을 하도록 의례를 집전하고 종교의 지혜를 전해주는 무녀의 역할을 할 수 있는 것이다.

그녀는 무녀의 또다른 역할인 오래된 종교적 가르침을 전해주는 임무도 수행한다. "많든 적든 다양한 형태로 재생한다," "인간은 자기 자신을 위해서는 재생할 수 없다는 거야. 다른 누군가를 위해서만 재생할 수 있어," "죽는 건 괴로워. 덴고 군이 상상하는 것보다 훨씬 괴로워. 그리고 한없이 고독해 … 하지만 일단 죽지 않고서는 재생도 없어," "인간은 살면서 죽음을 맞닥뜨리는 때가 있어"(3권 221, 222) 등, 죽음과 재생에 관련된 이야기를 한다. 덴고는 종교 전통을 배우는 사람처럼, 구미에게 들은 말의 의미를 명확히 이해하지 못하면서도 계속 되뇌며 마음에 새긴다. 아마도 그녀는 아오마메가 자신의 목숨을 버려 덴고를 살리고자 했고, 새롭게 태어나 덴고와 함께 하게 된 것을 암시하고 있는 듯하다. 구미의 말을 요약하면 첫째, 먼저 죽어야 재생할 수 있다는 것이고, 둘째, 다른 사람을 위해서만 다시 살아날 수 있다는 것이다. 둘 모두 매우 종교적인 내용이다. 일단 죽어야 새롭게 태어날 수 있다는 것은 수많은 종교의 교리에 포함되어 있고, 신화의 주제이며, 종교의례가 재현해온 상징적 행위이기도 하다. 앞에서 설명한 통과의례도 그중 하나다. 누군가를 위해서 죽고 다시 살아나는 주제는 사랑과 자비를 강조하는 종교전통들에서 찾을 수 있다. 『신약성서』에 따르면 예수는 사람들을 구원하기 위해 십자가에서 고통 속에 죽은 후 사흘째 되는 날 다시 살아났고, 불교의 『본생담*Jataka*』에는 붓다가 수없이 많은 전생에서 인간은 물론 동물을 위해 자신을 희생하고 다음 생에 다시 태어났다고 그려진다. 죽음과 재생에 대해 설명하는 아다치 구미에게서 종교전통의 가르침을 전해주는 무녀의 모습을 볼 수 있는 것이다.

마지막으로 구미는 "밤이 지나면 덴고 군은 이곳을 나가. 출구가 아직 닫히기 전에"라고 말하여(3권 222) 덴고가 고양이 마을인 요양소를 떠나도록 한다. 덴고는 "아다치 구미가 시사해준 바를" 통해 "이 마을에서 얻는 모든 것에" 포함된 위험이 "치명적인 종류의 것"임을 알게 되었다(3권 227). 아버지가 죽은 후 요양소를 다시 찾았을 때도 구미는 "덴고 군은 얼른 도쿄로 돌아가는 게 좋아… 이곳은 덴고 군이 오래 있을 곳이 아니야… 그보다는 앞으로의 일을 생각하는 게 좋아"(3권 598)라고 충고한다. 위에서도 말했듯이 다가올 위험을 경고하고 피할 길을 가르쳐주는 것 역시 무녀가 담당하는 일이다. 덴고가 위기를 헤쳐가며 갈망하던 사랑을 이루고 비범한 힘을 발휘하기까지 이르는 데에 후카에리와 아다치 구미의 도움은 절대적이다.

평범한 청년이던 덴고는 "존재의 의미를 의미 있게 하는 가설"을 현실로 이루어내고 이를 직접 경험하게 하는 힘을 자신도 모르게 발휘한다. 나중에는 자신이 그러한 능력을 가졌다는 사실을 점차 자각한다. 무엇보다 1Q84의 세계를 만들고 그 세계로 아오마메를 끌어온 일이 중요하다. 덴고는 자신이 현실 세계를 떠나 소설 공기 번데기의 세계로 옮겨왔다는 것을 알게 되고, 소설 속에 만들었던 세계가 현실이 되는 것을 경험했다(2권 505). 그 세계는 "원인과 결과가 뒤엉켜" 있는 세계, "어디까지가 현실이고 어디서부터 픽션인지 구분할 수 없는" 세계였다(2권 590). 열 살 이후 서로를 갈망하면서도 서로 만날 수 없어 현실이 될 수 없었던 사랑이 덴고가 만들어낸 1Q84에서 가능해졌다. 덴고는 "나도 모르는 사이에 나는 어떤 힘을 행사하여 아오마메를 내 가까이로 끌어당기고 있었는지도 모른다"는 것을 차차 깨닫는다(2권 459). 이야기를 하는 덴고의 능력에 의해 아오마메가 1Q84의 세계로 옮겨진 것이다.

덴고는 베스트셀러 『공기 번데기』를 써서 리틀 피플이 끼치는 영향력에 대항하는 항체를 형성했고 리틀 피플은 일시적이나마 행동에 제한을 받았다. 덴고와 후카에리는, 리틀 피플이 그들의 대리인인 선구의 리더라는 채널을 통해 활동하는 것을 방해한 것이다. 그래서 리더 후카다가 죽은 후에는 덴고가 더는 리틀 피플에게 위협이 되지 않는다. 오히려 리틀 피플은 자신들의 목소리를 전할 다른 채널을 찾아 나서게 되고, 덴고가 그 일에 가장 적합한 인물로 꼽히게 된다. 신비한 계시를 받아들이고 이야기를 현실로 만드는 능력이 있는 덴고는 반 리틀 피플 진영에서 역할을 할 수 있는 것처럼 리틀 피플을 위해서도 효율적으로 일할 수 있는 자질을 갖춘 사람, 다시 말하면 인간 한계 너머의 존재와 교류할 수 있는 능력을 지닌 사람이다.

"선구" 사람들의 종교: 실재하는 존재를 경험하기

원래 "선구"는 종교와 연관된 집단이 아니었다. 유기농법으로 낙농업을 하며 공동생활을 하는 느슨한 사회주의적 공동체였으나 후카에리가 리틀 피플을 만나고 후카다가 그들의 대리인이 된 후부터 종교단체가 된다. "초기 불교의 원리 연구"를 행하며 "거기에서 이루어졌던 다양한 수행의 실천"을 한다고 하면서(1권 567), 사실은 후카다를 통해 리틀 피플의 목소리를 듣고 그 뜻에 따르는 신비주의적 종교단체다. 이들은 초월적 실재인 리틀 피플을 직접적 혹은 간접적으로 경험하는 사람들이다. 이들에게 종교는 실재를 경험하는 것이다. 초월적 존재들과의 교류를 통해 한계 너머를 경험한다고도 말할 수 있을 것이다.

리틀 피플은 후카에리와 그 아버지인 선구의 리더 후카다를 찾아내서 각각 리틀 피플을 지각하는 퍼시버와 목소리를 듣는 리시버로 삼았다(1권 327). 그들은 눈먼 산양의 죽은 입에서 나온 다음, "마더"인 후카에리의 "마음의 그림자"인 "도터"가 들어있는 공기 번데기를 만든다. 마음의 그림자인 도터는 리틀 피플의 통로인 퍼시버가 되어 이를 리시버인 후카다에게 전달한다. 후카에리의 도터를 포함한 몇 명의 도터들이 공기 번데기를 통해 만들어지고, "리틀 피플을 위해 퍼시버=지각하는 자가 되어 무녀의 역할"을 맡았다(2권 497).[9]

이런 과정을 통해 리틀 피플은 선구를 완전히 장악했다. 그들은 선구와 함께 시작했으나 더 과격한 사회주의 단체인 "여명"이 경찰과 총격전을 벌인 후 자멸하도록 유도하여 없앤다. 그러고는 선구를 종교단체로 등록하여 외부의 간섭을 배제하고 매우 배타적인 집단으로 만들어간다. 이것은 리틀 피플이 활동하기에 "가장 쾌적하고 편리한 환경"을 만들기 위해서였다(2권 497). 리더 후카다가 고

---

[9] 퍼시버와 리시버로서 하나가 되기 위해서는 다의적인 의미에서 "교접"해야 한다(2권 327). 이 교접은 덴고와 후카에리의 성관계처럼 "관념적"이다. 리더는 "관념으로서의 딸"인 후카에리의 도터 및 다른 도터들과 교접하여 리틀 피플을 위해 하나가 되어 일한다. 후카다와 도터 중 하나인 쓰바사의 성관계도 "관념적"이라고 규정된다. 쓰바사는 선구에서 도망쳐나온 후 노부인의 보호를 받고, 쓰바사의 자궁이 파괴된 것에 분노한 노부인은 아오마메를 보내 후카다를 살해하고자 한다. 사실 그것은 아오마메의 손에 죽기를 바란 후카다가 벌인 일이었다. 쓰바사도 실체가 아니라 "관념이 사람의 모습을 하고 걸어서 도망쳐"나온 것이고, 자궁이 파괴된 것도 실체가 아니라 관념의 모습이라고 한다. 도터들은 후카다와 "교접"하며 수태를 원하지만, 도터들이 실체가 아니기에 생리도 없고 임신도 할 수 없다. 도터와 분리된 마도는 마음의 그림자를 잃어 완전한 실체가 아니다. 뭔가 빠진 사람처럼 말이 온전하지 못하고 생리도 일어나지 않는다.

대에 사제와 왕을 겸하며 신의 뜻에 따라 통치했던 "신성왕"처럼 리틀 피플의 목소리에 따라서 선구를 이끌어가기 위해서는 외부인들이 조직 내부의 일을 알지 못하게 할 필요가 있었다.

리틀 피플이 어떤 존재인지, 『1Q84』에서 단편적으로 제시하는 내용을 모아 정리해보자. 리틀 피플은 "숲"으로 상징되는 미지의 공간에 있다. 인간 문명으로 변형되지 않은 숲은 여전히 리틀 피플의 세계다. "중요한 것은 숲 속에 있고, 숲에는 리틀 피플이 있다." (1권 638) 리틀 피플이 힘을 발휘하는 "깊은 숲 속은 그들의 세계"이기에 사람들은 "숲 속에서는 조심"해야 한다(2권 67, 315). 다른 세계에 있는 리틀 피플은 죽은 동물이나 사람의 입을 통로로 삼아 이 세계로 들어온다. 몇 명인지는 중요하지 않다. 원래 여섯 명이던 그들은 후카에리가 일곱 난장이 생각을 하자 일곱으로 바뀐다. 리틀 피플이 들어오면서 세계의 규칙이 변경되었기 때문에 이상할 것이 없다. 이들은 처음에는 새끼손가락만한 크기지만 곧 60센티미터로 성장한다(1권 529). 이들은 사람들이 잠들어 있는 동안 공기 번데기를 만들어 자신들이 원하는 일을 하도록 한다.

인간의 관점에서 볼 때, 리틀 피플은 오래도록 신이라고 불려온 초월적인 존재다. 후카다는 현재 편의상 리틀 피플이라고 불리는 존재들이 "지금까지 다양한 이름으로 불려왔고, 대개의 경우, 어떤 이름으로도 불리지 않았"다고 말한다(2권 285). 하지만 그들이 존재해온 것은 분명하다. "고대 세계에서 통치란 곧 신의 목소리를 듣는다는 것과 동일한 의미"였고, 지금 리틀 피플이라고 불리는 존재들의 목소리를 듣는 자는 고대의 신성왕에 해당한다. 리틀 피플이 곧 사람들이 신이라고 여겨온 존재라는 것을 알려주는 것이다. 리틀 피플이 성스러움의 범주에 속한다는 것을 보여주는 구절은 여러 곳에 있다. 예를 들면 그들이 이 세상 시간의 흐름에 영향을 받지 않고 세상의 더러움과 완전히 구별된 존재들임을 보여주는 부분이 있다. "[리틀 피플의] 옷이나 얼굴은 지극히 청결하고 얼룩 하나 없었다. 그들은 오염이나 마모와는 인연이 없는 존재들이었다"(3권 694). 이들의 신성을 인정하지 않는 사람들이 이들을 함부로 언급하는 것은 신성모독이다. "외부에 새어나가면 신성함은 돌이킬 수 없이 더럽혀"지고 "오염"된다는 것이다(2권 183). 그래서 이들은 자신들의 일을 대리하는 사람에게 말고는 노출되는 것을 꺼린다. 리틀 피플은 "우리 일을 누군가에게 말하면 아주 좋지 않은 일이 일어나"라고 경고한다(2권 481). 후카다는 리틀 피플의 성스러움에 대해 중요한 설명을 하나 더 알려준다. 그들은 인간의 "이해나 정의를 뛰어넘는 존재"라는 것이다(2권 326). 사람들은 리틀 피플이 누구인지는 알 수 없고, 단지 그들이 존재한다는 것만 알 수 있다(2권 284-85). 이 역시 신의 영역에 속한 존재들에 대한 전통적인 설명들 중 하나다. 인간들은 자신을 초월하는 존재에 대해 잘 알 수 없다. 초월한다는 것은 인간의 인식 밖에 있다는 말이기도 하다. 그래서 신의 존재는 인간이 경험하지만 누구이고 어떤 속성을 지녔는지는 속속들이 알기 어렵다.

    리틀 피플을 선한 존재나 사악한 존재로 규정할 수는 없다. 어느 쪽으로든 굴러갈 수 있는 중립적인 존재라고 하는 것이 맞을 것이다(1권 638). 선과 악의 개념이 생기기 전부터 존재했기 때문에 선과 악을 뛰어넘는다고 볼 수 있다. 그러나 인간 정신을 약화시킬 정도로 강한 영향력을 끼친다면 위험한 것이 분명하다. 후카에리는 리틀 피플이 도터를 만들어 선구를 지배하려 하자 자연의 순리를 위배하는 "옳지 않은 일로 인식"했다(2권 499). 아오마메는 『공기 번데기』를 읽으며, 리틀 피플을 둘러싼 "눈에 보이지 않는 어두운 기류"가 있음을 감지한다(2권 483). 『공기 번데기』 소설에는 "어떤 질병의 도래를 암시하는 듯한 암울함," "인간의 정신을 저 깊은 안쪽에서부터 조용히 파먹는 치명적인 병"과 같은 "불길한 울림"이 있다. "그리고 그 병을 실어오는 것은 … 리틀 피플이다." 리틀 피플은 인간의 인식과 능력을 초월한 존재이면서 인간에게 절대적인 힘을 사용하려 하면 세계의 균형을 무너뜨리는 위험한 존재이기도 하다.

리틀 피플이 절대적이고 전지전능한 유대-기독교 전통의 유일신과 같은 존재인 것은 아니다. "리틀 피플에게는 지혜와 힘"이 있지만 "그들에게는 한계도 있다." 그들의 영역인 "숲에서 벗어나면 그 능력을 제대로 발휘할 수" 없고, "이 세계에는 그들의 지혜나 힘에 대항할 수 있는 어떤 가치관 같은 것이 존재한다."(2권 314, 315) 리틀 피플은 인간에게 영향력을 확대하려 하지만 뜻대로 되지 않기도 한다. 그들은 원하는 방향으로 일이 진행되지 않을 때 화가 나서 날뛰고, 이때 날씨에 이변이 일어난다(2권 310). 특히 천둥소리는 리틀 피플의 노여움의 표시다(2권 335). 수많은 신화들이 기상현상 중에서도 뇌우를 신의 의도에 따라 발생하는 것으로 이해한 것을 고려하면,[10] 리틀 피플이 신의 위치에 있는 것은 분명하다. 그들은 원하면 사람들의 꿈 속에 들어갈 수도 있고, 방해가 되는 사람을 해칠 수도 있다. 하지만 그 능력에도 제한이 있어서, 누구나 해칠 수 있는 것은 아니다. 리틀 피플 반대편 전선에 서 있는 사람이나 그 사람과 직접 연관을 맺고 있는 사람들은 건드리지 못한다. 그 대신 주변의 약한 사람을 파멸시키고 몰아낸다. 후카에리의 친구 도오루는 병이 나서 요양소로 갔고, 아오마메의 친구 아유미는 살해되었고, 덴고의 애인 야스다 쿄고는 "상실되었다."(2권 152, 493 등)

리틀 피플이 절대적이지 않다는 것은 그들에 반하는 힘과 균형을 이룬다는 것에서 더 명확히 드러난다. 그들이 발휘하는 능력이 너무 강해지면 지상의 사람들의 의식을 압도하여 균형이 상실된다. 하지만 리틀 피플이 강력한 힘을 발휘하면 그 힘에 대항하는 힘도 저절로 강해지기 때문에 그들의 힘이 무한히 커지기만 하는 것은 아니다(2권 324). 그들에 대항하여 균형을 유지하려는 반 리틀 피플적인 힘이 생겨나는 것이다. 후카에리는 그 힘의 대리인이고, 그 힘이 덴고와 아오마메를 1Q84에 끌어들여 반 리틀 피플의 진영에 서도록 했다. 리틀 피플이 자신의 마음의 그림자인 도터를 만드는

---

10 근대 이전의 종교적 인간들은 해, 달, 별 등의 활동을 우주의 질서와 연관시켜 이해한 반면, 주기와 활동 범위를 예측할 수 없는 뇌우는 그 배후에 인격적인 존재가 있을 것이라고 생각했다. 그리스의 제우스, 로마의 유피테르, 북유럽의 토르, 인도의 인드라, 북미 인디언의 천둥새, 서아프리카 요루바족의 상고, 중국의 뇌공 등 뇌신(雷神)은 세계 여러 신화에서 강력한 신으로 등장한다.

것을 보고 하늘의 달이 두 개가 된다는 이야기를 들은 후카에리는, 이 모든 것이 자연에 반하고 일그러진다고 생각하여 선구로부터 도망친다(2권 489, 499). 후카에리는 후카다가 "리틀 피플이라는 존재의 대리인이 되는 것과 거의 동시에" "반 리틀 피플 작용의 대리인 같은 존재"가 되었다(2권 326). 앞에서도 말했듯이, 후카에리는 리시버의 자질을 갖춘 덴고를 찾아내어 한 팀을 이룬다. 그들이 첫 번째로 한 일이『공기 번데기』를 써서 리틀 피플의 활동을 제약한 것이었다. 아오마메도 덴고의 진영에 합류하여 후카다를 죽인다. 반 리틀 피플이 인간 의식과 리틀 피플의 지배력 사이의 균형을 위해 후카다를 죽이려 했다고 볼 수 있지만, 후카다 스스로 죽으려 했던 것도 분명하다(2권 286-87). 후카다는 고대에 신의 소리를 듣던 자인 신성왕이 마지막에는 살해되었던 것처럼 자신도 양 세력 간의 균형을 위해서 죽어야 한다고 말한다.

아오마메가 후카다를 살해하는 장면을 참고하면, 리틀 피플에 반대하는 힘도 리틀 피플만큼 오래되고 강력한 것으로 추정된다. 아오마메가 리더를 암살한 호텔 방은 "태고의 동굴"과 같았다. "음울한 짐승들과 정령이 그 입구를 에워싸고 있었다."(2권 346) 짐승과 정령들이 입구를 에워싸고 지켜본다는 것은 태고의 신화적 사건이 이 방에서 다시 발생한다는 것을 암시한다. 리틀 피플의 대리인과 그에 맞서는 사람의 싸움은 아주 오랜 옛날부터 계속되어왔다는 것이다. 그곳에서 아오마메는 "빛과 그림자가 하나가" 되고, "먼 곳의 해협을 이름 없는 바람이 단숨에 건너"가는 것을 체험하며, 그것을 리더를 죽이라는 신호로 받아들였다. 빛과 그림자가 하나이고 바람이 바다 위를 건너가는 장면은 현 세계의 질서가 수립되기 이전의 모습을 보여준다. 그 모습은 태초에 천지가 창조되기 전, 빛이 있기 전에, 신의 영이 수면 위를 지나다니는 창세기의 장면을 연상시킨다. 이런 점들을 고려하면, 아오마메에게 신호를 준 반 리틀 피플의 힘도 태초부터 존재해왔던 것이라고 볼 수 있다.

퍼시버와 리시버를 제외한 보통의 선구 사람들은 리틀 피플을 직접 경험한 것으로 보이지 않는다. 그들은 리틀 피플을 직접 경험하지 못하기 때문이다. 대신 리틀 피플의 말을 받아들여 전해주는 후카다를 성스러운 존재로, 그가 있는 장소를 성스러운 공간이라고 여긴다. 선구의 일원으로, 후카다를 위해 일하는 "스킨헤드"는 후카다를 찾아온 아오마메에게 "당신이 이제부터 발을 들이려 하는 곳은 말하자면 성역 같은 곳입니다. … 이제부터 당신이 보게 되는 것은, 그리고 손대게 되는 것은 신성함입니다"(2권 180, 181)고 말한다. 리틀 피플을 직접 만나지 못하는 그들에게 "신의 목소리를 듣는 자"인 "예언자" 후카다는 "보통 분이 아닌" 사람이며, "유일한 분"이고, "범상치 않은 사람"이다(2권 375, 381). 스킨헤드는 아오마메가 어린 시절 신앙 속에서 살았기에 "신성하다는 것"이 무슨 의미인지 짐작할 수 있을 것이라며 다음과 같이 말한다.

신성함이라는 건 어떤 신앙에서나 신앙의 가장 근간이 되는 것입니다. 이 세계에는 우리가 발을 들여서는 안 되는, 감히 발을 들여서는 안 되는 영역이 있습니다. 그 같은 존재를 인식하고 받아들이고 거기에 절대적인 경의를 표하는 것이 모든 신앙의 첫걸음입니다. … 오늘은 신앙이 있건 없건 그걸 뛰어넘어, 아마도 당신은 특별한 일을 목격하게 될 겁니다. 범상치 않은 존재를.(2권 182)

스킨헤드는 "속(俗)과 대립하는 것"이라는 성스러움의 기본 개념을 설명하고 있다.[11] 범속한 인간과는 완전히 구별되기에 성스럽다는 것이다.

외부인들의 입장에서는 선구 사람이 실재로 경험하는 것이 단지 상상이나 조작에 의한 것으로 여겨질 뿐이다. 후카다의 옛 친구이자 후카에리의 보호자 에비스노는 선구를 "사이비 종교단체"라고 부르고(1권 316), 아오마메에게 살인을 부탁하는 노부인은 선구의 리더(후카다)의 특수한 능력과 그를 통해 나타나는 초자연적인 현상이 "모두 잘 짜맞춘 사기극"이라고 비난한다(1권 517). 현대의 교육받은 지식인들이라면 이 "사기극"은 "진실을 믿는 것이 아니라 진실이었으면 하고 바라는 것을 믿기 때문"에 발생한 것이라는 노부인의 말에 동의할 것이다. 그러나 리틀 피플과 그들이 행한 일을 경험한 사람들에게 그 경험은 부정할 수 없는 사실이다. 후카에리가

---

11 Eliade, *Patterns in Comparative Religion*, trans. Rosemary Seed (New York: Sheed & Ward, 1958[1949]), pp. xviii, 459.

전해준 리틀 피플에 대한 이야기를 읽고 덴고가 "상상력"이 "독창적이고 전염성이 있다"고 말하자, 후카에리는 "리틀 피플은 정말로 있어요"라고 답한다(1권 113). 결국 덴고와 아오마메를 비롯한 많은 사람들이 초월적 힘을 지닌 리틀 피플이 실재한다는 것을 경험하게 된다.

신앙이 있는 사람들이라면 신앙의 대상인 성스러운 존재를 믿고 갈망하고 때로는 경험할 수 있다. 그러나 많은 학자들은 그 경험이 대상의 실재를 증명하는 것은 아니라고 말한다. 포이어바흐는 종교가 "[인간의] 상상력이나 환상에 관계되는 일, 곧 감정에 관계되는 일일 뿐만 아니라 욕구 능력과 관계되는 일"이며 신은 인간의 욕구에서 비롯된 "환상이 만들어낸 창조물"이라고 말했다.[12] 또한 프로이트는 종교가 "억압에 근거한 그릇된 환상"이며 신은 자아가 투사된 결과물이라고 주장했다.[13] 포이어바흐나 프로이트에 동의하는 사람들에게는 신자가 성스러운 존재와의 관계를 경험하는 것도 환상이나 투사가 만들어낸 산물일 뿐이다. 이들은 종교가 인간의 표상에 근거한 것이라고 주저하지 않고 단언할 것이다. 그러나 선구의 신앙인들은 자신과 같은 신앙이 없다 하더라도, 즉 자신들과 신앙의 대상을 공유하지 않는다 하더라도 누구나 자신들이 믿는 신성한 존재를 경험하게 될 것을 확신한다. 그리고 아오마메는

---

12 포이어바흐, 『종교의 본질에 대하여』, 290쪽.
13 Freud, *The Future of an Illusion*, pp. 6-12.

자신의 생각을 읽고 초자연적인 힘을 발휘하는 후카다를 대면하게 된다. 선구 사람들에게 종교는 실재하는 대상을 경험하는 것이다.

후카다가 종교를 "자신의 존재를 조금이라도 의미 있게 느끼게 해주는 아름답고 기분 좋은 이야기," "자신이 힘 없고 왜소한 존재라는" 것을 극복할 수 있도록 하는 "진실보다 오히려 아름다운 가설"로 정의했다는 것은 앞에서 이미 언급했다. 그는 자신의 종교 정의에 충실하여, 실재를 경험하는 선구의 신앙을 종교가 아니라고 말한다. 그는 리틀 피플의 목소리를 듣고 그들의 대변자로 선구 사람들을 이끄는 것을 종교라고 할 수 없고, "그저 그곳에 있는 목소리를 듣고 사람들에게 전달하는 것"일 뿐이라고 말한다. 그러나 후카다가 하고 있는 일은 초월적 실재에 대한 경험이라는 종교의 이해에 정확히 들어맞는다. 후카다가 리틀 피플의 목소리를 들을 수 있고 그것이 들린다는 것은 그가 확실히 경험하고 있는 진실이다. 그는 자신이 들은 메시지가 진실이라는 것은 증명할 수 없지만, 메시지가 수반하는 "몇몇 소소한 은총을 실체화"하여 자신이 메시지를 듣고 있다는 것을 보일 수 있다(2권 278). 선구의 사람들은 이 "실체화된 은총"을 성스러움으로 경험한다. 이것은 많은 사람들이 말하는 종교 경험의 특징이기도 하다. 경험이 있는 것은 분명하지만, 인간 영역 외부의 존재인 경험 대상을 증명하는 것은 불가능하다. 그 대신 성스러운 존재를 경험하면서 나타나는 현상들을 부각시킨다. 경험 대상인 초월적 실재를 증명하는 대신 "실체화된 은총"인 초자연적인 현상을 제시하는 것이다. 수많은 종교 경험의 현장에서, 선구 사람들이 후카다를 통해 경험한 "난치병을 치료하고 미래를 예언하고 다양한 초자연적 현상"(1권 517)이 일어난다는 증언이 여전히 계속되는 것도 같은 맥락에서 이해할 수 있을 것이다.

1Q84라는 신화의 세계

옛 신화의 배경인 세계, 호랑이가 담배를 피우고 인간과 대화를 나누는 것이 이상하지 않은 그 세계가 현대의 이야기들에서도 여전히 재현된다. 부모가 신들의 영역을 알아보지 못하여 돼지로 변했지만 그 속에서 시련을 극복하고 부모를 구해낸 치히로가 경험한 세계(《센과 치히로의 행방불명》, 2002)나, 마녀, 요정, 말하는 동물들, 반인반수의 존재들이 인간과 공존하는 "나니아"의 세계(영화《나니아 연대기》시리즈, 2005, 2008, 2010)와 같이, 우리 시대의 이야기들은 현실 세계와 이어져 있지만 동시에 완전히 구별된 신화 속 세계를 계속 만들어내고 있다. 하루키는 『1Q84』에서 모든 일상이 그대로 이루어지면서도 "리틀 피플"이 "공기 번데기"를 만들어 인간에게 영향을 끼치는 세계, 두 개의 달이 떠있는 "1Q84년"이라는 세계를 만들어냈다. 많은 종교적 인간은 "이 세계만으로는 부족할지 모른다"(3권 27장의 제목)고 느끼고, 그래서 다른 세계에 대한 이야기를 끊임없이 만들어낸다.

1984년에 살던 주인공들이 들어가게 된 1Q84년의 세계는 그들의 믿음과 사랑에 의해 '진짜'가 된다. 1권의 앞머리에 인용된

"It's only a Paper Moon"이라는 노래의 가사를 보면, 존재하지 않던 1Q84의 세계가 현실이 되는 것은 사람들의 믿음에 의해 가능해진 것임을 알 수 있다. "여기는 구경거리의 세계 / 처음부터 끝까지 모두 다 꾸며낸 것 / 하지만 네가 나를 믿어준다면 / 모두 다 진짜가 될 거야." 후카다는 1984년과 1Q84년 모두 사람들이 "그 세계를 믿지 않는다면, 또한 그곳에 사랑이 없다면, 모든 건 가짜에 지나지 않는"다는 점에서 근본적으로 같은 구성요소를 지니고 있다고 말한다. "어느 세계에 있건, 어떠한 세계에 있건, 가설과 사실을 가르는 선은 대개의 경우 눈에는 보이지 않"아서, 그것은 "마음의 눈으로 보는 수밖에" 없다(2권 323). 이 책에서 말하는 진실은 "실증 가능한 진실 따위"가 아니기도 하다. 사람들이 진실로 받아들이는 것은 자신의 "존재를 좀더 의미 있는 것으로 보이게 해"주는 것이다(2권 276). 3권 마지막에 남녀 주인공 덴고와 아오마메가 1Q84의 세계에서 나와 다른 세계로 들어가는데, 이 역시 두 사람이 믿어서 진짜로 만들었기 때문에 가능한 일이었다(3권 723).

원래 살고 있던 1984년과 다른 세계로 들어왔다는 것을 감지하고 그 세계에 1Q84라는 이름을 붙인 것은 아오마메였다. 정체된 고속도로 위에서 택시를 타고 있던 그녀는 기사의 권유로 고속도로 중간에서 내려 비상계단을 이용해 다른 도로로 내려갔다. 그때부터 그녀가 그전까지 "알고 있는 세계는 소멸하고, 혹은 퇴장하고, 다른 세계가 거기에 자리바꿈을 한 것"을(1권 231) 감지하게 되었다. "1Q84년. 그것이 그녀가 존재하는 장소였다." "이 새로운 세계를 그렇게 부르기로 하자 … 좋든 싫든 나는 지금 이 '1Q84년'에 몸을 두고 있다." 그녀는 "물음표 딸린 세계의 존재양식에 되도록 빨리 적응하지 않으면 안 된다"고 생각하고, "이 장소의 룰을 한시라도 빨리 이해"하고자 했다(1권 240). 1Q84 "년"이라는 시간을 "장소"라고 부르는 것을 보면 알 수 있듯, 이 새로운 세계는 공간이자 시간이다. 시간과 공간은 분리되어 있지 않고 독립적이지 않으며 서로 긴밀히 연결되어 함께 변한다는 아인슈타인의 상대성이론을 굳이 들먹이지 않더라도, 인류가 우주를 시간과 공간의 복합적 개념으로 이해해온 것은 이미 오래된 일이다.

1Q84의 세계에서 "시간 그 자체는 균일한 성분을 가졌지만 그것은 일단 소비되면 일그러진 것으로 변해버린다."(1권 581) 『1Q84』는 인간의 개입으로 시간의 흐름이 변한다고 말한다. 인간은 지나온 시간을 순서대로 고스란히 받아들이는 것을 견딜 수 없기 때문에, 시간을 변경하고 조정해가는 방법을 익힌다는 것이다. 주인공 아오마메와 덴고가 변형된 시간의 세계로 들어온 것에도 그들의 서로를 향한 갈망이 작용했다(3권 675, 712). 덴고도 이런 점을 생각하고 있다. "여기가 아닌 세계라는 것의 의미는 여기에 존재하는 세계의 과거를 바꿔 쓸 수 있다는 것이야."(1권 653) 좀더 엄밀히 말하자면, 인간은 과거를 바꿔 쓰는 것이 아니라, "과거를 바꿔 쓸 수 있는 미래를 써나가는" 작업을 한다(2권 113). 현재와 미래의 시간을 지배한다는 것은 과거의 시간을 현재와 미래에 맞춰서 조정한다는 것이기 때문이다. 1Q84는 이전 세계의 과거를 바꾼 시간의 양

태로 존재한다.

이 말이 인간이 시간의 흐름을 거스를 수 있다는 것은 아니다 (3권 76). 독자들의 오해를 피하기 위해 덧붙이자면, 나아간 시간은 원래대로 되돌릴 수 없으며 인간은 시간을 거스를 수 없다는 말이 1권부터 3권까지 계속 반복된다. 마치 덴고 아버지가 입원한 병원에서 환자들이 초기 병동에서 중간 단계로, 이어서 중증환자 병동으로, 그리고 마지막으로 화장장으로 이동하듯, 역방향으로의 흐름은 없는 것이 인간 삶의 모습이다(2권 202). 아오마메와 덴고가 1Q84의 시간성 속에 일단 들어온 후에는 반대로 돌아갈 수 없다. 문은 한쪽 방향으로밖에는 열리지 않고 돌아갈 길이 없다는 것이 세계의 규칙이다(2권 321, 398, 558). 1984년과 1Q84년의 관계도 평행한 공존이 아니다. 언제든 단 하나밖에 없는 현실만이 존재하며, 따라서 1984에서 1Q84로 들어온 후에는 다시 거슬러갈 수 없는 것이다(1권 23, 2권 36). "어딘가의 시점에서 내가 알고 있는 세계는 소멸하고, 혹은 퇴장하고, 다른 세계가 거기에 자리바꿈을 한 것이다. … 내 의식은 원래의 세계에 속해 있지만 세계 그 자체는 이미 다른 것으로 변해버렸다."(1권 231) 아오마메 스스로 이렇게 깨닫고 결론을 내렸고, 후카다도 아오마메의 생각이 옳다는 것을 확인해준다.[14]

---

[14] 하루키는 인간이 존재하는 '세계'가 1984와 1Q84로만 구성되어 있지 않다는 것을 분명히 한다. 그는 사람이 죽는 것을 '다른 세계'로 간 것이라고 표현한다. "'리더'라 불리던 인물은 이미 다른 세계로 이동했다. 그것이 어떤 세계인지는 모른다. 하지만 1Q84년이 아니라는 건 분명하다. 그리고 이쪽 편의 세계에서 그는 이미 '죽은 자'로 불리는 존재로 바뀌어 있었다"(2권 369). 죽어서 소멸한 것이 아니라 다른 세계로 이동한 것이다. 또한 3권 마지막 부분에서는 덴고와 아오마메가 1Q84를 빠져나와 이동하게 된 곳은 1Q84나 1984가 아닌 또 다른

이 1Q84의 세계는 이전의 세계, 즉 우리가 살아가는 일상의 세계와는 구별된 종교적 신화의 세계로서의 특징을 보여준다. 첫째, 외형적으로 가장 두드러진 1Q84의 특징은 달이 두 개라는 점이다. 달이 두 개 뜬 것은 세계가 "1Q84로 선로가 바뀌었다는 징표"다(1권 651, 2권 322). 후카에리의 기록을 덴고가 소설화한 『공기 번데기』에는 리틀 피플이 공기 번데기를 만들어내고 주인공이 마더와 도터로 분리되면서 달이 두 개가 된다는 내용이 들어 있다(1권 369, 651; 3권 384). 신화의 세계가 시작되면서 달이 두 개가 뜬 것이다. 두 개의 달은 세상의 미묘한 변화에 영향을 끼친다. 대부분의 사람은 두 개의 달이 뜬다는 것을 인식조차 하지 못하지만, 다시 말해 1Q84의 세계로 들어왔음을 알지 못하지만, 아오마메는 『공기 번데기』를 읽기 전부터 자신의 현실 속 밤 하늘에 원래 떠 있던 달 옆에 "약간 일그러졌고 색깔도 엷은 이끼가 낀 것처럼 초록빛을 띤" 작은 달이 떠 있다는 것을 자각한다(1권 418). "지금 있는 달 한 개만으로도 인간은 충분히 미쳐버릴 수 있는데, 달이 하늘에 두 개나 떠 있다면 인간의 머리는 점점 더 이상해지는 거 아니냐"라고 야스다 쿄고가 덴고에게 말했듯이(1권 652), 아오마메는 하늘에 뜬 두 개의 달이 자신의 마음을 어지럽히고 몸에도 뭔가 영향을 끼치며, 지구

세계라는 것이 암시된다. 이 세계가 이전의 세계와 이어진 것은 분명하다. 예를 들면, 1Q84에서 자살하려던 아오마메를 지켜봤던, 아오마메의 꿈 속에서 벌거숭이인 채로 월경을 하려는 그녀에게 코트를 벗어주었던 은색 벤츠 쿠페를 운전하는 여자가 이 세계에서 다시 나타나 그들이 고속도로에서 빠져나가는 데 도움을 주었다(3권 42, 184, 734쪽 참조). 그러나 이들이 들어간 이곳도 1Q84와 평행하게 공존하는 것이 아니라, 하나의 이어져 있지만 다른 시공의 세계인 것으로 보인다. 이 역시 완결편이 출판되어야 확인할 수 있을 것이다.

인력의 균형을 미묘하게 흩뜨려놓는다고 생각한다(2권 69).

"인류의 유전자 속에 강인하게 각인된" 달에 대한 "집합적인 따스한 기억" 즉 원형적인 상징적 의미는 덴고와 아오마메를 20년 만에 1Q84의 세계에서 만나도록 하는 매개의 역할을 하기도 한다(2권 462-67). 아오마메는 은신처인 아파트에서 두 개의 달을 보는 동안 집 부근 어린이공원 미끄럼틀 위에서 같은 달을 바라보는 덴고를 발견한다. 오랜 세월 동안 사람들에게 "무상의 자비"를 베풀어온 달은 "단단한 결정結晶"의 모양으로 아오마메의 단호한 사랑의 의지를 상징하며 아오마메에게 "순수한 고독과 고요함"을 부여했다. 열 살 소녀였던 아오마메가 덴고를 평생 사랑하겠다고 결심하며 그의 손을 꼭 쥐었던 때에 떴던 모양 그대로 20년이 흐른 뒤에도 떠올라, 두 사람이 달을 보면서 재회하도록 한다.

둘째, 1Q84에서는 현실 세계와 가상의 세계가 분명히 구별되지 않는다(3권 67, 73). 덴고가 소설에서 "스케치하고 문장으로 형상화"한 공기 번데기와 두 개의 달이 "세부까지 그대로 현실이" 된다(2권 590). 이것을 상식적으로는 "헛된 환영"이라고 해야 하겠지만(3권 123), 이 세계에서는 분명히 체험되는 생생한 현실이다. 덴고는 아버지의 병실에서 공기 번데기 속에 들어 있는 어린 아오마메의 모습을 볼 수 있었을 뿐 아니라 만질 수도 있었다. 또한 1Q84는 육체가 존재하는 곳에 그 인격과 영향 전체가 존재하지 않는 곳이며, 의식이 육체에서 벗어나 다른 어딘가에서 자유롭게 돌아다니는 일이 발생하는 곳이다. 후카다는 "마음에서 한 걸음도 밖으로 나오지 않는 일 따위, 이 세계에는 존재하지 않아"라는 것을 밝혀준다(2권 294, 295). 그래서 병상에서 죽어가는 덴고의 아버지의 육체는 지쿠라의 병원에 있었지만 의식은 도쿄에서 자유롭게 돌아다니며 평생 직업이었던 텔레비전 시청료 수신 일을 할 수 있었다(3권 285, 555). 이렇게 "세계의 룰이 느슨해져서" 엄밀하게 적용되지 않는 것은(3권 285) 신화적 세계에서 일어나는 일이다. 이런 세상에서 일어나는 이상한 일은 "어떤 걸 들어봐도 전혀 맥락이 닿지 않는다는 생각이" 들게 하고, "원인과 결과 사이에 논리적인 연결을 찾을 수" 없다. 그러나 "이야기하는 사이에 점점 그 주장을 일단 받아들여도 좋다는 느낌"이 든다(3권 646). 후카다는 "논리가 정연하다든가, 실증 가능하다든가" 한 것은 종교적인 이야기에 아무 의미가 없다고 말했다(2권 276). 논리적이지 않아도 인간이 부여하고 동의하는 의미를 통해 설득력을 지니는 것이 종교적인 이야기, 즉 신화의 특징이다.

1Q84의 세 번째 특징은 '소망해온 열망'이 이루어지는 세계라는 것이다. 아오마메와 덴고의 재회는 이 특징을 잘 보여준다. 아오마메의 가장 강력한 소망은 덴고를 만나 사랑을 이루는 것이었고 덴고 역시 아오마메를 항상 갈망해왔다. 아오마메와 덴고는 1984년의 세계에서는 "전혀 관련을 갖지 못한 채, 서로를 생각하면서 각자 고독하게 늙어갔을" 것이었다(2권 343). 하지만 1Q84의 세계에서는 두 사람이 연관을 맺게 된다. 아오마메는 정체된 길 위의 택시에서 야나체크의 〈신포니에타〉를 들을 때부터 몸의 구조가 뒤틀리는 느낌을 경험하고, 자신과 세상에 뭔가 이상이 생긴 것을 감지했다. 아

오마메는 제대로 들어본 적도 없는 이 곡에 대해 잘 알고 있고, "누군가 어깨를 잡고 흔드는 것 같은 감촉"을 느낀다(1권 236). 이 음악은 덴고가 고교시절 브라스밴드에서 연주한 곡으로, 덴고의 기억에 남아 있는 덴고의 음악이다. 1Q84가 시작되는 지점부터 아오마메와 덴고의 교감이 시작된 것이다. 덴고와 아오마메는 서로를 만나기 위해 이 세계에 들어왔다(3권 712). 이들이 만날 때 "열 살의 소년과 열 살의 소녀로 돌아가 있었다"라는 구절은(3권 675), 이 만남이 그들에게 가장 의미 있는 최초의 시간으로의 회귀라는 점을 보여준다. 이들은 지금 그 최초의 시간을 재현하고 있는 것이다.

앞에서 언급했듯, 후카다는 종교가 "힘없고 왜소한 존재"가 그런 자신의 현실을 넘어서 "존재를 좀더 의미 있게 느끼게 해주는" 이야기에 의지하는 것, 간단하게는 "진실보다 오히려 아름다운 가설을 제공하는" 것이라고 말했다. "힘없고 왜소한" 한 인간 아오마메가 "이울어짐 없는 절대적인 사랑"을 갈망하는 "모습 자체가 말하자면 종교 그 자체"라면, 그녀의 종교적 소망이 마침내 이루어진 세계는 한 시대가 끝나고 도래한 새로운 시대다. 1984의 세계가 끝나고 새롭게 열린 1Q84의 세계에서 아오마메의 존재를 의미 있게 해주는 유일한 근거인 사랑이 실현될 수 있었다. 일반적으로 어떤 시대가 끝나고 새로운 세계가 열릴 것을 말하는 것을 종말론이라고 하고, 선천 세계는 운이 다하였고 새로운 시대가 열려 후천 세계가 시작되었다는 것을 선언하는 것이 후천개벽 사상이라고 한다. 한계 너머를 향한 덴고와 아오마메의 꿈이 이루어진 세계인 1Q84는 종교적 종말론이 예고하고 기대하는 세계라고도 할 수 있다. 그것은 아오마메가 끊임없이 기도해온 "왕국"의 도래이기도 하다. 아오마메가 계속 반복해온 증인회의 기도는 다음과 같다.

> 하늘에 계신 주님이시여. 당신의 이름이 영원히 거룩한 여김을 받으시오며, 당신의 왕국이 우리에게 임하옵시며, 우리의 수많은 죄를 사하여주시옵소서. 우리의 보잘것없는 삶에 당신의 축복을 주시옵소서. 아멘.(1권 325 등)

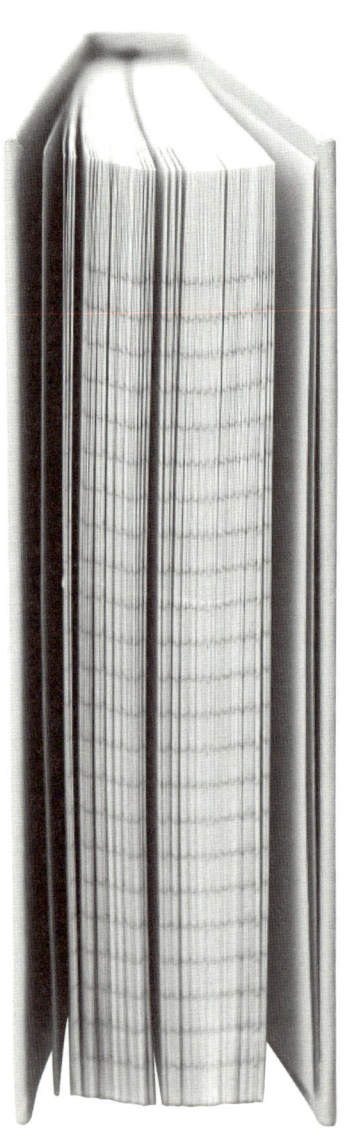

제2부

한계에 맞서는 종교적 인간의 이야기들

절망 속 희망의 조건
— 코맥 매카시, 『로드』

인간이 생존을 위해 만들어내는 것들
— 헤르타 뮐러, 『숨그네』

신비, 매혹, 두려움
— 스테프니 메이어, 『트와일라잇』

무의미한 현실을 살아내기
— 윤대녕, 『대설주의보』

우리 시대의 사제
— 오쿠다 히데오, 『면장 선거』, 윤대녕, 「천지간」

chapter **05**

절망 속 희망의 조건

코맥 매카시, 『로드』*

 **극단적 절망**

코맥 매카시Cormac McCarthy의 『로드The Road』는 전체적으로 절망적인 분위기가 지배적이다. 하지만 실낱 같은 희망의 끈도 끝까지 남아 있다. 절망의 상황과 이를 넘어서는, 작지만 포기할 수 없는 희망이 번갈아 나오면서 갈등한다. 전체적인 배경은 인간이 감당할 수 없을 정도로 무거운 절망적인 상황이다. 전쟁으로 인간들이 성취하고 축적해온 모든 것이 사라졌다. "어떤 사물의 마지막 예例가 사라지면 그와 더불어 그 범주도 사라진다. 불을 끄고 사라져버린다."(35) 문명의 이기들은 옛 흔적만 남아있다. 정부를 비롯하여 사회를 구성하고 규제하는 단위들이 무너졌고, 법과 윤리 그리고 종교도 사라졌다. 또한 자연도 회복될 수 없을 정도로 파괴되어 인

---

* 코맥 매카시, 『로드』, 정영목 역(파주: 문학동네, 2008[2006]).

간에게 아무것도 내어줄 수 없다. 식물은 모두 말라버렸고 바다에도 물고기가 보이지 않는다. 남아있는 인간에게서 "인간성"을 기대할 수 없는 것이 가장 잔혹하게 느껴진다. 사람들은 자신이 살기 위해 남을 잡아먹거나, 남이 가진 것을 빼앗기 위해 죽인다. "좋은 사람들"이라고 자부하는 주인공 부자도 살기 위해서는 남을 도울 수 없고, 돕지 말아야 한다.

이전에 있던 세계가 사라지고 생겨난 공허한 세계 속에 아버지와 아들이 살아남았다. 한때 이 길 위에 있었던 "열렬하게 신을 말하던 사람들"마저도 사라졌고, 그들이 "사라지면서 세계도 가져갔다."(39-40) 예전에는 완벽한 행복 속에서 신이 만든 세계를 감탄한 적도 있었다(249). 그러나 모든 것은 사라졌다. 소설 맨 앞부분에서 주인공이 묘사한 세상은 "황폐하고, 고요하고, 신조차 없는 땅"이었다(8). 신이 없다는 것은 소망하고 의지할 수 있는 마지막 대상마저 없다는 것을 뜻할 것이다. 아버지와 아들은 생각할 삶이 없는 하루하루를 길 위를 걸으며 버텨낸다. "매일매일이 거짓말"이다. 이 세상에 남은 진실과 의미가 없는 삶 속에서 자신이 죽어가는 것만이 거짓이 아닌 것으로 느껴지기도 한다(269).

때때로 남자는 아침에 일어나며 신에게 독한 저주를 퍼붓는다(17). 아들이 "지금까지 해본 가장 용감한 일"이 뭔지 묻자 "오늘 아침에 잠자리에서 일어난 거"라고 대답한다(307). 그에게 삶은 버티는 것이다. 남자는 버티고 있지만 지쳐 있다. 이 공허와 절망이 지구가 멸망한 후의 상황 속에서만 볼 수 있는 것이라고 할 수 있을까? 내 수업을 듣는 학생들은 오늘 아침에 잠자리에서 일어난 것이 가장 용감한 일이었다는 남자의 고백에 고개를 끄덕인다. 밝은 미래가 펼쳐진 것처럼만 보일 수 있는 똑똑하고 젊은 학생들에게도 삶은 때때로 이렇게 그저 버텨내야 할 대상일 뿐일 수도 있다. 매카시는 잔인할 정도로 적나라하게 우리 삶의 힘겨운 면이 부각되는 상황을 묘사한다.

남자는 여러 차례 죽을 고비를 극복해내지만 늘 포기를 생각한다. 목적지인 남부의 바다에 도착한 후 버려진 배에서 상당한 양의 음식을 찾은 후에도 "거의 매일 밤 어둠 속에 누워 죽은 자들을 부러워"하며, "행운이란 이런 게 아니"라고 생각한다(260). 외딴집 정원에서 낙원 같은 음식창고를 발견하고도 "마음 한구석에서는 늘 어서 모든 것이 끝나기를 바라고" 있어서, 그 "피난처를 찾아내지 못했기를 바라고 있었다."(175) 남자는 이곳에서 모처럼 안락을 누리면서도 "한 번도 본 적 없는 생물"이 찾아오는 꿈을 꾸었다. 사실 형체를 알 수 없는 생물은 소설의 맨 첫 장면에서도 남자의 꿈 속에 나타났다. 그는 이전에 보지 못한 "어떤 생물"의 꿈을 꾸었다(8). 남자는 한 번도 본 적이 없는 이 생물이 "자신의 마음 속에서 이미 재가 된 것을 아이의 마음속에서 불로 피워 올릴 수는 없다는 것"을 경고하러 왔다고 생각했다(174-75). 그 미지의 생물은 절망을 부추겨 한계에 맞서는 일을 포기하도록 하는 존재다.

살아가는 것에 엄청난 용기가 필요한 상황. 인간의 존엄을 생각한다면 죽음이 희망인 상황은 남자의 아내이자 아이의 어머니가 죽음을 택한 부분에서 드러난다. 그녀는 "나한테 유일한 희망은 영원한 무無야. 난 온 마음으로 그걸 바라."(68)라고 말한다. 어머니는 아이도 데려가고 싶어했으나, 아들로 인해 삶을 지탱하는 남자에게 남겨 두었다. 어머니가 삶을 포기한 것으로 인해 저자가 모성을 부성보다 약하게 그리고 있다고 평가할 수는 없다. 이 여인은 삶을 힘들게 이어가는 남자에게 기대어 하루하루를 연명하고 있는 수동적인 처지였다. 어쩌면 그녀가 그 상황 속에서 택한 능동적이고 주체적 행위가 죽음이었음을 저자도 인정하고 있는 듯하다.

그러나 죽음이 희망인 이 상황 속에서 아버지와 소년은 한 줄기 희망을 가지고 삶을 버텨낸다. 아들이 있어서 아침에 일어나는 엄청난 용기를 발휘하는 아버지, 그 아버지가 세상의 전부인 아들. 이들은 "서로가 세상의 전부"였다(10). 아들은 "남자와 죽음 사이의 모든 것"이었다(36). 이들이 절망 속에서 희망을 이어가는 모습 속에서, 우리는 많은 사람들이 "종교"를 통해 삶을 구성하는 것과 동일한 내용을 발견할 수 있을 것이다.

일상화된 절망, 그 너머의 희망

이 절망의 상황은 모든 사람들에게 일상화해버렸다. 이는 곧 이 절망적 상황이 속俗의 세계를 구성하고 있다는 말이기도 하다. "만물의 덧없음"이 적나라하게 드러난 세상(35), "의미 없는. 아무런 의미 없는" 세상이었다(67, 252). 그들의 일상은 "매일매일이 거짓말"이었다(269). 이 무의미와 거짓의 세상은 엘리아데가 말한 "속㎡"을 극단적으로 표현한다. 엘리아데가 말한 대로 사람들은 속의 무의미, 덧없음, 거짓을 이기기 위해 그 너머의 성스러움을 찾아낸다. 엘리아데는 성스러움의 경험이 "존재, 의미, 진리의 개념과 연관"이 있고, 인간 존재는 "삶의 의미에 대해 이야기하기 때문에" 근본적으로 종교적이라고 말한 바 있다.[1] 덧없음, 무의미, 거짓말로 이름 붙여진 상황이 범속한 현실이라면, 그와 완전히 대조되는 존재, 의미, 진리는 구별된 성스러움의 특징이라고 말할 수 있을 것이다.

그러나 절망에 빠진 사람들은 구별된 성스러움을 생각할 여유가 없었다. 남자와 소년이 길에서 만난 노인은 신과 세계의 속성에 대해 모호한 말들을 늘어놓는다. 하지만 노인의 말들을 뒤에서부터 거슬러 연결시켜보면 어느 정도 전체적인 의미의 윤곽이 잡힌다. "인간이 살 수 없는 곳에서는 신도 살 수가 없소"(196)라는 말과 "우리는 살아남은 게 아니오. 그러니까 우리는 할 말이 없소"(195)라는 부분을 종합하면, 우리는 지금 살고 있다고 할 수 없으므로 신도 이 세상에 존재하지 않는다고 말하고 있음을 알 수 있다. 노인이 "신은 없소. 신은 없고 우리는 신의 예언자들이오"라고 모호하게 말하는 부분은, 현실 상황을 비춰볼 때 신은 없는 것이 분명하며, 다만 인간과 신이 존재하던 때에 대해 어렴풋이 기억하고 이야기할 수 있는 몇몇 사람만 남았다는 것으로 해석할 수 있을 것이다. 노인이 말

---

1 Mircea Eliade, "Preface," *The Quest*, p. v; *Ordeal by Labyrinth*, p. 117.

한 대로 이런 세상에서 신 혹은 성스러움은 생각조차 하기 힘들다. 남자도 때로는 세상에서 성스러운 것이 다 말라버린 것 같다고 느낀다. "지구에서 말라붙는 살리터."(295) 이 참담한 지구에는 살리터, 즉 "지상의 존재들에 표현된 신성"이 말라붙어버린 상황이라고 생각했다. 성스러움이 없어진 세상, 철저한 속의 세계다.

    하지만 남자는 이 절망적인 속의 세계에서 이와 구별되는 성스러움에 대한 꿈을 버리지 못하고 있었다. 물론 그의 꿈속에 남아 있는 성스러움이 결코 찬란한 것은 아니었다. 남자는 꿈에서 신들을 보았다. "그들은 강 건너편에 서서 그를 불렀다. 누더기를 걸친 채 구부정한 모습으로 광야를 가로지르는 너절한 신神들."(62) 이 신들이 강 건너편, 즉 자신과 구별된 영역에 있는 것은 분명하지만, 인간이 경험하는 세상이 절망적이라면 강 건너편의 신의 모습도 초라할 수밖에 없다. 그러나 또한 이 세계 너머의 누군가가 자신을 보고 있다는 생각은 소명의식으로 연결된다. 그들은 인간들에게서 "죽음조차도 파멸시킬 수 없는 것"을 찾고 있다(239). 그것이 보이지 않으면 인간을 떠나 다시는 돌아오지 않을 "그들"에게, 인간은 자신의 마음에 죽음같이 강한 것이 남아 있음을 보여주어야 하는 것이다. 그리고 죽음에 필적할 만큼 강한 것은 바로 사랑이다. 성서에서 지적한 대로, "사랑은 죽음같이 강하며," "많은 물도 사랑의 불을 끌 수 없고 홍수라도 그것을 소멸할 수 없다."[2]

---

2 『구약성서』, 「아가」 8:6-7("현대인의 성경" 번역).

속(俗)과 구별되는 성(聖)의 상징인 아이

소년은 몸이 매우 약한데다가 만성적 영양실조 상태다. 남의 먹을 것을 빼앗는 것이 당연한 세상, 그리고 자신의 먹을 것을 지키는 것이 생존의 필수적인 조건인 세상에 살고 있다. 인간성이 소멸한 이러한 세상에서 아버지에게만 절대적으로 의지한 채 살아가는 작은 아이다. 하지만 소년은 끊임없이 다른 이들을 도와주고 싶어한다. 그는 길에서 번개 맞은 사람을 만났을 때 그를 도와주지 못하는 것이 슬퍼서 눈물을 흘린다(59-60). 우연히 만난 아이를 위해 "제 몫의 반을 나누어"줄 테니 데려가자고 하고, 그럴 수 없다는 아버지에게, "그 아이는 어떡해요?"라고 물으며 흐느낀다(99-100). 아버지가 그들을 따라오는 개를 식용으로 잡으려 하자 그 개의 목숨을 위해 눈물을 흘리고, 개를 잡지 않겠다는 다짐을 받아낸다(101). 아이의 눈물은 절망보다 희망이다. 황석영은 소설 『바리데기』에서 주인공 바리가 찾으려 애쓴 생명수, 고통과 부조리로 가득한 이 세상을 구할 생명수는 결국 "남을 위해 흘리는 눈물"이라고 말하지 않았던가.[3]

소년은 아버지의 반대를 무릅쓰고 앞에서 언급했던 길에서 만난 노인에게 기어이 음식을 나누어준다. 음식을 받은 노인은 물론 음식을 전해준 아버지도 소년이 왜 자신의 음식을 나누어주는지 알지 못한다. 신이나 혹은 그와 같은 무언가를 믿고 있는지도 모른다

---

3 황석영, 『바리데기』(파주: 창비, 2007), 286쪽. 이 밖에도 이와 연관된 부분으로 124-25, 264-66, 279-80, 292쪽 등을 볼 것. 눈물과 생명수의 상징에 대해서는 졸저 『종교적 인간, 상징적 인간』, 243-46쪽을 참조하라.

고 말할 수 있을 뿐이다(198). 심지어 소년은 자신들의 모든 소유물을 훔쳐간 도둑마저도 도와주고 싶어서 눈물을 흘린다(292-93). 자신들의 생존이 가장 중요한 아버지는 아들이 답답하다. 그는 아들에게 "네가 모든 일을 걱정해야 하는 존재라도 되는 것처럼 굴지 마"라고 소리친다. 그러자 소년은 "그렇다고요. 제가 그런 존재라고요"라고 답한다. 아들은 그들이 살아가는 세상과 구별되는 사람들의 집합이라고 할 수 있을 "좋은 사람들" 중에서도 "가장 좋은 사람"이다(315). 세상 모든 일을 걱정해야 하는 존재, 자기를 해치려는 사람을 위해서도 눈물을 흘리는 존재, 인간성이 소멸한 세상에서는 도무지 찾을 수 없는 구별된 존재가 바로 소년이다.

아버지 역시 자신의 아들이 세계의 기준과는 다른 존재라는 것을 인식하고 있다(196). 아들이 아버지를 절대적으로 의지하는 것처럼, 아버지에게도 아들이 삶의 근거다. 아이가 없다면 남자도 살아남을 수 없다. 먼저 목숨을 끊은 아이 엄마도 이것을 잘 알고 있었다(68). "'늘'이라는 것은 결코 시간이 아니"기에(35), "늘" 절망적인 상황에서는 시간이 아무런 의미를 갖지 못한다. 남자가 보기에 아들은 시간도 멈춰진 절망과 고통의 세계에서 나왔지만 이 세계와는 구별된다. 그는 "너무 우아하고 아름다워 마음에 꼭 간직하고 있는 것들은 고통에서 나온 것"이라고 생각하고, "그래서, 나한테는 네가 있는 거야"라고 잠든 아들에게 속삭인다(64). 아들은 추하고 고통스런 세계에 살지만 너무 우아하고 아름다워 그 세계와 구별된다. 아버지에게 아들은 성스러움의 메시지이자 표상이다. 남자가 아는 것이라고는 아이가 자신의 근거라는 것뿐이었다. 남자는 "저 아이가 신의 말씀이 아니라면 신은 한 번도 말을 한 적이 없는 거야"(9)라고 말한다. 아무 희망도 없는 현실에서 유일하게 그 현실 너머의 모습을 볼 수 있는 것은 아이를 통해서다. 따라서 자신이 살아갈 근거가 되는 아이가 바로 현실 너머에 대해 말해주는 신의 메시지인 것이다.

그는 죽기 얼마 전부터 이제는 사라지고 없는 아름다운 세상, "인간의 사랑, 새의 노래, 태양으로 이루어진 부드럽게 채색된 세계"의 꿈을 꾼다(308). 잠을 깨보면 여전히 검고 얼어붙을 듯한 광야이기는 하지만 말이다. 그리고 그는 자신의 아들이 성스러움을 표상하는 존재라는 것을 더 분명하게 확인한다. "넝마를 걸친 채 더럽게, 희망도 없이" 비틀대며 걸어가는 광야의 길 위에서, 남자는 소년이 "장막tabernacle처럼 빛을 발하는" 것을 본다. 이집트를 탈출한 이스라엘 백성들이 광야의 성막tabernacle에서 신성한 빛을 본 것처럼.[4] 그는 "소년 주위가 온통 빛"인 것을 보면서 지구에 존재했던 모든 예언자의 이야기가 옳았다고 생각한다(309, 313). 성스러운 빛의 경험에 대한 증언을 아들을 통해 확인했던 것이다.

아이가 희망이 보이지 않는 세상과 구별되고 아버지의 눈에 그것이 성스러움으로 보인다고 하자. 여기에 대해 질문을 하나 던

---

[4] 『구약성서』, 「출애굽기」 40:34-38; 「민수기」 9:15 등 참조. 장막으로 번역된 tabernacle은 성서의 표현대로 하면 '성막'이다

질 필요가 있다. 그토록 절망적인 상황에서 이런 아이가 나올 수 있을까? 자신의 고통을 참아내면서도 남을 위해 눈물을 흘리는 아이, 모든 일을 걱정해야 하는 존재인 아이, 가장 좋은 아이, 그리고 칠흑 같은 어둠의 세상에 살면서 그 안에 불과 빛을 담은 아이가 나타난다는 것이 과연 설득력을 지닌 이야기일까? 『로드』는 어쩌면 납득하기 어려운 이야기를 하고 있는지도 모른다. 하지만 이 소설이 미국뿐 아니라 세계 곳곳에서 베스트셀러이고 영화로도 제작되었으며 퓰리처상까지 받은 것을 고려하면, 극단적 상황에서도 이렇게 자란 아이의 이야기가 독자들에게 상당한 공감을 얻어낸 것은 틀림없다. 그 설득력이 어디에서 나온 것인지 짚어보아야 할 것이다.

아이의 머리에 기름을 붓는 아버지

『로드』에서 아들에 대한 아버지의 사랑은 절망에 맞서는 희망의 근거 중 하나이며, 이들의 삶을 지탱하는 힘이다. 아이를 향한 아버지의 끝없는 사랑은 그 자신이 생존에 필요한 성격과 자질을 지녔기에 실현될 수 있었다. 그는 전쟁이 일어난 날, 벌써 전기가 끊어지고 불안이 엄습하는 순간에도 욕조에 물을 채우며 생존을 준비하는 사람이었다(62). "늘 신중하여 어떤 터무니없는 일에도 좀처럼 놀라는 일이 없는 사람"인(69) 그는 죽음의 위험 앞에서도 가장 냉철한 판단을 내릴 수 있는 사람이기도 하다.

아이가 성스러운 존재라면 아버지 역시 그를 지키는 성스러운 사명을 지닌 신의 사자다. 아버지는 외부의 공격으로부터 아들을 보호하고 음식을 구해주며 잠자리를 마련하는 역할에 충실하다. "내 일은 널 지키는 거야. 하느님이 나한테 시킨 일이야. 너한테 손을 대는 사람이 있으면 누구든 죽일 거야."(90) 나아가 그는 잃어버린 세계의 아름다운 것을 다시 살려내어 아이에게 이야기해주는 중대한 사명을 지니고 있기도 하다. 아버지가 전해주는 이전 세계의 모든 것은 사라졌다. 그래서 아버지는 지금은 사라져버린 행성에서 온 "외계인과 같은 존재"다(174). 그는 아들에게 현실 세계에서 볼 수 없는 것을 이야기를 통해 전해주는 신의 예언자다.

    신화는 현실과 구별되는 아득한 "그 시간"에 일어난 이야기, 지금과 차원이 다른 시간에 일어난 세계의 기원과 유래에 대한 이야기를 들려줌으로써 삶의 모델과 본보기를 제시한다.[5] 아버지는 아들에게 끊임없이 신화를 제공한다(302-303). 그가 "유년의 어느 완벽한 날"에 대한 기억, "그 뒤에 올 날들의 본이 될 그럴 날"들을 (19) 여전히 기억하고 있었기 때문에 아름다운 것을 재생시켜 아이에게 전할 수 있었을 것이다. 그러나 모델로 제시된 신화가 현실 속에서 행위를 통해 재현될 수 없을 때, 신화는 참된 이야기로서의 힘을 잃는다. 그래서 현실과 괴리된 신화를 이야기하는 아버지는 마음이 불편했고 아들 역시 괴로웠다. 아버지의 이야기 속에서는 자신들이 늘 사람들을 돕지만 실제로는 남을 돕지 못한다는 사실을

---

5 Eliade, *Myth and Reality*, pp. 10-14.

반복해서 경험한 아이는 그 이야기들이 진짜가 아니라는 것을 알아 버린다. 아버지는 언제나 행복한 이야기를 해주지만, 아이에게 그 이야기는 현실에서 경험하는 것과 너무 거리가 멀었다. 아들은 행복한 이야기, 즉 신화를 현실에서 재현하기를 갈망했지만, 절망적 상황에 맞서 생존해야 하는 남자는 아들에게 해주는 이야기대로 사는 것이 불가능했다. 그의 역할은 이야기들을 통해 아들이 바라보며 살 수 있는 현실 너머의 세계를 제공하는 것이었다. 이 세계의 이야기가 그들의 신화였다. 신화는 남자와 아들이 살아있게 했고, 이미 사라진 것들을 아들 속에 창조했다.

남자가 아들을 씻겨주는 장면에서 아들을 성스러운 존재로 만들어주는 상징적 행위를 찾을 수 있다. 그는 신성한 종교의례처럼 아들을 씻긴다. "남자는 앉아서 소년을 안고 불 앞에서 머리를 털어 말려주었다. 이 모든 일이 마치 옛날의 도유의식 anointing (흔히 도유식 塗油式이라고 번역) 같았다. 그러라지. 형식들을 불러와라. 달리 아무것도 없는 곳에서 허공으로부터 의식들 ceremonies을 만들고 그 위로 숨을 내뿜어라."(87) 그저 씻기고 말리는 것은 의미와 가치가 부여되지 않은 행위에 불과하다. 그러나 남자는 의례의 형식을 갖추고, 그 위로 숨을 내뿜어 생명을 부여한다.[6] 일상적인 행위에 체계를 세우고 의미를 부여하여 실제 힘을 발휘하게 하는 '의례화 ritualization'과

---

6 숨을 내뿜는 것은 살아있는 존재가 되도록 하는 것을 의미한다. 구약성서 『창세기』에는 신이 땅의 흙으로 사람을 만들고 그 코에 생명의 숨(breath of life)을 불어넣어 살아있는 존재(a living being)가 되도록 했다는 이야기가 나온다(『창세기』 2:7, 영어판은 NIV 참조).

정이 이루어지고 있는 것이다.[7] 세계의 여러 종교에서 사람이나 물건에 기름을 바르는 도유식은 기름을 바르는 대상이 신과 관계를 맺거나 신성한 지위, 능력, 성격을 갖게 되었다고 선언하는 상징적 행위다. 남자는 자신의 아이가 성스러운 존재, 참담한 속의 세계와는 구별된 존재가 되기를 기대하고 있었던 것이다. 메시아 혹은 그리스도라는 이름이 기름부음을 받은 자라는 뜻을 지니고 있다는 것을 기억하라. 성서에서 사무엘이 다윗의 머리에 기름을 부어 신이 지명한 자로 구별했듯이, 남자는 소년의 머리에 기름을 발라 암담한 세상과 구별된 존재로 만들고자 한 것이다.

좋은 사람들, 불을 운반하는 사람들의 공동체

아이는 "우리"가 좋은 사람들인지 아버지에게 물어 확인한다(90, 147). 아버지는 아들에게 자신들이 좋은 사람이라고 답한다. 아버지의 말대로, 이들은 당대의 기준으로 보면 다른 사람들과 분명히 구별되는 좋은 사람이다. 무슨 일이 있어도 사람을 잡아먹지 않으며 (147), 마음 속에 "불을 운반"하는 사람들이다(96, 148). 가슴에 따뜻함을 간직한 사람, 사랑하고 배려하며 눈물을 흘릴 줄 아는 사람만

---

7 의례화에 대해서는 캐서린 벨의 다음 두 문헌을 참조할 것. Catherine Bell, *Ritual Theory, Ritual Practice* (Oxford: Oxford University Press, 1992), p.92; *Ritual: Perspectives and Dimensions* (Oxford: Oxford University Press, 1997), p.82, 138-39. 벨은 *Ritual: Perspectives and Dimensions*에서 "의례화는 당면한 상황을 넘어선 것에서 유래하였다고 여겨지는 힘의 권위를 증진시키는 경향이 있는 행위의 방식이다"(82)라고 설명한다.

이 마음 속에 불을 가지고 있고 이 불이 꺼지지 않도록 지켜간다. 이들이 길에서 만났던 절망에 빠진 노인은 "난 오랫동안 불을 보지 못했소"(196)라고 말한다. 불은 신성함을 상징한다. 모세가 처음 만난 신성은 떨기나무 가운데에서 나오는 불꽃의 형상이었고,[8] 예수가 승천한 후 기도하던 제자들에게 성령holy spirit은 불의 형태로 내려왔다.[9] 그리스 신화에서도 프로메테우스가 전해주기 전까지 불은 오직 신의 전유물 아니었던가. 이들이 마음 속에 불을 지녔다는 것은 신이 없는 세계 속에서 그 세계와는 구별되는 성스러움을 간직하고 있다는 뜻이다.

이들의 생존은 의미 없는 세상에 의미를 만들어준다. 남자는 아들에게 이 일을 하기 위해서는 살아남아야 한다고 강조한다. 좋은 사람들은 계속 노력을 하고 절대 포기하지 않는 것이다(157). 음식을 얻은 노인은 아이가 결국 달라질 것이라고 예견하나, 아버지는 아이가 달라지지 않을 것이라고 반박한다(198). 아버지는 단호하다. "넌 포기할 수 없어. 내가 그렇게 놔두지 않을 거야."(216) 여기에서 포기하지 않는다는 것은 단지 생존해야 한다는 것만은 아니다. 속에 간직한 불을 운반해야 하는 사명을 위해서는 계속 삶을 살아가야 한다는 것이다. 불이 실재하는지 묻는 아들에게 아버지는 이 불은 진짜이며, 아들 안에 있는 것을 분명히 보고 있다고도 말한

---

8 『구약성서』, 「출애굽기」 3:2.
9 『신약성서』, 「사도행전」 2:1-4.

다(314).

　이들은 좋은 사람들을 만난 적은 없지만, 세상 어딘가에 있을 좋은 사람들과의 연대의식을 가지고 있다. 고립되어 있는 상태에서 가상의 공동체를 꿈꾼다고도 할 수 있다.[10] 저 바다 건너에는 아버지하고 어린 아들이 해변에 앉아 있을 것이고, 그 사람들도 불을 운반하고 있을 것 같다고 생각한다(246). 무척 굶주리다가 어느 빈 집 창고에서 "사라진 세계의 풍요로움"을 연상시킬 정도로 많은 음식과 생활필수품을 발견했을 때, 아들은 그것을 남긴 사람들이 자신들처럼 "좋은 사람들"이었음을 아버지에게 물어 확인한다(159-60). 남의 것을 가지는 것에 대한 미안함은 같은 부류의 "좋은 사람들"이 남긴 것이라는 것을 확인한 후에 사라진다. "하늘에서 하느님과 함께 안전하게" 있을 그 사람들에게 감사의 말을 기도처럼 올리고 나서야 음식을 먹는다(165-66). 소년은 어딘가에 있을 "좋은 사람들"에게 "우리가 어디 있는지 알리고" 싶다고 말하며, 아니면 하느님, "어쩌면 그 비슷한 누군가"에게 자신을 알리고 싶다고 한다. 신과 좋은 사람들은 자신들이 "어디 있는지 알리고 싶은 누구"라는 같은 범주에 속하는 존재들이다(279). 좋은 사람들을 좀처럼 찾을 수 없는 세상이기에 자신들이 어디 있는지 알릴 때 방심은 금물이다. 죽어가면서 남자는, 좋은 사람들을 찾아야 하기는 하지만 모험은 하

---

10 다음 장에서 생각할 헤르타 뮐러의 『숨그네』는 공동체 상태에서 개별적인 사람들의 고통과 생각이 극대화되는 모습이 드러난다는 면에서, 고립된 소년이 공동체를 꿈꾸는 『로드』와 대조된다.

지 말아야 한다고 아들에게 당부한다.

아버지는 예전에 길에서 만났던 아이가 잘 있을지 묻는 아들에게 "선善이 꼬마를 찾을 거야. 언제나 그랬어. 앞으로도 그럴 거고"(317)라고 대답한다. 이 말은 아버지가 남긴 마지막 말이었다. 선이 꼬마를 찾을 것이라는 말은 마치 예언처럼 자신의 아들에게 적용되었다. 아들은 사람을 잡아먹지 않고, 아이들을 키우며, 약속을 잘 지키고, 아버지처럼 절대 총을 놓지 말라고 당부하고, 아버지가 그랬던 것처럼 "마치 볼 것이 있기라도 한 것처럼" 하늘을 바라보고, 자기도 불을 운반한다고 말하는 다른 남자를 만났다. 그리고 두 팔로 끌어안아주는 여자도 만났다. 여자는 아이에게 신에 관해 말해준다. 그녀는 "가장 좋은 건 아버지와 말을 하는 것"인 아이에게, "신의 숨이 그[죽은 아버지]의 숨이고 그 숨은 세세토록 사람에서 다른 사람에게로 건네진다고" 가르친다(323). 인간에게서 선을 찾는 신의 숨은 아버지에게서 아들로 이어졌다. 그리고 이 숨이 계속 이어질 것이라는 기대는 소설이 남긴 마지막 희망이다.

소설의 마지막 단락은 한때 산의 냇물에 있었던 송어에 대한 회고로 이루어졌다. "모든 것이 인간보다 오래된" 숲에서 "신비를 홍얼"거리는 자연, 그리고 송어는 세상의 비밀을 몸에 "지도와 미로"의 형태로 지니고 있었다(323). 저자 매카시는 성스러움, 인간 그리고 자연은 하나로 연결되었고, 그중 인간은 가장 연한이 짧고 무지하다는 것을 마지막으로 말하고 싶지 않았을까.

chapter **06**

인간이 생존을 위해
만들어내는 것들

헤르타 뮐러, 「숨그네」*

단수의 "수용소-우리"

『숨그네』Atemschaukel는 헤르타 밀러Herta Müller가 시인 오스카 파스티오르Oskar Pastior의 경험담을 바탕으로 쓴 책이다. 파스티오르는 열일곱 살에 우크라이나의 수용소에 끌려가 5년간 강제노동을 한 기억을 밀러에게 전해주었다. 이 소설은 레오폴트 아우베르크라는 가상의 주인공의 입을 빌렸지만 현실의 경험에 근거한 이야기임은 분명하다. 밀러와 파스티오르 둘 다 루마니아에 거주했던 독일계 소수민족 출신으로, 밀러는 루마니아 공산정권 아래에서 감시대상자로 고통을 겪다가 독일로 망명했고, 파스티오르는 강제추방을 당했다. 파스티오르는 오랜 세월이 지난 후에도 수용소의 일상을 세세히 기억했고, 밀러는 이를 공감할 수 있었다. 그래서 그 고

---

* 헤르타 밀러, 『숨그네』, 박경희 역(파주: 문학동네, 2010[2009]).

통의 경험을 누구보다도 구체적이고 생생한 글로 재현해낸 것이다. 수용소의 노동자들은 중노동을 하면서도 소량의 배급 음식 외에는 먹을 것을 더 구하지 못하는 상황 속에서 살았고, 그로 인한 극심한 육체적 고통 때문에 인간성마저 상실하는 지경에 이르기도 했다. 하지만 수용소의 노동자들이 인간으로서 생존하기 위한 그들 나름의 방법을 모색하는 것을 소설 속에서 엿볼 수 있다. 그중에서도 수용소 구성원들이 하나의 공동체를 이루어 개인의 고통을 극복하는 것에 먼저 주목해보자.

동성애자인 주인공 레오는 원래 자신의 가족과 고향에서 도망치기 원했다. 당시 루마니아 사회는 동성애를 금지하여 범죄로 취급했기 때문에 그는 수용소에 가기 이전부터 "공포"에 눌려 있었고, 그 공포로 인해 막연히 고향을 떠나고 싶어했다. "나라와 가족들에 대한 공포. 나라가 나를 범죄자로 가두고, 가족들이 나를 치욕으로 여겨 내쫓으리라는 이중 추락의 공포"였다(12). 그는 가족과 종족이 수치스럽게 생각하는 동성애자라는 것이 드러날까 봐, 그리고 자신이 범죄자로 잡혀가게 될까 봐 두려웠다. 동성애자들끼리의 비밀스런 만남은 "들짐승처럼 아무나 상대"하는 것으로 이어진다고 생각하여 부끄러움도 느꼈지만, 법으로 엄격히 금지된 행위를 몰래 하는 것으로 인한 두려움이 더 컸다. 남성들끼리 관계를 맺는 것을 의미하는 "랑데부"는 모조건 감옥 행이었고, 최소 5년 형을 받았다(10-11). 고문 후에 죄수수용소로 보내졌고, 다시 돌아오지 못하는 경우도 많았다. 동성애가 큰 범죄로 여겨졌던 것이다. 법과 처벌뿐 아니라 사회의 의식과 눈초리 역시 공포스러웠다. 동성애자는 "종족의 수치"로 간주되었다. 그래서 그는 아무도 그를 모르는 곳으로 가고 싶어했다. 주인공은 당시의 절박한 소망을 잊을 수 없다. 그래서 "나는 나를 모르는 곳으로 가고 싶었다"(10), "나는 가족들한테서 벗어나고 싶었다"(13), "나는 제발 이곳을 떠나고만 싶었다"(19)라고 반복해서 말한다. 레오는 "금지된 무엇"인 동성애를 "특별하고, 더럽고, 수치스럽고, 아름다운"이라고 표현한다(10). 공동체 속에서 수치감과 공포를 불러일으키는 동성애가 자신에게는 특별하고 아름답게 느껴지는 이중적인 것이었다.

"랑데부라는 침묵을 목에 두르고 다니면서도… 여전히 천지분간 못 하는 어린애"였던 레오는 고향을 떠날 수만 있다면 "가축운반용 열차를 타고 러시아인들에게 가는 것이라고 해도" 좋겠다고까지 생각했다. 사실 레오는 떠나게 되었다는 이유만으로 수용소로 가는 가축운반용 열차를 타면서도 떠나는 것에 만족했고, 10여 일의 여행 끝에 러시아에 도착할 때까지도 떠나는 사람들과 함께 낭만적인 분위기에 젖어 있었다. 그러나 수용소로 끌려가는 중 마주하게 된 공포로 갑작스럽게 자신의 상황을 깨닫고 "어른"이 된다. 군인들이 수용소로 가는 사람들을 기차 앞에 일렬로 세운 후 총을 겨누며 강제로 용변을 보게 한 후부터였다. 눈밭에 맨 엉덩이를 드러낸 채 그 나름대로 다른 소리를 내며 용변을 보면서 모든 사람들은 끝없이 초라해졌고 급작스런 공포를 절감한다. 동성애자라는 것이 발각되는 것에 대한 두려움보다 훨씬 더 큰 공포 때문에 갑작스레 주변 환경에 반응하고 적응하고, 자신의 생존을 염두에 두고 행동하게 되었다. 그는 급작스레 어른이 된 것은 자신이 아닌 자신 안의 공포였을 것이라고 말한다(24).

동시에 이 공포를 함께 경험한 사람들은 수용소에 도착하기 전부터 "진정한 유대"를 형성할 수 있었다(24). "히틀러가 저지른 범죄에 책임이 있는 독일인들"의 범주로 한데 묶여 러시아 인들에 의해 강제노동을 하게 된 사람들이 하나의 공동체를 형성하는 데는 이러한 공통의 공포가 큰 역할을 했다. 너무도 분명하게 같은 상황과 같은 감정을 공유하는 사람들이 공동체를 형성하게 되는 것은 당연한 일이다. 이 두려움은 수용소 생활 내내 주인공과 그가 속한 집단 전체를 사로잡고 있었다. 두려움은 어느 무엇보다도 빠르게 사람들에게 퍼져나갔다. 레오는 "아껴 써야 하지만 어디론가 날아가버리고 마는 시멘트"보다도, 사람들의 머리를 도둑질해버리고 때로는 그 속에 빠뜨려 죽게 만들기도 하는 "향수鄕愁"보다도 두려움이 빨랐다고 말한다(44).

원래 자신이 속한 공동체에서 벗어나기만을 소망했던 레오가 이제는 새로운 공동체의 견고한 연대 속에 들어간다. 누구나 수용소의 일원으로 고통과 두려움을 공유하기 때문에 성적 정체성과 같은 개인의 차이는 여기서 아무 상관이 없다. 그들은 하나이고 그래서 "수용소-우리는 단수다"라고 표현한다(264). 장터에서 먹을 것을 찾아 헤매다가 굴욕을 느끼면 수용소로 돌아가고만 싶다. 편안한 가정과 고향에서 벗어나고 싶었던 과거와 달리 수용소는 더 철저한 소속감을 부여하는 공동체가 되었다. 굶주림과 죽음 사이에 틈을 찾아 살아남는 곳인 수용소가 편안해지고, 어느덧 "집"이 된다(161). 이들은 모두 "안전하게 가둬두는" 수용소에 속해 있고, 자신이 속한 곳에서만 사람들의 웃음거리가 되지 않는다. "내 가족이에요"라고 말하면서 떠올리는 것도 수용소 사람들이다(290). 마음의 모든 소망을 박탈당하고 강제로 묶여진 사람들이 공동체 의식을 형성한 것이다. 이 속에서 사람들은 "개개인이 아닌 번호"였다(32). 수용소는 개개인의 의식과 감정을 상관하지 않는 공동체였던 것이다. 5년간 자신의 정체성의 전부를 구성한 수용소는 주인공의 일부가 되어 평생을 따라다니고 때로는 향수를 불러일으키기도 한다(266).

개별적으로 경험되는 배고픔의 고통

이 책에서 부각된 인간의 가장 큰 한계는 배고픔이다. "만성이 된 굶주림"이고, "병적인 허기를 만드는 그런 굶주림"이며, "배가 고프다는 것 말고는 자신에 대해 할 말이 없"게 만드는 배고픔이었다(28). "절대영도"라는 말로도 표현되는 이 상황은 더는 내려갈 곳이 없는 상황이다(222). 이 상황에서는 배고픔을 극복하는 것을 꿈꾸는 일조차 허용되지 않는다. 꿈속에서 마음껏 먹을 때도 있지만 그럴수록 현실 속의 고통은 배가되기 때문이다(100). 레오는 꿈속의 음식이 현실의 배를 더 주리게 한다는 것을 경험한다. 배고픔을 잊기 위해서는 꿈을 꾸지 말아야 하고 생각도 버려야 한다.

이 배고픔은 집단 전체의 것이지만 개별적으로 경험된다. 그래서 레오는 "우리 각자의 배고픔은 각자에게 낯선 권력이었다"고 말한다(255). 레오는 극도로 배가 고픈 사람들에게 "배고픈 천사"가 따라다니는 것으로 상상한다. 배가 고프다는 것 말고는 다른 생각을 할 수 없는 상황에서 이들을 움직이는 것은 배고픈 천사다. 배고픔은 "셀 수 있는 객체"가 아니지만 레오에게는 구체적인 "대상으로 존재"했고(37, 102), 배고픈 천사로 인격화된 것이다. 늘 있는 배고픔 때문에 배고픈 천사는 언제든지 올 수 있고, 일단 나타나면 본때를 보인다(96). 엄청난 고통을 안겨준다. 배가 고파 잠을 이룰 수 없는 밤중에 식당 뒤편 쓰레기 더미를 뒤져 감자껍질을 주워 먹는 사람이나 쓰디쓴 명아주를 뜯어먹는 사람은 배고픈 천사의 인도와 조종을 받고 있는 것이다(98). 인간이 배고픔을 위한 틀이 되어 자신 위에 올라탄 배고픔을 살찌운다(99). 그러다가 배고픈 천사가 이기면 스스로 삶을 포기하건, 영양실조로 쓰러지건, 그 사람은 죽게 된다. 배고픈 천사가 하나만 있어서 이 존재가 모두를 따라다니는지 아니면 저마다 따라다니는 천사가 따로 있는지는 레오도 잘 모른다. 다만 누구에게나 배고픈 천사가 하나씩 따라다닌다면 더 끔찍한 장면을 연출할 것이라고 생각한다. 그 사람이 죽은 다음에는 작업하던 석탄, 작업에 사용한 도구 심장삽과 더불어 그에게 머물던 인격화된 배고픈 천사가 남을 것이기 때문이다(95). 모두가 배고프지만 그 배고픔은 공동체 단위로 경험되지 않고 개별적으로 힘을 발휘했던 것이다.

모두가 배고프지만 각자 자신의 배고픔만 느낄 수 있다. 그래서 고통은 개인적으로 경험된다. 동시에 이 고통은 개인의 차이를 말살하기도 한다. 남자와 여자, 그리고 동성애자의 차이도 배고픔 앞에서는 모두 상실된다.

> 배고픔에서 타인이 차지하는 자리는 없다. 타인의 배고픔을 나눌 수는 없다. … 내게는 배고픈 천사가 덩치만 불리는 것이 아니라 수를 늘려 번식하는 것처럼 보였다. 우리 모두 똑같은 처지였는데도 배고픈 천사는 저마다 개인적인 고통을 안겼다. 뼈와 가죽, 배설되지 못한 수분이 삼위일체가 되어 여자와 남자의 차이가 사라졌고 성은 퇴화했다.(178)

위의 인용구에 분명히 나타나듯, 주인공이 동성애자로서 가졌던 두려움은 이제 더는 문제될 이유가 없어졌다. 남성과 여성이 이성에게 느끼는 성적 매력과 욕구가 사라지면서 주인공이 동성에게서 느꼈던 성적 매력과 욕구도 사라졌다. 배고픔의 느낌은 각자에게 개별적으로 다가왔지만, 모두 배가 고프면서 각자의 차이도 모두 없어졌다.

"페냐의 차가운 성스러움"

수용소 사람들에게 빵을 나눠주는 일을 했던 페냐는 수용소 지도

부가 신뢰하는 여성 간부였다. 수용소 사람들을 통제하고 지배하는 것은 빵이었다. 레오는 "음식이 나보다 힘이 세"다고 생각한다. 수용소에서 빵은 인간의 능력보다 더 센 힘을 지닌 초월적인 것, 즉 성스러운 물건이다. 레오는 엄정한 규칙에 따라 저울로 빵 무게를 정확히 재서 나눠주는 펜야를 성스러운 존재로 인식한다. 처음에 레오는 입이 비뚤어지고 다리를 저는 펜야의 외모가 추하다고 생각했다. 그러나 그는 공정하게 빵을 나누어주는 그녀의 "아름다움" 앞에 굽신거리며 "숭배"할 수밖에 없게 된다(122).

펜야는 수용소 당국이라는 사회적 권위를 대표한다. 『1984』의 당과 빅 브라더와 같이 사회적 성스러움을 나타내는 것이다. "그녀는 한 개인이 아니라 손뜨개 외투를 입은 [펜야는 늘 뜨개질한 외투를 입었다] 법法"이었다(124). 레오는 펜야에게 집에 언제 갈 수 있냐고 질문을 하고 싶지만 감히 할 수 없다. 접시저울을 들고 빵을 나눠주는 그녀는 "언제나처럼 차가운 성스러움을 머금"고 있기 때문이다(244). 생존과 관련하여 가장 민감하게 여겨지는 빵을 나눠주는 지위에 있기에 그녀의 사회적 성스러움은 더욱 두드러진다. 펜야가 빵을 나눠주는 "배급의식"은 마치 종교의례처럼 엄숙해 보인다. 그녀는 "하얀 방에서, 하얀 가운을 입고, 하얀 아마포를 들고, 범인류적인 문화행사라도 되는 듯 위생적인 배급의식을 거행"했다(123). 노동 강도에 따라 배급 양이 다른 빵을 차가울 정도로 공정하게 잘라 저울에 달아 나눠주었다. 레오는 "절름발이 펜야의 차가운 성스러움은 올바르다. 그녀는 공평하고 나에게 음식을 나눠준다"고 말한다(161). 레오는 펜야가 선과 악을 넘어서는 완벽한 정확성을 발휘했고, "펜야의 공정함이 나를 철저히 노예로 만들었다"고도 고백한다(123).

공정하게 자기의 몫을 받는 빵의 규칙은 수용소 사람들에게 절대적이다. 이 규칙을 어기면 엄중한 사회적 처벌이 뒤따른다. 어느 날 수용소 노동자 중 하나인 카를리 할멘이 동료인 알베르트 기온이 닷새 동안 배고픔을 참아가며 모아둔 하루 치 배급량의 빵을 훔쳐먹은 사건이 발생했다. 기온을 비롯한 막사 동료들은 살의에 차서 할멘에게 집단 폭행을 가했다. 오줌을 지리고 먹은 것을 토할 정도로 때리고, 머리를 물 양동이에 처박고, 목을 조르고, 쓰러진 그의 얼굴에 오줌을 누었다. 레오는 할멘을 구타한 사건을 "빵의 법정"이 내린 "처벌"이라고 했다(127). "일반적인 도덕이 들어설 수 없"는 "절대영도"의 극한 상황에서 정당화될 수 있는 처벌이었다. 레오는 "펜야의 차가운 성스러움이 빵 속에 스며들었기 때문"에 "굶주림 앞에서는 살인도 저지를 수 있겠다는 생각"을 한다(123). 굶주린 사람들 사이의 질서와 규칙은 성스러운 펜야가 완벽하게 공정히 빵을 나누어줌으로써 유지될 수 있었던 것이다.

펜야의 성스러움의 근거가 사회적이지만, 사람들은 이 성스러움을 개별적으로 경험한다는 것도 지적할 필요가 있다. 펜야는 "배고픈 천사의 공범"이었다(122). 배고픈 천사가 각 사람에게 개별적으로 힘을 발휘하듯이, 펜야의 성스러움도 각 사람에게 개별적으로 영향을 끼치기도 한다. 레오는 적은 돈으로 말린 살구를 사야 하는 급박한 상황에서 십자가를 그으며 기도를 했다. "은혜로운 하느님 아버지"가 정말 자신을 도와주기를 바랐다기보다는 살구를 파는 여자를 감동시키기 위해 펼친 한바탕 쇼였을 것이다. 하지만 레오가 기도를 마무리하며 아멘을 덧붙일 때 "펜야의 차가운 성스러움을 생각"한 것은(159) 그에게 펜야가 진정으로 성스러운 존재였기 때문이었을 것이다. 레오는 수용소를 떠난 지 60년이 지났는데도 펜야의 꿈을 꾼다. 꿈속의 수용소에서 만날 수 있었던 유일한 사람은 바로 펜야였다. 그가 "꿈을 꿀 때마다 절뚝거리는 펜야가 … 항상 하얀 빵 보자기를 장식 띠처럼 두르고" 나타난다(266). 펜야의 차가운 성스러움은 무의식 깊은 곳까지 뿌리 내렸고, 레오는 60년 후에도 그녀의 꿈을 꾸게 되는 것이다.

배고픈 천사에 저항하는 희망의 상징들

수용소 사람들이 공동체를 이루고 철저한 연대의식을 공유하지만 고통은 개별적인 것이다. 함께 고통을 당하기에 좀더 수월하게 고통을 이겨낼 수 있다. 하지만 개별적으로 고통에 맞서는 장치도 필요하다. 레오는 배고픔을 대상으로 만들고 인격화하여 배고픔으로 죽음과 대면하는 상황에 맞선다. 배고픈 천사는 극도의 배고픔이라는 인간 한계의 표상이면서, 인간 능력을 초월하는 존재로 인격화된다. 배고픔은 "대상으로 존재"하는 "괴물"이었다(37). 레오는 배고픈 천사가 "내 한계를 알고 자신이 나아갈 방향을 안다. 그는 내 태생을 알며 자신의 영향력을 안다"고 말한다(162). 배고픈 천사가 인간의 타고난 약점과 한계를 알고 인간에게 어떻게 영향력을 끼쳐야 할지를 아는, 인간을 초월한 능력을 지닌 존재라는 것이다. 이 초월적 힘을 지닌 배고픈 천사는 기도와 숭배의 대상이 아니라, 인간이 맞서 싸워야 하는 적이다. 인간에게 달라붙어 괴롭히고 병들게 하고 때로는 죽음으로까지 이끄는 초월적 존재는 흔히 "천사"라는 이름이 아니라 "귀신"이라고 불려왔다. 사람들은 이런 적과 싸우기 위해서 평범하고 일상적인 힘을 넘어서는 힘, 성스러움과 관련된 종교적인 힘을 사용하기 원한다. 인격화된 존재가 아니더라도, 삶에서 만나는 고통과 두려움을 극복하고자 할 때도 많은 사람들은 종교적인 힘에 의지한다.

『숨그네』에서 뮐러가 묘사하는 수용소에는 종교적인 사람들이 드러나지 않는다. 극한의 고통을 겪으면서도 신에게 기도하는 사람은 없다. 그래서 이 소설이 전혀 종교적이지 않아 보일 수도 있다. 그러나『숨그네』의 비종교적 등장인물들의 생각과 행동에서도 우리는 여전히 종교적 성향을 엿볼 수 있다. 레오가 한계 상황에 맞서는 방법에서 전통적으로 종교가 해온 방식을 채용하는 몇 가지 사례를 찾아보도록 하겠다.

먼저 수용소 노동자들이 석탄을 옮기는 작업을 할 때 사용하는 도구 "심장삽"을 예로 들어보자. 심장삽은 효율적인 작업 도구일 뿐 아니라, "배고픔보다 삽질에 집중"하도록 하여 배고픔을 잊는 수단이기도 하다(97). 삽질 1회 할 때마다 빵 1그램이 소모되어 결국 배가 고파질 것을 알면서도 몸을 사리지 않고 삽질에만 집중하는 것이 관건이다. "기예"라 불릴만한 기술로 심장삽을 사용해 석탄을 퍼 던지면 몸을 덥히고 배고픈 천사도 잠시나마 떨칠 수 있다. 하지만 매우 주의를 기울여 삽질에 집중하지 않으면 배고픈 천사가 숨결을 그네 뛰게 하여, "무엇과도 견줄 수 없을 만큼 심한 착란 상태"인 "숨그네" 상태에 이르게 한다(97). 레오는 "배고픔이 그 기예[삽질로 배고픔을 잊는 기예]마저 먹어 치운다는 것"도 알고 있었다(94). 이런 상황을 피하려면 심장삽이 단순한 도구를 뛰어넘어 인간보다 우위의 지위에 올라야 한다. 레오는 심장삽이 그의 연장이 아니라 주인이라고 말한다.

> 나는 심장삽이 내 연장이었으면 좋겠다. 그러나 심장삽은 내 주인이다. 연장은 나다. 심장삽은 나를 지배하고 나는 굴복한다. … 나는 비굴하다. 삽이 더 좋은 주인이 되도록, 순종하고 미워하지 않으려 하기 때문이다. … 머리가 조종하는 온몸이 삽의 연장이 된다.(96-97)

물론 레오가 심장삽이 문자 그대로 자신의 주인이라고는 생각했을 것이라는 말은 아니다. 그러나 문학적인 표현 속에서나마 인간이 자신보다 우월한 힘을 지닌 어떤 것에 대항하기 위해 자신보다 우위의 다른 어떤 것에 의존하고 있다는 것이 드러나고 있음은 부인할 수 없을 것이다. 레오는 심장삽이 "배고픈 천사의 적수"가 되어 그가 수용소의 비참함을 견디는 힘을 주었다고 분명히 말한다(17).

수용소로 떠나는 레오에게 할머니가 해준 "너는 돌아올 거야"라는 말은 "심장삽의 공범"이 되어 배고픈 천사에 맞섰다(17). 레오는 그 말을 대수롭지 않게 받아들였지만 그 말은 수용소에서 레오를 살리는 힘을 발휘한다. "너는 돌아올 거야"는 배고픔과 공포 속에서도 한줄기 희망의 힘을 부여했다. 이 말은 레오의 간절한 염원을 담은 기도문이라고도 볼 수 있다. 그는 심장삽을 움직이는 박자에 맞춰가면서 이 말을 마음속으로 되뇌며 배고픔을 이겨냈다. 갑자기 소집되어 총살될 것이라는 두려움에 떨던 날 밤에도 "너는 돌아올 거야"라는 말을 되뇌인다(82). 끊임없이 반복하며 그 말의 힘을 의지하는 것은 종교인들이 주문이나 기도문을 암송하는 것과 같다. 기도문을 외듯 그 말을 기억하며 반복하는 일은 효과가 있었다. 그 말은 그가 살아남는 데 크게 기여했다. "어떤 말은 사람을 살리기도" 하는데(17), 레오에게는 그 말이 "너는 돌아올 거야"였다. 수용소에서 돌아온 후 레오는 "그 말이 나와 동행"했고, "그런 말은 자생력이 있다"고 회고한다. "너는 돌아올 거야"는 생명력이 있어 소멸하지 않는 말이며 타향에서 고생하는 내내 함께하는 말이다. 2,000년 가까운 긴 세월 동안 세계 각지를 떠돌던 유대인들은 언젠가 시온 땅으로 돌아갈 것이라는 예언의 성취를 기다리며 여러 세대를 거치며 살아왔다. 그 예언의 말이 없었다면 1948년 이스라엘의 건국은 불가능했을 것이다. 이와 마찬가지로, "너는 돌아올 거야"가 없었다면 레오가 수용소에서 살아가는 일이 불가능했을지도 모른다. 이 말은 레오를 붙들어준 예언과 언약의 말이었던 것이다.

어느 러시아인 아주머니가 레오에게 준 손수건은 "너는 돌아올 거야"라는 기원과 무사히 돌아가고 싶은 레오의 소망을 구체적으로 나타내는 물건이다. 수용소에서 흔히 구할 수 있어서 누구나 들고가 물물교환을 할 수 있었던 것은 난방용 무연탄이었다. 레오가 무연탄 한 덩이를 들고 어느 러시아인의 집을 방문했을 때, 그 집 아주머니는 시베리아 수용소로 끌려간 자신의 아들을 떠올리며 레오에게 감자수프를 배불리 대접했다. 레오는 그 자신 "하나만으로도 충분히 짐스러웠"기 때문에 그녀에게 대접을 받으면서도 불편했다(87). 그는 그녀의 고통까지 느끼고 싶지 않아 서둘러 그곳을 빠져나왔고, 다시는 그 집에 가지 않았다. 그러나 그녀가 선물한 손수건은 수용소 생활 내내 간직했다. 새하얀 아마포 고급 손수건은 수용소에서는 오랫동안 보지 못한 아름다운 것이었다. 아주머니는 레오가 수프를 먹으며 콧물을 흘렸을 때 그 손수건을 선물했다. 물물교환 장터에 내놓으면 적지 않은 양의 먹을 것과 바꿀 수 있을만큼 좋은 것이었지만 그는 손수건에 자신의 운명이 달렸다고 생각하여 간직한다. 그는 "너는 돌아올 거야"라는 할머니의 작별인사가 이 손수건으로 모습을 바꿨다고까지 생각했고, "손수건이야말로 수용소에서 나를 보살펴준 단 한 사람"이라고도 말한다(89). 레오는 손수건이 자신을 지키는 부적이며 수호신이라고 여긴다고 할 수 있다. 종교의 신앙과 가치가 구체적인 상징물로 표현되는 과정과 마찬가지로, 할머니의 말과 주인공의 소망이 구체적인 대상인 손수건과 동일시된다. 지향하는 가치와 구체적인 대상을 동일시하는 과정을 통해, 손수건은 무사히 돌아가고 싶은 레오의 소망의 상징이 된 것이다.[1]

한 달에 한 번 급식으로 받는 우유도 레오의 마음에 기대와 희망을 부여했다. 레오는 우유가 "모든 것을 능가하는 하얀 눈처럼 한 모금 한 모금이" 공장에서 일하며 몸에 쌓인 화학성분의 독을 씻어내릴 것이라고 상상했다(210). 레오에게 우유는 자신이 속한 수용소 외부의 것이다. 우유는 "다른 세상이 내린 선물"이며 "배고픈 천사 곁에 있지 않았다면 머무르고 있었을, 그 세계의 맛"으로 느껴진다. 그래서 레오는 우유가 "손수건의 얼굴 모르는 자매"이며 "내 할머니의 흐르는 소망" 즉 "너는 돌아올 거야"와 같은 의미를 지닌 것이라고 생각한 것이다(211). 레오는 "우유가 한 달 내내 몸 속에서 효과를 발휘하길 매일같이 빈다"고 했다. 할머니의 말, 손수건, 우유가 레오가 살아남도록 힘을 발휘한 것은 레오의 강렬한 열망이 있었기 때문이다.

레오의 강한 소망이 그의 삶 속에서 구체적으로 힘을 발휘할 수 있도록 한 방법들에서 우리는 종교적 인간들이 한계에 맞서기 위해 채용해온 방식을 엿볼 수 있다. 레오는 작업도구 "심장삽"을 자신의 주인으로 삼아 배고픈 천사에 저항하고, "너는 돌아올 거

---

1 Clifford Geertz, *The Interpretation of Cultures* (New York: Basic Books, 2000[1973]), p. 127. 기어츠는 인간이 구체적인 것들에 포괄적이고 규범적인 의미를 부여하기 때문에 상징이 작용한다고 말한다.

야"라는 할머니의 작별인사를 예언으로 받아들이고 주문처럼 반복한다. 또한 러시아 여인에게서 받은 손수건을 희망의 상징으로 간직하며, 한 달에 한 번 급식으로 받는 우유가 특별한 효능이 있다고 상상한다. 종교적인 사람들이 발전시킨 방법을 종교적이지 않은 레오도 수용소에서 살기 위해 사용하고 있는 것이다.

이발사와 "정신박약자"의 종교적 기능

등장인물 중 몇몇은 수용소 내에서 모든 사람의 생존에 중요한 사회적 역할을 수행한다. 특히 이발사 에니예터는 없어서는 안 될 사람이다. 그는 "누구에게나 말상대"가 되어야 하고, "모두의 비루함을 깎고 다듬어주어야" 하는 사람이기 때문이다(52, 53). 에니예터는 배고픔에 눈이 멀고 향수병에 찌든, 그래서 때로는 거울을 보고 우는 수용소 사람들을 달래주었고, 그들은 에니예터를 어쩔 수 없이 이용했다. "그는 우리를 달래는 법을 알았고, 우리는 어쩔 수 없이 그를 이용했다."(52) 에니예터는 때때로 현실을 직시하도록 솔직한 충고를 하기도 했다(53). 고통스럽게 살아가는 사람들의 사회에는 반드시 이런 사람이 있어야 한다. 근대 이전의 여러 사회에서는 사제나 샤먼과 같은 종교전문인이 이런 기능을 담당했다. 죄의 압박감에 시달린 사람들이 고백성사를 하듯, 현대인들도 정신과의사, 상담사, 심리치료 전문인 등 누군가에게 자신의 문제를 털어놓아야 고통을 버텨낸다. 수용소에서는 모든 사람의 문제를 다 알고 있는 에니예터가 그 일을 감당했다.

"경비원"이라는 별명을 가진 "정신박약자" 여성 카티도 수용소 공동체에 꼭 필요한 인물이다. 뇌가 온전히 기능하지 못하기 때문에 그녀는 지시를 받아 노동을 할 수 없다. 하지만 생존을 위한 원초적인 능력과 본능이 있어서 수용소에서 살아남았다(118). "그녀의 본능 앞에서는 배고픈 천사마저 맥을 못 추었"고, 그녀는 꽃잎, 나뭇잎, 씨앗, 잡초, 짐승, 벌레, 구더기, 개미, 달팽이, 개똥까지 눈에 보이는 것들을 주워 먹어 배를 채웠다. 악다구니 같은 태도를 보이던 수용소 사람들은 이상하게도 약자인 그녀에게는 선행을 베풀고 보호한다. 그녀는 인간성을 잃어가는 사람들이 그나마 최소한의 인간성을 유지하는 데 기여한다. 그런 면에서 카티가 인간성을 상실한 사람들에게 남은 마지막 인간애와 양심을 표상한다고 해도 틀린 말은 아닐 것이다. 분명히 그녀는 "수년 동안 수용소의 애완동물처럼 자연스럽게 지냈"고, 수용소 사람 "모두 그녀를 좋아했다."(118) 하지만 엄밀히 말하자면 카티를 향한 애정과 보호는 오직 자신들만을 위한 것이다. 사람들이 그녀를 좋아한 중요한 이유 중 하나는 그녀가 자신들의 경쟁 집단에 속하지 않았기 때문이다. 르네 지라르 René Girard도 같은 수준의 경쟁 상대로 이루어진 집단 구성원 중에서 희생양이 선택된다고 지적했다.[2] 머리를 쓸 줄 모르는 그녀는 다른 사람들의 경쟁 대상이 아니었기에 누구도 그녀를 싫어할 이유가 없

---

[2] 르네 지라르, 『문화의 기원』, 김진식 역(서울: 기파랑, 2006[2004]), 66-72쪽 참조.

었던 것이다. 또한 카티가 사람들의 마음을 편하게 하는 데 유용하다는 점도 기억해야 한다.

> 경비원 카티는 살아간다. 자신이 어디 있는지조차 모른다 해도. 우리는 그걸 알고 있고 그녀를 우리의 재산처럼 여긴다. 서로에게 저지르는 나쁜 짓을 그녀에게 베푸는 선행으로 무마해보려는 것이다. 그녀가 우리 틈에 살아있는 한, 우리는 저지를 수 없는 짓만 남겨두고 온갖 짓을 다 저지를 것이다. 우리에게는 경비원 카티라는 인물보다 이 점이 더 중요하다.(136-37)

사람들은 온갖 나쁜 짓을 다 저지르면서도 그녀에게 베푸는 선행으로 스스로를 합리화한다. 그래서 카티는 그들에게 반드시 필요한 존재다. 3장에서 살펴본 『이끼』에서 천용덕 일당이 류목형을 통해 "의미"와 "격조"를 찾고 자신들의 죄책감을 누그러뜨리며 살았듯, 현대의 수많은 종교인이 종교를 이용하여 자기의 마음을 편하게 하면서 적당히 잘못을 저지르며 살듯, 어지간한 수용소 사람들은 그녀를 통해 상실된 인간성을 정당화한다.

살아남기 위한 다른 장치들
마지막으로, 수용소의 한계 상황을 극복하고 인간으로 살아남기 위해 등장인물들이 사용하는 장치를 몇 개 더 언급하겠다. 사람들이 자신에게 유리한 이야기를 만들고 이를 믿는 것도 그중 하나다. 수용소 사람들은 동료의 죽음을 목격할 때 그들의 죽음의 배경과 이유를 생각하려 하지 않는다. 비참한 죽음을 받아들이는 것이 어렵기 때문에, 뻔히 죽은 사람인 것을 알면서도 그가 다른 수용소로 간 것이라고 자신에게 말한다. 자신이 살아남기 위해 뻔뻔한 거짓말을 만들어낸 것이라고도 할 수 있으나, 중요한 것은 자신의 삶에 더 악착같이 매달리는 일이다. 수용소에서 "수치와 두려움은 사치"일 뿐이다. 사실을 외면하고 그 반대의 이야기를 만들어냄으로써, 동료의 죽음 앞에서 부끄러움 없이 죽은 자가 남긴 물건을 갖기 위해 혈안이 될 수 있다. 전혀 인간답지 못한 행동이지만, 그래서 이들은 인간으로 살아갈 수 있다고도 할 수 있다. 인간다운 삶이 불가능한 상황에서 인간답지 못하게 사는 사람들은 그래도 자신이 어느 정도 인간답다고 스스로 인식시켜야 한다. 자기 처지를 합리화하는 이야기를 만들고 이를 믿음으로써 인간으로서의 정체성을 그나마 유지할 수 있는 것이다.

고통의 세상에 사는 사람들은 그것을 잊는 여러 방법을 개발한다. "빈대 박멸에 죽자 사자 달려"들어 "빈대를 죽이며 그것이 러시아인이라도 되는 양 우쭐해 한" 것(265)은 통제할 수 있는 대상을 적과 동일시하여 잠시나마 자신의 약한 위치를 잊기 위한 장치였다고 할 수 있다. "권태에 맞서"기 위해 현실과 상관없는 단어들을 떠올리는 것도 고통을 잊는 방법 중 하나였다(54). 레오는 "나를 잊는 연습" 방법도 개발했다. 이 연습은 마치 요가나 명상수행처럼 호흡법과 바른 자세를 요구한다. "점호 시간에는 부동자세로 서서 나를 잊는 연습을 했다. 들숨과 날숨의 간격이 크지 않아야 했다. 고개를 들지 않고 눈만 치켜 떴다. 그리고 하늘을 보며 내 뼈를 걸어둘 만한 구름자락을 찾았다. 나를 잊고 하늘의 옷걸이를 찾으면 그것이 나를 지탱해주었다."(30) 생각을 없애고 하나에 집중하는 훈련을 통해 "나를 잊는" 일이 가능했다는 말이다. 스스로 최면을 걸어 구름자락이 자신을 지탱한다고도 상상했다. 이 상상은 실제로 레오의 고통을 덜어준 것 같다. 그는 자신이 찾는 형태의 구름자락이 없는 날엔 점호시간이 엄청나게 고통스러웠다고 기억한다(31).

    수용소 노동자들이 절망적 상황 속에서 꿈을 꾸고 희망을 품는 모습도 찾을 수 있다. 여성 노동자 트루디는 수용소에서 벗어나 미국으로 날아가서 "돼지고기 통조림공장 사장"과 결혼하는 꿈을 꾼다(192). 트루디는 "사랑에 빠질 필요도 없"고, "나를 여기서 데리고 나가서 결혼할 만큼" 부자인 사람과 결혼하고 싶다는 생각을 하고, "백조처럼 미국으로" 날아가버리는 꿈을 꾼다(193). 돼지와 미국은 레오의 꿈에도 나타난다(212). 그는 꿈속에서 하얀 돼지를 타고 구름을 달려 집으로 갔는데, 고향마을은 미국으로 가버리고 없었다. 늘 갈망하는 고향마을의 풍요로움이 이제 미국만큼이나 멀어진 것이 되었다. 돼지는 풍요와 배부름을 상징하고 미국은 그때도 세계에서 가장 부유한 국가였다. 돼지와 미국의 꿈은 현재의 굶주림에서 벗어나 부족함 없이 살고 싶다는 그들의 열망을 보여주는 것이다.

그러나 절망적인 상황에서는 함부로 꿈을 꾸거나 희망을 품는 것도 조심스럽다. 먹는 꿈을 꾸면 깨어난 후 더 큰 배고픔을 경험하게 된다는 것은 앞에서도 이야기했다. 희망이 오히려 절망을 가져다줄 수도 있다. 레오는 삶이 희망에 의존하면 희망이 좌절될 때는 삶 자체가 무너진다고 생각한다(183). 레오가 귀향하지 못하고 수용소에서 살게 되더라도 괜찮다고 스스로 다짐하는 것은 희망에 무너지지 않기 위해서다.

절망과 죽음에 맞서는 레오의 몸부림은 눈물겹다. 그는 5년간의 수용소 시절처럼 죽음에 결연히 맞선 적은 없었다고 말한다(100). 사실 죽음에 결연히 맞선다는 것은 죽음을 통해 고통에서 벗어나는 것보다 더 큰 용기가 필요한 일이다. 수용소에는 누구나 공감할 수 있는 의미의 행복이 없다. 레오는 "입의 행복과 머리의 행복을 안다"고 하지만 수용소에서 두 종류의 행복 모두 제대로 누릴 수 없다. 먹을 때 오는 입의 행복은 모두 배가 고픈 수용소에서는 입 밖으로 말할 수조차 없는 행복이고(273), 극도의 배고픔이 뇌를 지배하는 상태에서 "머리의 순수한 행복"도 존재하지 않는다(276). 수용소에서 가장 분명히 볼 수 있는 행복은 죽음과 함께 고통이 끝날 때 느끼는 "한방울넘치는행복"이다. 레오는 수용소에서 시체를 치울 때면 죽은 자의 얼굴에 고통에서 드디어 벗어나는 순간의 안도감이 나타났다고 증언한다. 죽음으로 행복을 확인할 수 있는 상황 속에서, 무기력하기만 한 것처럼 보이는 수용소 노동자들은 죽음에 결연히 맞서는 용기를 내고 있었던 것이다.

chapter 07

신비, 매혹, 두려움

스테프니 메이어, 『트와일라잇』*

악과 욕망의 상징, 통제되는 위험성

뱀파이어의 전설은 세계 여러 문화에서 전해져왔다. 현대 사회에서 뱀파이어 이야기가 사람들에게 두려움과 관심을 끌게 된 것은 아일랜드의 소설가 브램 스토커Bram Stoker, 1847~1912 원작 『드라큘라Dracular』(1897)의 영향일 것이다. 이 책은 악한 본성을 상징하는 흡혈귀 드라큘라와 굳건한 의지와 기독교 신앙으로 이를 넘어서는 사람들의 대결 이야기를 중심으로, 인간의 욕망과 공포를 그리고 있다. 드라큘라는 순결한 처녀를 유혹하여 피를 빼앗고 자신과 같은 뱀파이어로 만드는 악의 표상이다. 일단 뱀파이어가 된 사람을 가슴에 말뚝을 박는 등의 적절한 방식으로 죽이지 않으면, 그는 끝없이 인간의 피를 탐하는 악마로 남게 될 것이다.

---

* 스테프니 메이어, 『트와일라잇』, 변용란 역(서울, 북폴리오: 2008[2005]).

많은 사람이 이야기하는 것처럼, 스토커의 『드라큘라』는 당시 서양인이 비서구非西歐에 대하여 가지고 있었던 막연한 두려움이나, 여성들이 성적 유혹을 경계하지 않으면 돌이킬 수 없이 타락한다는 등의 당대 의식을 반영한다. 종교적 상징에 관심을 두고 있는 우리에게는, 이 책에서 드라큘라가 살아있는 사람들의 피를 먹고 사는 반기독교적 악마로 묘사된다는 점이 더 중요할 것이다. 다른 사람들을 죽이고 그들을 악마처럼 만들어버리는 뱀파이어는 스토커의 『드라큘라』이후 오랜 세월 동안 영화와 소설의 주인공으로 전 세계 사람들에게 단지 재미있는 이야기를 넘어서 공포를 경험하게 하는 신화 속 괴물이었다. 반면 십자가와 마늘, 성수로 무장하고 뱀파이어와 맞서 싸우는 용감한 인간들은 주어진 시련을 이기고 존재의 성장을 이루는 신화 속 영웅이었다. 뱀파이어와 맞서는 인간을 주인공으로 하는 이야기는 지금도 계속 재생되고 있다. 예를 들어, 원작에서 드라큘라를 물리치는 데 결정적 역할을 한 반 헬싱 박사는 영화 《반 헬싱》(2004)에서 신의 대리인으로 악의 상징인 뱀파이어를 사냥하는 전투적 영웅으로 그려지기도 했다. 한국 만화를 원작으로 해서 화제를 모았던 영화 《프리스트》(2011)의 주인공은 인류와 문명을 파괴하는 뱀파이어와 맞서 싸우며 인간 세계를 보호하는 전사이자 사제다.

그러나 최근에 나온 영화와 소설 중에는 더는 인간의 악한 욕망과 그 뒤에 있을 법한 악마적 존재가 아닌 뱀파이어를 그리는 경우도 많다. 영화 《뱀파이어와의 인터뷰》(1994)의 주인공들은 노老,

병病, 사死라는 인간의 한계를 넘어선 초월적 존재들이지만, 인간처럼 늙으며 변해갈 수 없다는 것과 인간의 피에 의존해서 살아가야 한다는 것에 괴로워한다. 이들은 인간을 초월하는 능력을 지녔지만 인간의 고뇌를 그대로 지니고 살아가던 고대 영웅 신화의 주인공들과 닮아있다. 영화《박쥐》(2009)에서 신부 상현은 인간의 죽음 앞에서 자신이 무기력할 수밖에 없음을 괴로워하다가 바이러스에 감염되어 뱀파이어가 된다. 그는 강한 욕망과 충동을 지니고 살아가는 새로운 존재 방식을 받아들이면서도 신을 중심으로 하는 세계관과 인간적 양심을 포기하지 않는다. 그가 뱀파이어가 된 것은 바이러스를 통한 감염이기 때문에 악마와의 관련성도 없다. 반면 여주인공 태주는 폭주하는 본능과 욕망에 자신을 맡기고 악한 속성을 적나라하게 드러낸다. 하지만 그것은 뱀파이어가 되기 전부터 가지고 있던 그녀의 본성을 그대로 반영하는 것이지 뱀파이어이기 때문에 악하게 된 것은 아니다.

《박쥐》의 상현은 분명히 인간의 한계를 뛰어넘는 초능력을 지녔고 노, 병, 사에서 자유로운, 인간과는 다른 존재다. 그러면서도 그는 인간성을 잃지 않았고 흡혈을 비롯한 욕망도 어느 정도 통제할 수 있다. 그는 더는 위험하기만한 악마의 화신으로 여겨지지 않는 것이다. 신화의 많은 영웅이 지닌 비범한 능력과 속성은 통제되는 한에서만 인간에게 도움이 된다. 그리스 신화에서 인간에게 가장 친근하면서 가장 강한 힘을 지닌 헤라클레스도, 헤라 여신의 명을 받은 광기의 신에게 사로잡힐 때는 누구도 통제할 수 없는 위험한 존재가 된다. 메소포타미아 신화 최고의 영웅인 길가메시는 자신의 힘을 통제하지 못할 때는 인간에게 가장 위협적이었지만, 시련을 이겨내며 성숙해진 뒤에는 도시국가 우룩Uruk의 성벽을 쌓는 문화영웅이 된다. 스토커 식의 드라큘라와 구별되는 새로운 경향의 뱀파이어도 마찬가지다. 《흡혈형사 나도열》(2006)에서 뱀파이어가 된 형사는 초월적인 능력을 지니고 악을 응징할 뿐 아니라 순정을 지키며 유머 감각마저 뛰어난 이상적인 영웅상을 보여주기까지 한다. 《블레이드》(1998)의 주인공은 인간과 뱀파이어의 우성 유전자만을 물려받아 태어났지만 뱀파이어의 본성을 억누르고, 자신의 능력을 인간을 위해 사용한다. 인간의 피를 먹기를 거부하고 피와 같은 성분으로 만들어진 액체를 마시며 나쁜 뱀파이어들을 죽여 없애는 정의의 사도다.

스테프니 메이어Stephenie Meyer의 『트와일라잇』에 나오는 뱀파이어들도 이런 맥락에서 이해해야 할 것이다. 그들은 인간 세상 속에서, 인간의 친구가 되어, 인간으로 살아가는 데 별 문제가 없을 정도로 자신들의 위험성을 잘 통제한다. 이들은 분명 위험하다. 뛰어난 약탈자로서, "상상조차 하기 힘든 무기"들을 가지고, "엄청난 힘과 빠른 속력, 예민한 감각"을 지녔다(468). 그러나 이 소설 속의 뱀파이어들은 인간의 피를 먹고 싶은 욕구를 철저히 억눌러 "악마"가 되지 않으려 한다. 그 대신 동물을 사냥해서 그 피를 마신다. 나쁜 인간들을 물리치더라도 죽이지 않기 위해 안간힘을 쓰며, 인간들의 안전을 위협하는 뱀파이어를 응징하기도 한다. 뱀파이어 에드워드

컬렌의 초인적 능력은 여주인공 벨라를 교통사고에서 구할 때부터 확실히 드러난다. 눈에 보이지 않을 정도로 빠르고 자동차를 가볍게 들어올릴 정도로 힘이 세다. 이 책에서 뱀파이어는 이 능력으로 사랑하는 사람과 친구를 구한다. 그는 "착해지고 싶어하고, 짐승이 되지 않기 위해 사람들의 목숨을 구하러 다니는 뱀파이어"다(235). 그는 여자친구를 지켜주기 위해 성적 욕망마저 자제하는 신사이기도 하다.

뱀파이어가 되는 과정도 악이나 나쁜 욕망, 본성과 상관이 없다. 뱀파이어는 인간을 "무기력하게 만들어버리는" 독(468)을 품고 있어서, 뱀파이어에게 물리면 이 독이 혈관에 들어온다. 이 독이 퍼지면 극심한 고통에 휩싸이다가 결국 심장이 멈추고 뱀파이어로 변하게 된다. 구체적인 물질인 독이 화학 변화를 일으켜 인간으로서의 삶이 끝나고 새로운 존재가 되는 것이다. 에드워드는 자신을 비롯한 뱀파이어들이 신의 창조물이라기보다 진화의 결과물일 것이라고 말한다. 신이 인간과 함께 뱀파이어를 창조했다는 것은 설득력이 없다는 것이다.

우리도 먹고 먹히는 천적관계가 존재하는 다른 여러 종과 마찬가지로 진화한 게 아닐까? 만일 이 세상 모든 것들이 우연히 저절로 존재하게 된 게 아니라면, 섬세한 에인젤피시와 상어를 같은 바다에서 헤엄치게 하고, 새끼 바다표범과 범고래를 한꺼번에 창조한 위대한 신이 너희와 우리를 함께 창조해

이 세상에 살게 했다는 걸 나로선 믿을 수가 없으니까.(350)

소위 과학적 사고에 익숙한 현대의 독자들은 악의 화신이 존재한다는 것보다 에드워드의 진화론적 설명이 더 그럴듯하게 느껴질 것이다. 이와 같이 우리 시대의 소설들은 종종 어느 정도 과학적인 논리와 근거를 제시하여 신화적 설득력을 확보하려고 한다.

인간과 구별되는 성스러운 존재로서 뱀파이어

벨라에게 뱀파이어에 대한 이야기를 처음 전해주는 인물은 아메리카 원주민 퀼렛 부족의 제이콥이다. (제이콥이 실제로 늑대인간이라는 것은 시리즈 2편인 『뉴문』에 가서야 드러난다. 이 늑대인간들도 위험성을 통제하고, 뱀파이어들과 서로를 견제하면서 살아간다.) 제이콥에게 이야기를 듣고 온 후, 벨라는 인터넷에서 뱀파이어와 관련된 정보를 검색한다. 한 사이트에서 여러 문화에서 전해져온 정보를 얻게 되는데, 간통을 범한 아름다운 여자를 뱀파이어로 몰아서 남자의 죄는 합리화하는 마녀사냥 식의 미신적 내용이 대부분이고, 흡혈에 심취한 뱀파이어에 관한 이야기는 많지 않았다. 벨라는 아름다운 인간의 모습을 했으며 죽지 않는 강력한 존재라는 루마니아의 뱀파이어, 엄청난 힘을 지닌 강력한 존재 슬로바키아의 뱀파이어, 그리고 악한 뱀파이어를 물리치는 선한 존재인 이탈리아의 뱀파이어에게 관심을 가진다. 우리의 논의에서 더 중요한 것은 이 사이트의 초기화면에 인용된 루소Jean-Jacques Rousseau, 1712~1778와 몬테규 서머스A. Montague Summers, 1880~1948 목사의 언급이다. 루소는 뱀파이어의 존재가 충분히 입증되었고 완벽한 단서가 있다고 말하여 뱀파이어에 대한 사람들의 두려움이 실제적이고 구체적이었음을 시사한다. 서머스 목사는 "유령과 악마의 어두운 세계를 통틀어, 유령도, 악마도 아니면서 그에 못지않은 신비와 공포를 간직하고 있는 뱀파이어만큼 경악과 공포의 대상이면서 동시에 끔찍할 만큼 매혹적인 존재는 다시 없다"(156)고 말한다.

루돌프 오토Rudolph Otto, 1869~1937는 『성스러움의 의미』라는 책에서 신비, 두려움, 매혹을 성스러움의 특징으로 지적했다.[1] 오토에 따르면, 사람들은 이 성스러움의 경험을 통해 자기와 구별된 절대적 존재의 무한한 가치를 보게 되고 자신이 초라하고 허무한 존재임을 깨닫는다. 성스러움은 그 자체로 인간과 다르고 불가해하며, 논리로는 설명할 수 없는 모순적인 속성을 지닌 "신비"라는 성격을 가지고 있다. 이 성스러움이 인간의 경험 속에서 "두려움"과 "매혹"이라는 이중적 형태로 경험된다는 것이 오토의 설명이다.

『트와일라잇』의 뱀파이어 집단은 오토가 말한 성스러움의 특

---

1 Rudolf Otto, *The Idea of the Holy*, trans. John W. Harvey (Oxford: Oxford University Press, 1958[1917]). 그는 종교경험을 다른 어떤 경험과도 다른 독자적인 것으로 보고, 이를 누멘(Numen 신성, 신적 힘, 절대 타자)에 반응하는 감정 혹은 체험인 "누미노스"(das Numinöse, the numinous 누멘적인 것, 신성적인 것)로 명명했다. 명사인 Numen을 형용사 numinous(독일어 numinöse)로 파생시켜 이를 다시 추상명사화한 것이다. 그는 소위 "성스러움"이라는 표현은 원래 윤리적으로 중립적이지만 "선"이나 절대적 선 개념이 포함되었으므로 새로운 용어가 필요하다고 말하였다.

징을 모두 지니고 있다. 이들은 사람들의 두려움을 불러일으키는 초월적인 힘과 인간과는 구별되는 매혹적인 모습을 다 가지고 있다. 컬렌 가의 뱀파이어들은 사람을 공격하지 않지만, 이 책에 나오는 다른 뱀파이어들은 여전히 사람의 피를 빼앗아 먹고 잔인하게 죽인다. 뱀파이어에게 희생되는 사람들은 두려움에 떨면서도 뱀파이어의 매력에 넋을 잃는다. 사람을 공격하지 않는 컬렌 가의 뱀파이어들도 그 초월적인 능력으로 인해 경외감을 불러일으킨다. 벨라가 경험한 뱀파이어는 "인간이 아니었다. 확실히 그는 그 이상이었다." 인간 이상의 초월적 존재인 뱀파이어는 "논리적으로 설명할 방법이 없는," 다시 말해 신과 같은 존재다. 『트와일라잇』은 뱀파이어의 초월적 능력과 아름다움을 동시에 강조한다. 예컨대, "불가사의한 힘과 속력, 검정에서 황금빛으로 그리고 다시 검정으로 변하는 눈동자, 인간이라기에는 너무 아름다운 외모, 창백하고 차가운 피부"를 지니고 있다고 묘사한다(160-61). 벨라는 그들의 아름다움이 사람들의 것이라고 볼 수 없을 정도로 매력적이라고 말한다. "내가 넋을 잃고 그들을 바라본 이유는 지극히 다르면서도 동시에 몹시 닮은 그들의 얼굴이 도저히 사람이라고 할 수 없을 만큼 매력적이고 아름답기 때문이었다."(29) 그녀는 에드워드가 뱀파이어라는 것을 모를 때에도 그가 뭔가 다르다는 것을 알고 있었다. "재미있고… 똑똑하고… 신비롭고… 완벽하고…, 잘생기고…, 게다가 한 손으로 승합차 한 대쯤은 거뜬히 들어올릴 수도 있었다."(95) 이 책 속의 뱀파이어들은 이전의 버전에 나오는 약점들도 가지고 있지 않다. 십자가나 마을, 성수는 물론 강렬한 햇빛도 이들을 죽일 수 없다. 햇빛 아래에서는 그들의 가장 아름다운 모습이 되어 구별된 존재로 드러난다. "너무 아름다워 현실로 믿기지 않"는 모습, "처음에는 그토록 장관이었던 초원 풍경도 그의 장엄한 아름다움 앞에는 빛을 잃"는 모습을 지니는 것이다(296).

뱀파이어가 전능한 존재는 분명 아니다. 이 책의 뱀파이어들이 가지고 있는, 미래의 일을 예측하거나 사람들의 마음을 읽어내는 능력은 시간과 공간의 제약을 받는다. 예컨대, 에드워드가 사람의 마음을 읽는 것은 3, 4킬로미터의 범위 내에 있는 사람에게만 가능하다. 엄청난 힘과 빠른 속도 등 인간보다 뛰어난 능력도 인간 세계 속에서의 능력이다. 피를 먹어서 젊음을 유지하고 죽지 않는 존재가 된다는 것을 보면 드라큘라를 비롯한 뱀파이어가 완전한 존재인 것도 아니다. 피는 생명을 상징한다. 뱀파이어들은 다른 사람의 생명을 빼앗아 자신의 생명을 유지하는 것이다.[2]

그러나 인간과 비교할 때, 이들이 지닌 특징과 인간을 뛰어넘는 능력들은 매우 구체적이다. 숨을 쉬는 것이 인간의 삶의 특징이라면, 뱀파이어는 숨을 쉴 필요가 없다(383). 습관적으로 쉬기는 하지만 "한계가 없을" 정도로 오랜 시간 동안 숨을 쉬지 않아도 괜찮

---

2 종교학에서 말하는 '성스러움'이 반드시 전지전능하고 완벽한 신이나 절대적 존재를 가리키지 않는다는 것을 다시 한번 지적할 필요가 있을 것이다. 성스러움은 인간이 속한 '속(俗)'의 영역과 대비되는 것으로, 매우 광범위한 대상을 포함한다. 예컨대『파스칼세계대백과사전』의 정의대로 귀신(鬼神)을 "초인간적이고 초자연적인 능력을 발휘하는 주체라고 믿어지는 대상을 범칭하는 말"로 이해한다면(권4, 2113쪽), 이 역시 인간의 영역과 구별된 성스러움이라고 할 수 있다. 성스러움의 개념에 대해서는 졸저『종교적 인간, 상징적 인간』, 48-49쪽 참조.

다. 또한 전혀 잠을 잘 필요도 없다. 아니 잘 수 없다는 것이 더 정확할 것이다(212). 세계의 여러 신화는 잠과 죽음의 유사성을 이야기해왔다. 잠은 죽을 운명인 인간의 속성인 반면, 불멸의 존재인 신은 잠을 자지 않는다. 성서는 신이 "졸지도 아니하고 주무시지도 아니하신다"고 말한다(시편 121:4). 메소포타미아 신화의 주인공 길가메시는 불사의 존재가 되고자 원래는 인간이었다가 신이 된 우트나피쉬팀을 찾아갔다. 우트나피쉬팀은 길가메시에게 7일 동안 잠을 자지 않아야 한다는 조건을 제시한다. 하지만 그는 잠을 이길 수가 없었고, 결국은 불사를 이루지 못한다. 『트와일라잇』의 뱀파이어는 신화 속 신들처럼 잠을 자지 않으며, 늙지도 죽지도 않는다. 책 앞머리에 인용한 "선악을 알게 하는 나무의 열매는 먹지 마라. 네가 먹는 날에는 정녕 죽으리라"라는 『구약성서』「창세기」(2:17)의 구절은 인간에게 죽음이 필연적임을 선고하는 대목이다. 반드시 죽어야 하는 인간과 죽지 않는 뱀파이어를 대조하기 위해 이 구절이 인용되었음을 알 수 있다.

뱀파이어의 존재 방식

뱀파이어의 관점에서 볼 때 벨라에게는 보통 사람들에게는 없는 어떤 능력이 있다. 그것은 뱀파이어를 끄는 힘이다. 에드워드는 벨라에 대해 다음과 같이 말한다. "넌 네 자신을 제대로 보지 못해. 넌 내가 알던 사람들과는 완전히 달라. 그래서 너한테 자꾸 끌려."(279)

그녀는 뱀파이어가 가장 갈망하는 피의 냄새를 지니고 있으면서, 사람의 생각을 읽는 특별한 능력을 지닌 뱀파이어도 그녀의 생각만은 읽지 못한다는 점에서 뱀파이어가 완전히 지배할 수도 없는 특이한 존재다. 늑대인간 제이콥과 뱀파이어 에드워드가 벨라를 두고 다투고, 그녀 역시 둘 사이에서 갈등하는 내용을 다룬 시리즈의 후속 권을 참조하면, 그녀가 "다른 존재"를 끌고 그들과 교감하는 능력을 지니고 있다는 사실도 알 수 있다. 그래서인지 벨라는 뱀파이어를 두려워하지 않는다(302). 벨라는 시간의 흐름에도 변하지 않는 뱀파이어를 부러워하고 뱀파이어가 되고 싶어한다. 사랑하는 에드워드와 같은 존재가 되어 그 곁에 영원히 있고 싶다는 욕망을 가진다. 그래서 벨라는 노老와 사死를 두려워한다. "내가 두려운 건 … 네 곁에 머물 수 없기 때문이야. 나는 나에게 허락된 것보다 훨씬 더 오래 네 곁에 머물고 싶으니까."(302) "지금 당장 죽지 않을지는 몰라도 … 언젠가는 죽을 거야. 매일 매 순간 나는 죽음에 가까워질 거야. 그러면서 '늙어' 가겠지."(535) 그녀는 인간으로서 지킬 수 없는 영원을 약속하고("난 언제나 널 원할 거야. 영원히."(361)), 인간이 이룰 수 없는 영원을 갈망한다("난 항상 너와 영원히 함께 있는 꿈을 꿔"(561)).

그러나 뱀파이어 역시 자신의 존재 방식에 만족하는 것은 아니다. 앞에서 언급한 영화《뱀파이어와의 인터뷰》의 주인공들처럼, 늙지도 않고 변하지도 않으며 피를 먹고 살아야 하는 자신을 싫어하는 뱀파이어들도 있다. 『트와일라잇』의 뱀파이어들에게서도 이런 요소를 발견할 수 있다. 벨라가 유한한 인간의 한계를 넘는 뱀파이어의 존재 방식을 부러워할 때, 에드워드는 평범하게 사는 인간의 삶의 방식이 정상이라며 "나는 존재하지 말았어야 해"라고 말한다(535). 그래서 그는 자신을 "괴물"이라고 부르며(561), 사랑하는 벨라가 자신처럼 되는 것에 단호하게 반대한다. 에드워드와 가족을 이루어 사는 뱀파이어 중 자신의 "존재에 대해 가장 고통스러워" 하는 로잘리는 유달리 벨라를 질투한다. 그토록 아름답고 엄청난 능력을 지닌 로잘리가 자신을 질투한다는 것을 믿지 못하는 벨라에게 에드워드는 "넌 인간이잖아. 로잘리도 인간이고 싶어하거든."(372)이라고 말한다. 이들은 죽음으로부터 자유로운 존재이지만, 인간의 유한성을 오히려 부러워하고 있다고 말할 수 있을 것이다.

  영원히 사는 신이 인간의 유한함을 질투한다는 생각은 이 전에도 있었다. 영화 《트로이》(2004)에서 아킬레스는 "신들은 죽을 수 있는 인간을 질투해. 뭐든 마지막이 있는 것이 가장 아름다운 법이거든"이라고 말한다. 신이나 천사가 인간을 질투하는 신화도 적지 않다. 기독교의 여러 전승은 천사들이 타락하여 악마가 되는 주요한 이유 중의 하나를 바로 인간에 대한 질투로 꼽는다. 영화 《콘스탄틴》(2005)에서도 천사 가브리엘은 인간에 대한 신의 애정을 질투하여 음모를 꾸미다가 결국 천사의 지위를 박탈당하고 땅으로 추락하고 만다. 그리스 신화에도 인간의 모습이 되어 인간과 사랑을 나누고 그 인간을 질투하는 신들의 이야기들이 있다는 것은 잘 알려진 사실이다. 인도에도 인간들의 사랑을 질투하여 방해하고 자신이 그 사랑의 주인공이 되기를 원하는 신들의 이야기인 "다마얀티" 신화가 있다. 인간을 질투하지는 않으나, 인간을 사랑하여 인간이 되는 천사의 이야기도 여전히 반복된다. 사람들을 지켜보는 역할을 하다가 인간과 사랑에 빠져 초월적 능력과 영생불사의 권리를 포기하고 인간이 되는 천사의 이야기인 영화《베를린 천사의 시》(1987)와《시티 오브 엔젤》(1998)이 대표적이다.

뱀파이어들이 인간의 존재 양태를 부러워한다고 해서, 그 이야기 속에서 뱀파이어에게 인간이 성스럽게 여겨지고 있다고 할 수는 없을 것이다. 우리가 성스러움이라고 설명해온 범주의 특징은 인간의 관점에서 인간과 구별되는 것들이기 때문이다. 그러나 이 소설 속의 몇몇 뱀파이어가 자신들과 구별되는 인간이 지닌 속성을 갈망하고 있다는 것은 분명하다. 하나의 존재 방식으로 존재하면 다른 존재 방식으로는 존재할 수 없다. 인간이 아니면 뱀파이어다. 그래서 두 속성을 같이 가질 수 없고, 양편 모두 그 가질 수 없는 것을 갈망하는 것이다. 뱀파이어가 인간이 되고자 하는 갈망을 가지고 있다면, 그것은 도저히 이룰 수 없는 꿈이다. 인간은 뱀파이어가 될 수 있지만 뱀파이어는 인간이 될 수 없기 때문이다.

뱀파이어가 인간이 아닌 뱀파이어로서의 존재 방식 때문에 자신의 한계를 절감한다면, 인간의 한계는 인간의 존재 방식이 규정한다. 인간은 인간에게 허용된 능력만을 지니고, 제한된 시간과 공간 속에 살다가 세월이 흐르면 죽게 된다. 인간이 한계 너머에 대해 상상하는 것도 인간으로서 살아가는 방식의 산물이다. 우리 시대의 이야기 『트와일라잇』 속에서 에드워드로 대표되는 뱀파이어는 더는 악의 화신인 괴물이 아니라, 인간과 공존하면서도 인간 한계 너머에 있는 성스러운 존재로 묘사되고 있다. 다른 사람의 눈을 쳐다보면 넋을 잃게 만드는 매력부터, 위기 상황에서 승합차를 한 손으로 밀어버리는 힘, 사람의 생각을 읽는 능력, 그리고 시간이 흘러도 변치 않는 젊음과 영원한 생명까지… 인간이 한계를 어떻게 인식하고 있으며 그 너머가 어떠할지에 대해 상상한 하나의 예시를 보여주는 것이 바로 뱀파이어인 것이다.

chapter 08

무의미한 현실을 살아내기

윤대녕, 『대설주의보』*

무의미한 일상의 무게

지금까지 우리가 본 작품들과는 달리 『대설주의보』에 실린 윤대녕의 단편소설들은 비참하고 힘겨운 고통이나 공포와 맞서야 하는 상황에 대해 말하지 않는다. 인간의 일상적 삶 자체를 감내하는 일을 버겁게 여기는 사람들에 대한 이야기들이다. 고통과 죽음과 같은 극한의 한계 상황을 경험하는 사람들에게는 사치로 느껴질 수도 있을 법하지만, 무의미한 일상적 삶 역시 인간이 감내해야 할 한계다. 때때로 그 무게는 우리가 감당할 수 없을 만큼 무겁게 어깨를 짓누르기도 한다. 인간 존재의 개별성과 그로 인한 외로움이 무겁고, 의미를 찾을 수 없는 일상이 숨막히며, 꿈을 꾸도록 허락하지 않는 현실이 힘겹다. 그래서 삶이 공허하게만 경험되는 것

---

* 윤대녕, 『대설주의보』(파주: 문학동네, 2010).

이다.

이 장에서는 윤대녕의 『대설주의보』 속에서 무의미한, 그래서 무거운 일상을 "살아내는" 인간의 모습들을 살펴볼 것이다. 이 소설들이 종교와는 아무런 연관이 없는 것으로 보일지도 모른다. 윤대녕의 초기 소설들은 "범속한 일상에서 존재의 시원이라는 초월적 세계로 도약"하는 인물들을 다루었다고들 한다.[1] 그러나 2010년에 나온 이 소설집에는 존재의 시원이나 초월에 대한 이야기가 없다. 작가도 '존재란 무엇인가'와 같은 주제를 다루던 이전과는 달리, "삶을 돌아보는 것"이 자신의 소설의 방향이 되었다고 말한다. 이제 윤대녕의 소설은 종교학적으로 다룰 가치가 없는 것인가.

나는 그렇지 않다고 생각한다. 종교들은 속俗의 세계를 사는 사람들이 겪는 무의미와 외로움을 감당하게 하는 해결책을 제시한다. 많은 인간이 범속한 세계를 무의미하고 덧없는 것으로 경험하기 때문에 그것을 넘는 가치 있고 영원한 성스러움을 지향한다는 것은 앞에서도 언급했다. 아울러 종교는 사람들이 무의미한 현실을 똑바로 볼 수 있도록 하는 역할도 담당한다. 석가모니가 사성제四聖諦 중 첫째로 못박은 것이 인간의 삶은 고통이라는 고성제苦聖諦의 가르침이 아니었던가. 윤대녕이 돌아보는 사람들의 삶에는 무의미의 고통스런 경험이 배어 있다. 우리는 이 장에서 『대설주의보』에 실린 몇몇 단편소설에 등장하는 사람들이 범속한 세계의 속성을 절감하

---

1 《한국일보》, 「긴 세월, 폭설 뚫고 재회한 연인, 삶의 인연이란 돌고 도는 것임을」, 2010. 3. 21.

고 경험하는 이야기를 살펴볼 것이다.

"모든 것들이 제자리로 돌아가는 풍경"

인간이 원래는 거짓과 허무와 무의미로 가득 찬 삶을 살아야 하는 이곳이 아니라 그렇지 않은 다른 곳에 속해 있었다는 생각은 세계 여러 종교 신화에서 찾을 수 있다. 윤대녕 초기 작품들이 말하는 "존재의 시원으로의 회귀"는 바로 이러한 신화적 주제의 연장선상에 있다. 그는 1990년대 초반 발표한 「은어」나 「은어낚시통신」 등의 단편에서 존재의 시원으로 돌아가고자 하는 인간을 어릴 때 바다로 나갔다가 하천으로 돌아오는 은어에 빗대어 표현했다.[2] 존재의 시원은 인간이 원래 있어야 하는 장소나 본래의 원형적 모습을 가리킨다. 현실을 분주히 살아가는 사람이 문득 "지금까지 내가 있어야 할 장소가 아닌, 아주 낯선 곳에서 존재하고 있었다는 생각이 차츰 들기 시작했다. 이를테면 삶의 사막에서, 존재의 외곽에서"라고 생각하게 될 때가 있다. 자신이 "허울을 쓰고 오라에 묶여 살아온 죄"를 지니고 있다고 생각하기도 한다. 그래서 현재 살고 있는 "허위와 속임수와 껍데기뿐인 욕망과 이 불면의 나이를 벗어버리"고 "목숨을 걸고" "귀소하고 싶어"하며, "먼 존재의 시원, 말하자면

---

2 「은어」와 「은어낚시통신」 둘 다 윤대녕, 『은어낚시통신』(파주: 문학동네, 2010[1994])에 수록된 단편소설이다. 이 단락에서 인용한 부분은 「은어낚시통신」, 108-109쪽과 「은어」, 28, 32쪽이다.

내가 원래 있어야만 하는 장소"로 돌아가는 "영원회귀"를 꿈꾼다.

　　윤대녕은 『대설주의보』에서는 "존재의 시원"으로의 "귀소"와 같은 다소 모호한 개념적 표현들을 더는 사용하지 않는다. 그러나 사람들이 현재의 허무와 무의미를 벗어버리고 본래 그래야 할 모습으로 돌아가고자 하는 것은 여전히 그의 관심사다. 「오대산 하늘 구경」은 하늘을 보며 존재의 외로움과 공허함을 무섭게 깨닫는 사람의 이야기다. 종교적 인간은 하늘을 자연계의 모든 것 중에서 가장 높고 광대한 것으로 경험해왔다. 하늘은 당연히도 세계 여러 문화의 종교적 인간들에게 절대적이고 영원하며 가장 위엄 있는 지고의 신을 상징했고 때로는 가장 높은 신 자체로 여겨지기도 했다. 그러나 「오대산 하늘 구경」에 나오는 하늘은 인간이 존재의 공허함을 느끼도록 하는 텅 빈 하늘이다. 동양화가 연미는 난생 처음 보는 투명하고 푸른 하늘의 모습에 마치 "하늘이 아예 감쪽같이 사라진 느낌"을 받는다. 그 텅 빈 하늘에 충격을 받은 그녀는 "좀처럼 움직일 엄두가 나지" 않는다(165). 그녀는 "거대한 미궁처럼 텅 비어 있는 하늘"과 같이 공허한 자신의 모습을 본 것 같다(197). 불우한 과거, 인정 받지 못하는 작품, 심한 생활고와 울증, 피상적이기만 한 인간관계까지, 연미는 힘겹게 삶을 살고 있다. 그녀가 의지하는 남자는 그녀에게 무척 잘 대해주지만 단지 자기 만족을 위해 베풀 뿐 감정의 공유는 거부한다(185). 그녀는 그들이 방문한 상원사의 동종銅鐘이 "원형을 상실"하고 소리가 변했듯 자신이 본래 살아가야 할 원형적 모습으로 살고 있지 않음을 알게 되었다(196). 연미는 텅 빈 하늘에서 "자신의 하늘"을 보고, 자신의 존재의 공허함을 깨달은 것이다 (200). 그녀의 고통을 알아본 비구니가 "이 아이는 오늘 죽었다 겨우 살아난 거야"라고 말한 것처럼(199), 삶의 공허를 깨닫고 거기서 벗어나는 것은 죽고 새롭게 태어나는 과정을 수반한다. 그녀는 비구니를 따라 지장암에 들어가 밤을 보내며 공허함의 압박을 극복한다.

  몇몇 다른 단편에서도 원래 있어야 할 자리로 돌아가는 사람들을 찾아볼 수 있다.「대설주의보」는 사랑하면서도 오래도록 엇갈린 삶을 살았던 연인이 결국 만나게 되는 것을 제자리를 찾는 모양처럼 묘사한다.「꿈은 사라지고의 역사」의 주인공은 "남들이 만들어놓은 세계에서 남의 인생을 살고 있지는 않은가"를 고민하며 현재 삶의 공허함을 채우기를 꿈꾼다(144).「풀밭 위의 점심」에서는 삶의 자리를 낯설어하는 젊은이들이, 아득한 옛날 선조들이 살았던 육지를 그리워하여 해안으로 몰려왔다가 바다로 돌아갈 때를 놓쳐 죽어버리는 고래에 대해 이야기한다(58).「여행, 여름」에서는 물고기들이 "하루 두 번씩 물이 밀려올 때마다… 떼 지어 몰려"오는 것이 "가슴 가득히 차오르는 그리움"과 같다고 말하고(252), 원래 육지에 살았던 고래가 해안에 "떼로 밀려와 죽"는 것은 바로 이 그리움 때문에 "머나먼 고향으로 돌아온 것"임을 암시한다(255, 265). 주인공들은 "우리는 누구나 삶의 일부만을 살다 가는 존재"임을 한탄한다(258). 그들은 자신들이 원래 속했던 "머나먼 고향," 혹은「은어낚시통신」에서 말했던 "존재의 시원"을 향한 "마음의 불," 즉 "그리움"이 식어가지 않기를 바라며 살아간다(259). 이제 더는 "존재의 시원"

과 "귀소"를 직접 언급하지는 않지만, 윤대녕은 여전히 "세상 풍경 중에서 가장 아름다운 풍경"은 "모든 것들이 제자리로 돌아가는 풍경"(「풍경」 중, 하덕규 사, 곡)이라고 믿고 있는 듯하다.

상처와 미움 없는 헤어짐을 위한 의례: 「보리」

「보리」의 주인공 수경은 7년 전부터 해마다 청명淸明(24절기 중 다섯째로 양력 4월 5일경)에 자신을 "보리"라고 부르는 사람을 어느 지방의 온천 부근 호텔에서 만난다. 수경이 사랑하며 기대고 싶어한 이 남자는 유부남이다. 그는 경제적 능력이 있을 뿐 아니라 "관이 향기롭다"고 표현할 만큼 고상하고 기품이 있다. 수경은 그를 보자마자 반한다. 자신을 좋아하는 준호와 결혼하는 것은 "500년쯤 묵은 느티나무 옆에 혼자 집을 짓고" 사는 것보다 못하며, 자신에게는 "가끔이라도 매달려 울 수 있는 태산 같은 남자가 필요"하다며 남자를 유혹했다(24, 25). 남자는 가정이 있는 자신이 친척이자 후배인 준호의 여자를 빼앗는다는 자책감에서 벗어나지 못하며 "하늘에서 다들 내려다보고 있겠지"라고 말하면서도 그녀를 받아들인다(26). 수경은 1년에 몇 번만 만나주면 된다고 한다. 남자가 집요하게 원하는 바를 물었을 때 "딱히 원하는 바가 없었으므로 수경은 농담조로" 앞으로 일을 하지 않고도 먹고 살 수 있는 돈을 매달 보내달라고 한다(28). 남자는 돈을 보냈고, 수경은 "그가 받아들이는 경우에만 그가 원하는 장소에서" 그를 만날 수밖에 없게 되었다.

그들이 만난 청명은 "복숭아나무에 맺힌 꽃봉오리가 이내 터질 듯"하며, "온갖 비릿한 생명의 냄새"가 나는 절기다(10-11). 죽었던 식물이 다시 살아나는 봄을 보면서 사람들은 죽음과 생명의 순환이라는 우주의 원리를 생각했다. 명계에 잡혀간 페르세폰네가 대지와 곡물의 여신인 어머니 데메테르에게 돌아와 황량한 대지에 생명이 살아난 것이다. 이들이 만났던 청명에는 봄비가 내렸다(21). 남자는 수경이 보리 같은 여자라며 "보리"라는 이름을 지어주었다. 봄비가 내리면 고향의 보리밭이 그리워지는 남자에게 수경은 봄에 "생명의 냄새"를 퍼뜨리는 보리와 같은 여자였다.

그러나 첫 만남 후 7년, 수경은 유방암에 걸리고, 남자에게 더는 생명의 냄새를 풍기는 보리가 아니었다. 암에 걸린 (그렇게 자가진단한) 수경은 남자가 원망스럽다. 그녀는 남자와의 관계 속에 "조바심"과 "알량한 패배의식"을 가지고 있었다(41). 먼저 극구 매달려 시작된 관계였기에 수경에게는 역할이 주어지지 않았다. 그에게 "기대하거나 의지할 구석이 없다는 것을 번연히 알"게 되었지만 헤어지지 못하면서 많은 상처를 받았다. "짐짓 태연한 태도"를 취했지만 그 속에는 "독기와 절망"이 도사리고 있었다(13). 절박한 질문을 던지지만 좀처럼 대꾸하지 않는 남자에게, 그녀는 만나자는 말도 쉽사리 하지 못해왔다. 수경은 1년에 한 번씩, 청명 절기에 서울에서 떨어진 온천 부근 호텔에서만 만나주는 남자와 이제 헤어지기로 한다. 애초에 남자에게 수경은 큰 의미 있는 존재가 아니었다. 자식이 없어 공허함을 호소하던 그에게 아이가 생겨 세 살이 된 후로는 그 작은 의미마저 점점 줄어들어가고 있는 듯하다. 그와 관계를 지속하는 동안 그녀 자신은 점점 낯선 존재가 되어가서, 거울을 보며 습관적으로 "너, 누구니?"라고 묻는다. 그녀는 남자가 준 돈을 모아 집을 샀고, 그 집에서 잠시라도 남자와 살아보고 싶었지만 그에게 수경의 자리는 남아있지 않은 것 같다. "사실을 사실대로 말할 수 없는 관계", 그리고 "이제는 나에 대해 아무 것도 묻지 않는 남자"와 헤어져야 하는 것이다(42).

먼저 그녀는 자신이 버린 준호에게 "더 이상의 미움은 남지 않"도록 하기 위해 전화를 건다(31). 자신이 빈궁함을 내비치고, 옛 날처럼 바쁘지 않으니 저녁 한번 사달라는 말에 준호는 웃다가 전화를 끊었고, 수경은 준호가 자신을 더는 미워하지는 않을 것이라고 생각한다. 준호에게 자신의 초라한 모습을 보여주고 먼저 매달림으로써 그가 자신을 멸시하기는 해도 힘들여 미워하지는 않도록 한 것이다.

자신의 모든 의미였던 남자와 헤어져 "혼자여도 살아갈 수 있게"(42) 되는 일은 쉽지 않아서, 의례와도 같이 조심스런 준비 절차가 필요했다. 먼저 몸을 깨끗이 했다. 만남 삼일 전에 미리 내려와 호텔에 들자마자 샤워를 했고, 다음 날 아침에도 비누를 칠해 몸을 여러 번 닦아냈다. 미리 챙겨온 손톱깎이로 첫날 저녁에 손톱을 깎았고, 그 다음 날에 발톱을 깎는다. 자신의 가슴을 과도로 도려내는 꿈을 꾸는 그녀는, 제 살을 깎듯 헤어짐을 준비하고 있다. 장례의식을 준비하는 사람처럼 몸을 깨끗이 하고는 떠나 보낼 사람과 함께

했던 시간들을 되돌아본다. 내려온 지 사흘째 되는 날 밤에는 호텔 뒤편의 보리밭이 있는 복숭아나무 아래에 "관棺처럼 몸을 뉘었다." (37) 죽음을 암시하는 이 행위가 수경에게 어떤 의미였는지 여러 해석을 할 수 있겠지만, 스스로를 죽음의 자리에 위치시키는 것으로도 볼 수 있을 것이다. 남자를 떠나 보내는 일은 그와의 관계로만 자리매김되어온 자신의 옛 모습을 보내는 일, 즉 지금까지의 자신을 죽이는 일이기 때문이다.

죽음으로 상징되는 옛 존재와의 단절이 쉬운 일은 결코 아니다. 이 책에 실린 다른 단편 「대설주의보」에도 나왔듯, "죽음에 입문"하는 상징적인 행위에 참여한 후에는 "모든 게 예전 같지 않"고, "삶의 연속성이 결여"된다(89). "시간을 감당할 수 없고," "모든 걸 처음부터 다시 시작해야만 하는 끔찍한 상황"에 빠진다. 그러나 수경의 의례는 과거의 상황을 완전히 극복하면서도 지나간 사랑과 추억을 무無로 만들지 않는 데 성공한다. 전라도의 씻김굿, 동해안 지방의 오구굿, 경기도와 황해도의 지노귀굿 등 죽은 사람을 보내는 의례의 가장 중요한 목적은 원혼이 생전에 풀지 못한 원한이나 욕구를 풀어주는 것이다. 그녀는 준호의 미움을 달래준 것처럼 자신의 상처도 달래져야만 한다는 것을 잘 알고 있는 듯하다. 남자가 도착한 날 밤, 그녀가 성관계를 거부하자 그는 수경이 떠나려 한다는 것을 알아채고 "남자가 생긴 게 틀림없어"라는, 그녀에게 "칼에 찔린 듯 깊은 상처"가 되는 말을 한다. 수경은 잠을 깨워가며 억지로 관계를 갖는 남자가 더는 자신에게 관대하지 않다는 것을 확인하고는 남자가 하는 말에 응대하지 않는다. 남자는 자신이 그녀를 사랑하고 있으므로 보낼 수 없다, 우리는 7년이나 만나왔다는 등의 말로 헤어짐을 거부하고 그녀를 잡으려 한다. 두 사람의 관계 속에서 일방적으로 수동적이던 위치가 역전되고, 대꾸되지 않은 절박한 질문을 하는 사람도 뒤바뀌었다. 더는 미련이 남지 않게 된 것은 남자가 "네 마음대로 왔다가 네 마음대로 가는 게 아니야!"라고 말한 뒤였다. "그 말을 듣는 순간 수경의 얼굴에 그토록 오래 기다렸던 미소가 번졌다. 그에게 더 이상 미련이 남지 않게 된 것이다."(42)

종교적인 의례가 인간이 삶의 영역에서 살아갈 수 있도록 질서를 세워주고 의미를 부여해주는 것처럼, 수경의 의례는 성공적이었다. "스스로 구원 받았음을" 깨달았고, "그러니 이제 혼자여도 살아갈 수 있게 되었다"는 구절에서 알 수 있듯(42), 수경은 그 없이는 살 수 없었지만 이제는 그가 없어도 살 수 있게 되었다. 오랜 상처와 무력한 존재감을 버렸기에, 헤어지면서 사랑했던 기억과 모든 추억을 모두 무無로 돌리거나 증오로 아픔을 덮지 않을 수 있다. 그래서 소설은 다음과 같은 수경의 독백으로 마무리된다. "아침이 오면 당신과 헤어져야겠지만, 내 어찌 너를 미워할 수 있겠는가. 또한 보리라는 이름을 내 평생 어찌 잊을 수 있겠는가."(43)

원래 혼자인 존재를 감당하며 살아간다는 것: 「꿈은 사라지고의 역사」

많은 시인, 예술가, 철학자들이 인간은 고독을 안고 사는 존재라고 이야기해왔다. 그것을 느끼지 못하는 사람들도 있겠지만, 많은 사람들이 인간이기에 느끼게 되는 공허함과 외로움으로 힘겨워한다. 단란한 가정이 있고 안정된 사회적 지위를 누리는 사람도 채워지지 않는 삶의 공허함으로 괴로워하고 자신의 존재 자체가 무거워 감당하기 어려워하기도 한다. 「꿈은 사라지고의 역사」에서 "꿈"은 이러한 삶의 공허함을 채우려는 갈망일 것이다. 이 꿈을 품고 살아가는 주인공과 그의 삼촌의 인생사가 이 단편소설의 중심 내용을 이룬다. 소설에서 삼촌이 즐겨 불렀고 주인공의 평생 애창곡이기도 한 〈꿈은 사라지고〉는 1958년 개봉한 영화 《꿈은 사라지고》의 주제곡으로 주인공 최무룡이 불러 널리 알려진 노래다. 가사가 소설 속에서 한 번도 언급되지 않기에 소개할 필요가 있을 것 같다.

〈꿈은 사라지고〉 김석야 사, 손석우 곡

나뭇잎이 푸르던 날에
뭉게구름 피어나듯 사랑이 일고
끝없이 퍼져나간 젊은 꿈이 아름다워
귀뚜라미 지새울고
낙엽 흩어지는 가을밤에는
아아 꿈은 사라지고 꿈은 사라지고
그 옛날 아쉬움에 한없이 웁니다.

군인이던 삼촌은 아름다운 젊은 꿈이 사라진 것이 아쉬워 한없이 운다는 이 노래를 불러 어린 조카에게 가르친다. 노래를 배운 주인공은 청승맞다고 매를 맞으면서도 이 노래를 평생 놓지 못하고 산다. 주인공은 대학에 들어간 후 학교 앞 카페 여주인 은주와 이 노래를 부르며 사랑에 빠진다. 아마도 여섯 살 연상에 아이까지 딸린 이혼녀인 그녀와의 관계는 삼촌만 이해할 수 있을 것이라고 생각했던 듯하다. 삼촌에게 소개하는 자리에서 은주는 영화《꿈은 사라지고》의 다른 주제곡인 "나는 가야지"를, 그리고 주인공은 "꿈은 사라지고"를 불렀다. 옛 꿈을 잊고 지내던 삼촌은 노래를 들으며 충격에 빠진 듯 꿈을 기억해낸다. 삼촌은 은주와 결혼을 하게 되고, 주인공은 애인이 숙모가 된 현실을 받아들인다.

　숙모가 된 은주와 삼촌은 오래가지 못했다. 숙모와 헤어진 뒤, 원래 성격이 거칠고 고향에서 유명한 주먹이던 삼촌은 여기저기 떠돌며 목욕탕을 전전하며 살아간다. 반면 조카인 주인공은 평탄한 인생을 살아간다. 금융업에 종사하며 의사인 여자를 만나 결혼하고 아들과 딸을 낳아 강남의 아파트를 소유하며 남부럽지 않은 생활을 한다. 그러나 마음 속에는 자신이 "어쩐지 꿈이 없는 인생을 살고" 있다는 생각, "남들이 만들어 놓은 세계에서 남의 인생을 살고 있지는 않은가" 하는 생각이 떠나지 않는다(144). 그 공허함은 평탄한 인생에서 일탈하는 충동으로 이어진 듯하다. 회식 자리에서 "꿈은 사라지고"를 오랜만에 부른 후, 자신의 노래를 좋아하는 부하 여직원 정희와 내연관계를 시작하게 된다. 외롭다는 그녀에게 인생의 공허함을 토로하며, "왜 우리는 늘 비석 없는 무덤들처럼 공허한 것일까. 여름 한낮 햇빛에 뜨겁게 타고 있는 빈 마당을 볼 때처럼. 다만 혼자일 뿐인데, 실은 나도 그게 견디기 힘들어"라고 말한다.(148)

옛 애인이자 숙모인 은주와 내연의 애인 정희는 딸을 가진 이혼녀라는 공통점이 있다. 하지만 중요한 것은 두 사람 모두 "꿈은 사라지고"를 좋아하고 이해한다는 점이다. 인생의 공허함으로 힘들어하는 주인공을 보듬고 공허를 함께 채워가려 한 여자들이다. 그런데 주인공에게 그 인간 존재의 외로움과 인생의 공허함을 일찌감치 가르쳐준 사람은 바로 삼촌이었다. 주인공이 일곱 살이던 때, 휴가 나오는 중 기차에서 시비가 붙은 장교를 때리고 밖으로 던졌다는 삼촌은 "도대체 어쩌려고" 그랬냐는 어린 조카에게 말한다.

> 존재가 원래 혼자라는 뜻이라는 건 알겠는데, 저 들판의 비석 없는 무덤처럼 말이다. 그게 가끔 감당하기 힘들다고 생각할 때가 있는 것이다. … 문득문득 모든 것이 사라져버린 느낌이 들어. 여름 한낮에 하얗게 타고 있는 빈 마당을 바라볼 때처럼. 그러다 숨이 멎듯 그 느낌조차 사라지지.(129)

"들판의 비석 없는 무덤과 같이 혼자"인 인간 존재를 절감하고 그 공허함을 버거워하는 삼촌의 이 말이 "꿈은 사라지고" 노래처럼 조카에게 그대로 이어져, 마음에 담아졌다. 주인공은 그 말을 자신과 통하는 애인에게 그대로 토로하게 된 것이다. "되찾은 꿈인 듯 소중

하게 사랑을 나누곤 했다"는 회고에서 볼 수 있듯이(148), 주인공이 바람피우는 것은 공허를 채우고 꿈을 찾기 위해 발버둥치는 것으로 그려진다.

그러나 그는 아내에게 돌아간다. 사실 아내는 그와 잘 맞지 않았다. 그녀는 "사는 게 무슨 한여름 밤의 꿈인 줄" 아느냐며 그의 태도를 비웃었다. 그래서 주인공은 "계속 꿈이나 꾸며" 살고 싶다며 이혼을 하자고 했지만 아내는 그를 놓아 주지 않았다(151). 그가 아내에게 돌아간 것은 현실이 꿈보다 더 외롭고 아프기 때문이었다. "울고 있는 아내의 등을 내려다보는 일은 꿈을 꾸는 일보다 더욱 고독하고 뼈아픈 일이었다."(152) 그는 존재의 공허감을 절감하는 것보다 자신의 부정 때문에 눈물을 흘리는 아내의 뒷모습이 더 고독하고 아프게 느껴졌다. 인생의 공허와 존재의 외로움에 진실하게 맞서는 사람이라면 자신으로 인해 고통스러워 하는 다른 사람의 아픔 역시 느낄 수 있는 순수한 마음이 남아있기 때문일 것이다.

삼촌도 꿈과 현실 사이에서 부딪히는 극심한 고통을 경험하며 살았다. 결혼 후 아내가 조카와 깊은 관계였다는 것을 뒤늦게 알게 되고는 아내를 반복해서 폭행했다. 아내를 사랑하면서도 원망하던 그는 그녀를 떠나보내는 것이 "서로 살 길"이라는 것을 깨달아 아내와 딸을 캐나다로 이민 보낸다(156). 자신은 일정한 거처 없이 목욕탕을 전전하며 살아간다. 젊은 시절 기차에서 내던진 사람의 망령이 뒤를 따라다녀 밤마다 악몽을 꾸지만 웬일인지 목욕탕에 들어가면 망령이 괴롭히지 않는다는 것이다. 삼촌은 폭력적이고 거칠면서도 다른 사람의 아픔을 외면하지 못하는 사람이었다. 첫사랑이자 아내인 은주의 전화번호를 평생 품고 다녔고, 조카의 애인을 빼앗았다는 미안한 마음도 버리지 못했다. 서울의 빌딩은 캐나다로 간 아내의 명의로, 시골의 기와집과 전답은 조카의 명의로 일찌감치 변경했다는 것은 그가 심근경색으로 쓰러져 식물인간이 되어버린 후에 알려졌다. 삼촌을 간호하기 위해 캐나다에서 돌아온 숙모와 주인공은 자신들이 삼촌을 사랑한 것이 아니라 삼촌이 자신들을 사랑했다는 데 동의한다. 그는 존재의 고독과 꿈을 이해하고 함께 한 조카와 아내, "꿈은 사라지고"를 함께 좋아한 두 사람을 사랑했다. 현실보다는 꿈으로 연결된 두 사람과의 관계라고 할 수 있을 것이다. 그러나 그 두 사람의 사랑을 방해하고 말았다는 것은 아픈 현실이었다. 인간 존재의 외로움과 공허함을 절감하고 이를 벗어나는 꿈을 꾸는 우리 현대인들은 꿈과 현실 사이의 고통을 경험할 수밖에 없을 것이다.

chapter **09**

우리 시대의 사제

오쿠다 히데오, 『면장 선거』
윤대녕, 「천지간」*

현대인의 불안은 인간의 불안이다

『면장 선거』에서 오쿠다 히데오는 신경정신과 의사 이라 부를 내세워 현대인이 안고 있는 정신적 문제를 코믹하게 짚어낸다. 책에 포함된 두 번째 단편 「안퐁맨」에서는 남들보다 우월하다고만 생각하는 성공한 벤처 기업가 다카아키가 "청년성 알츠하이머" 진단을 받는다. 남들에게 지는 것을 싫어하던 그가 고개를 숙이는 법을 배우며 문제를 해결하는 과정이 그려진다. 「카리스마 직업」에서는 44세의 나이보다 젊어 보이는 외모로 인기를 얻은 여배우 가오루가 인기와 직결되는 젊음과 아름다움에 집착하여 불안에 시달린다. 본래의 자신과는 다른 모습이 "자기 자신인 척"하면서 이중적 모습으로 사는 현대인의 모습을 보여주었다.[1] 치열한 경

---

* 오쿠다 히데오, 『면장 선거』, 이영미 역(서울: 은행나무, 2007[2006]); 윤대녕, 「천지간」, 『많은 별들이 한 곳으로 흘러갔다』(파주: 문학동네, 2010[1999]).

1 수많은 신화가 이중 정체성을 지닌 인간에 대하여 이야기한다. 다른 사람의 정체성을 가지고 살면서, 그것이 진짜 자기 자신인 척 하는 사람의 신화도 많이 있다. 신화 속 이중 혹은 다중

쟁사회에서 이기는 것만을 추구하는 태도나, 인기를 유지하기 위해 외모에 집착하는 모습과 같은 현대인의 불안과 관련된 문제들이 이 두 단편에서도 적나라하게 나타난다. 하지만 여기서는 좀더 직접적으로 종교와 관련된 문제점과 이에 대한 종교 의례적 해결 방식이 뚜렷하게 드러나는 첫번째 단편 「구단주」와 마지막의 「면장 선거」를 중심으로 논의를 전개할 것이다. 이어서 현대인들이 당면한 문제를 종교 의례적 방식으로 해결하는 사례를 하나 더 찾아보기 위해 윤대녕의 「천지간」을 살펴보도록 하겠다.

『면장 선거』에서 주인공 이라부는 의사이면서 대형병원 소유주의 아들이다. 현실적으로 두려워할 것이 없는 위치에 있는 것이다. 정신과 의사인 그는 꼭 의학적으로 타당한 방식으로만 환자를 치료하지 않는데, 이것은 그를 종교 전문인처럼 보이게 만든다. 그를 만나러 오는 환자들은 병과는 아무 상관도 없는 포도당 주사나 영양제 주사를 맞는다. 거부하는 사람도 완력을 사용하여 강제로 주사를 놓거나, 매력적인 간호사 마유미가 미니스커트를 입고 가슴이 드러나도록 단추를 풀러 환자들의 눈길을 사로잡는 사이 주사를 놓는다. 누구나 병과 상관 없이 주사를 맞는 것은 의사 이라부의 의례 집행자로서의 권위가 인정된다는 것이다. 의례는 그 의미 못지않게 체계적 절차, 즉 규정된 절차대로 규정된 시간에 시행하는 것

정체성을 보려면 Wendy Doniger, *The Woman Who Pretended to Be Who She Was: Myth of Self-Imitation* (Oxford: Oxford University Press, 2005)을 참조할 것.

이 중요하다. 주사를 놓는 행위는 반드시 이루어져야 하는 의례적 절차다. 마유미는 유능한 의례 조수다. 펑크 락 밴드에서 기타를 치는 괴짜이면서 항상 불만스런 표정을 짓지만, 집행자인 이라부나 의례 의뢰자들이 못된 행동을 하면 철제 대야로 머리를 내리쳐 징벌하기도 한다.

현대인도 사제가 필요하다: 「구단주」

첫 단편 「구단주」에서 이라부의 도움을 받는 사람은 일본 최고의 발행부수를 자랑하는 신문사의 대표이사이며 인기 프로야구단의 구단주 미쓰오 다나베 회장이다. 그는 불면증에 시달리며(13), 어두운 곳에 있는 것을 무서워한다. 죽음에 대한 불안 때문에 자는 것 자체가 두렵고, 어둠도 그 너머에 있다고 생각되는 죽음을 연상시켜서 무섭다(15, 22). 시간이 지날수록 두려운 것이 점점 더 늘어나서, 죽은 후 들어가게 될 관을 연상시키는 좁은 장소나 밀폐된 공간에서도 견딜 수 없고, 플래시가 터지며 만드는 강한 빛은 열반 혹은 천국을 보여주는 듯하여 현기증을 불러일으킨다(24, 29, 30, 35). 이라부가 은퇴를 권했을 때 미쓰오 회장은 자신에게는 일본을 위해 해야 할 사명이 남아 있고 이를 수행할 능력도 있다며 일축한다. 하지만 그가 은퇴를 꺼리는 더 중요한 이유는 "아무도 필요로 하지 않는 존재가 되면 순식간에 늙어버릴 것"이 무섭기 때문이다(39). "사람들에게 잊힌 뒤에 치르는 쓸쓸한 장례식은 더더욱 참을 수" 없는 것이다(51).

불로초를 찾으려 애쓰던 진시황 이야기에서 볼 수 있듯이, 이 세상에서 부와 권력을 누리는 수많은 사람은 죽음을 피하고 싶어한다. 현재 살고 있는 세상에서 떠나면 지금 누리는 모든 것은 물론 자신의 존재도 소멸될까 두려운 것이다. 현대인은 죽음 자체뿐 아니라 남들에게 잊혀지는 것도 무서워한다. 많은 연예인이 자살을 하는 이유 중 하나가 잊혀지는 것에 대한 두려움이라는 것은 잘 알려진 사실이다. 미쓰오에게는 '외로움'이라는 문제도 있다. 그는 남들이 보는 것과는 달리 원래 외로움을 많이 타는 사람이었고, 몇 해 전 아내가 죽은 뒤로 외로움이 더 심해졌다. 죽음에 대한 불안, 잊혀지는 것에 대한 두려움, 그리고 남들 앞에서는 표현하지 못하는 외로움. 비종교적인 현대인들은 이런 문제에 대한 해결책을 많이 상실했다.

이라부가 절망적 현대인들에게 해결책을 제시하는 모습에서 종교의 사제나 선지자가 감당하던 역할을 수행하고 있는 것을 볼 수 있다. 정치가들도 머리를 조아리는 최고의 언론 권력자인 미쓰오는 어디 가나 "왕 같은" 귀빈대접을 받았다(24, 25, 45). 그런 그에게 이라부는 무례하기 이를 데 없다. 농담을 아무렇지도 않게 던지는 것은 물론, 때로는 큰소리를 치고 폭력까지 행사하며 강제로 주사를 놓는다. 마치 왕에게도 큰소리를 치던 구약성서의 선지자처럼, 누구라도 따라야 하는 의례의 과정을 주도하는 사제처럼 말이다. 원시사회와 근대 이전의 여러 전통사회에서 종교전문인이 병을 다스리는 역할을 한 것은 잘 알려진 일이다. 우리 조상들은 아픈 사람을 의원보다 무당에게 더 많이 데려갔고, 아메리카 원주민의 종교전문인은 '주술의呪術醫 medicine man'라고 불리지 않는가.

이라부는 미쓰오에게 두 가지 해결 방법을 제시한다. 첫째는 은퇴다. 자신의 일을 마무리하고 "하늘에서 불러주는 날"을 조용히 기다리는 것이다(68). 사람이 스스로 죽음을 각오하고 그것을 기다리는 일은 쉽지 않다. 죽어도 괜찮다, 더 좋은 하늘의 세계가 기다리고 있다는 확신은 전통적으로 종교가 부여해왔다. 하지만 이 소설에서는 신경정신과 의사 이라부가 그 일을 맡고 있다. 죽어가는 환자에게 병자성사[2]를 행하는 사제처럼, 이라부는 비종교적인 생활 패턴에 따라 살아가는 현대인 미쓰오에게 죽음에 대한 불안을 덜어준 것이다. 미쓰오는 "이라부의 말대로 언제 죽어도 좋다고 마음먹었기 때문"에 불안이 사라졌다. 둘째는 "생전 장례식"이다(52). 은퇴 후 대형 홀을 빌려 장례식을 하듯 무대에 제단을 만들고 그 위에 관을 올려놓는다. 일본 수상이 조사弔辭를 하고, 사람들이 헌화와 분향을 하는 동안 미쓰오는 죽은 사람처럼 관 옆에 조용히 앉아 이를 지켜본다. 지금까지의 삶과 이별할 수 있는 의례적 장치를 제공하는 것, 이것은 일종의 통과의례rites of passage다. 통과의례를 거치는 사람

---

2 세례성사, 견진성사, 성체성사, 고해성사, 혼배성사, 신품성사와 함께 가톨릭 교회의 7성사 중 하나로, 사제가 몸이 아픈 신자에게 성유(聖油)를 바르며 회복을 기원하는 성사다. 원래는 죽을 위험에 처한 경우 한 번만 받을 수 있었으나, 제2차 바티칸 공의회(1962~1965) 이후 횟수와 관계 없이 사제에게 청할 수 있게 되었다.

은 이전의 삶의 질과 지위를 떠나 새 지위와 통합된다.[3] 많은 사람의 주목을 받으며 중요한 위치에 있지만 죽음을 두려워하여 정신과 의사를 찾아온 미쓰오에게, 이라부는 이전의 삶의 형태와 분리하고 새로운 삶의 형태로 통합되도록 하기 위한 공식적인 의례를 처방했다. 의례는 결과를 발생시키고 일을 수행한다.[4] 생전 장례식은 이전의 존재가 죽는다는 상징적 선언이다. 이 의례를 통해 이전의 존재와 결별한 미쓰오는 더는 불안에 시달리지 않는 새로운 존재가 된다. 처방약이 아니라 입사식入社式 initiation rites을 통해 치료가 된 것이다.

공동체의 갈등은 공동체 의례로 해결한다: 「면장 선거」

이라부는 일본의사협회 이사인 아버지의 체면을 살리기 위해 인구 2,500명의 작은 섬마을로 두 달간 파견된다. 그는 단지 포르쉐 자가용을 새 것으로 바꿔준다는 약속 때문에 왔고, 섬에서 즐겁게 대접받으며 놀다가 돌아갈 생각만 하고 있다. 하지만 아이부터 노인까

---

[3] 아놀드 반 즈네프(Arnold van Gennep)는 일반적으로 통과의례가 세 단계로 이루어졌다고 설명했다. 반 즈네프의 지적대로, 먼저 과거의 상태에서 '분리(separation)'되는 단계를 거쳐, 혼란과 고난을 통해 새로운 힘과 지위를 부여받는 '전이기(transition)'를 지나고, 새로운 공동체나 단계에 '통합(incorporation)'되는 형태를 많은 의례에서 볼 수 있다. Arnold van Gennep, *The Rites of Passage*, trans. Monika B. Vizedom and Gabrielle L. Caffee (Chicago: University of Chicago Press, 1960[1909]), pp. 1-12. 통과의례에 대한 개설적 설명을 보려면 졸저 『종교적 인간, 상징적 인간』, 114-50쪽을 참조할 것.
[4] 의례가 '어떤 일을 수행하는지'에 초점을 맞춘 연구에 대해서는 캐서린 벨이 정리한 다음 두 문헌을 참조할 것. Catherine Bell, *Ritual Theory Ritual Practice* (Oxford: Oxford University Press, 1992), pp. 88-93; *Ritual: Perspectives and Dimensions* (Oxford: Oxford University Press, 1997), pp. 118-19.

지 누구에게나 스스럼없이 대하는데다가, 각종 의료기기를 들여놓고 주민들에게 무료로 사용하게 하는 등 선심을 써서, 섬의 노인들과 금방 친해진다. 도쿄에서 2년 기간으로 파견근무 나온 공무원 료헤이는 이라부를 이해할 수 없다. 면장 선거를 앞두고 섬 전체가 두 파로 나뉘어 싸움에 빠져있는 상황에서, 료헤이는 양편 모두에게 끌려다니며 그들의 편이 되도록 강요 받는다. 두 편 모두에게 돈까지 받았으나 어느 한 편도 들 수 없어서 더 신경이 쇠약해지고, 이로 인해 끔찍한 복통까지 앓게 된다. 하지만 이라부는 양편 모두의 극진한 대접을 받아가며 그 상황을 즐기고 있었다. 사무용 의자 대신 커다란 1인용 소파에 앉은 이라부의 모습을 보고 료헤이는 "사이비 교단의 교주"를 떠올렸다(218).

"면장 선거는 섬 전체가 참여하는 싸움 축제"로 인식되며, 화려할수록 좋은 축제의 특성상 평화롭고 공정한 선거는 기대할 수 없는 상황이다(278). 선거를 치르는 양 진영은 이 싸움이 외딴 섬마을에 활기를 불어넣으며 경쟁적으로 공공사업을 끌어오게 하는 등 긍정적인 사회적 기능을 한다는 사실을 잘 알고 있다. 적대 관계에 있는 양편 모두 "우린 모두 섬을 사랑한다. 그렇기 때문에 싸우는 거야"라는 말에 동의한다. 그러나 엄청난 금액을 쓰는 등 너무나 소모적으로 싸워대고, 이긴 편이 모든 것을 누리게 되는 부정적인 결과도 만만치 않다. 이라부가 이 문제를 해결하게 된다.

이라부는 선거 진영의 이름으로 노인전문 요양시설을 유치하는 일에 협조하겠다는 명목으로 양편에게서 큰 돈을 받고 어쩌다가 양편에게 약속까지 해버린다. 그러다가 결국 이것이 들통나 곤란에 빠지게 된다. 처음에는 가위바위보를 해서 이긴 쪽 편을 들겠다고 했다가 반대에 부딪히자, "장대 눕히기" 대결을 해서 이긴 편을 돕겠다고 "될 대로 되라는 식으로 내뱉었다."(291) 공무원 료헤이는 민주국가에서 사실상 무력 충돌인 장대 눕히기로 의사 결정을 하는 것이 말이 되지 않는다고 펄펄 뛰지만, 10년 전까지 50회에 걸쳐 매년 장대 눕히기를 한 역사가 있는 섬마을 사람들은 이라부의 결정이 "하늘의 계시 같은 건지도" 모르겠다고 받아들이고 장대 눕히기 대결을 하기로 한다. 여기서 이라부는 하늘의 계시를 전하는 선지자 혹은 예언자의 역할을 수행한다. 선지자 이라부는 의례의 가치를 강조하고 집행하는 사제이기도 하다. 그가 전한 문제의 해결책은 장대 눕히기라는 공동체 의례를 하라는 것이었으며, 실제 의례 현장에서는 심판이 되어 의례 시작을 알리고 결과를 최종적으로 결정하는 위치에 선다.

이 소설의 배경이 21세기인 것을 감안하면 이 해결 방법은 원시적으로 보이기까지 하지만 결과는 매우 효과적이다. 마을 공동체 의례를 통해 마을의 갈등을 해결하는 방법은 대부분의 전통사회에서 찾아볼 수 있다. 우리나라에도 고싸움놀이, 차전놀이, 투석전 등 싸움 형식의 공동체 의례들이 있었다. 이 의례는 새로운 질서를 회복하기 위해 혼돈의 상태를 만들어내는 의미가 있다. 의례를 통해 임시로 만들어낸 혼돈의 상태가 끝나면 공동체에 질서가 수립될 수 있는 것이다. 여러 종교연구자가 이런 상황에 주목했다. 예를 들어,

엘리아데는 혼돈과 갈등을 유발하는 의례는 질서가 수립되기 이전의 태초의 신화적 상황을 재현하는 것이며, 이후에 창조 및 재생의 질서화된 상황이 이어진다고 설명했다.[5] 또한 터너Turner는 아프리카 마을들의 사례를 조사하여, 구조화된 사회 질서를 임시로 무너뜨리는 의례가 결국 구성원들의 사회적 결속을 유발하는 기능을 한다는 것을 밝혀내기도 했다.[6] 소설에서 장대 눕히기 이후의 상황을 묘사하지는 않으나, 마을 사람들이 그 결과가 어떻든 승복하기로 동의하는 것으로 보아, 질서가 회복될 것임을 예상할 수 있다.

장대 눕히기를 준비하는 장면은 공동체 의례가 종교적이던 근대 이전의 사회 모습을 짧게나마 제대로 보여준다. 장대는 신사 창고에 보관하고, 이를 끌어낼 때는 신사의 신관에게 부적을 받는다. 종교적이지 않은 공무원 료헤이도 "왠지 모르게 신성하게 느껴졌기 때문"에 "고분고분한 마음으로 고개를 깊이 숙였다."(295) "관례는 15세"라는 전통적 관념을 따라 투표권이 없는 미성년을 포함하여 15세 이상 남자들이 시합에 참여한다. 선수들이 등장하기 전에는 액을 쫓기 위해 시합장인 운동장에 소금을 흩뿌리는 의례가 수행된다. 행운을 가져온다는 콩도 허공에 뿌려진다. 고도로 발전된 대도시에 사는 현대인의 잣대로 이들을 평가하던 료헤이는 섬 주민들 나름의 방식으로 섬이 작동되고 있음을 인정한다. "더 이상 도쿄

---

5 Mircea Eliade, *The Myth of the Eternal Return,* trans. Willard R. Trask (Princeton: Princeton University Press, 1991[1949]), pp. 51-61.
6 Victor Turner, *The Ritual Process: Structure and Anti-Structure* (Hawthorne, New York: Aldine de Gruyter, 1995[1969]). 특히 3장과 5장을 참조할 것.

의 잣대로" 평가할 수 없는 일이 "21세기인 오늘날에도 민주주의가 통용되지 않는 섬"에서 행해지고 있고(298), 우리 시대에도 "시대를 초월한 의식"이 필요한 공동체가 여전히 남아있는 것이다(301).

삶을 살아가도록 하는 누구나 사제의 역할을 한다:「천지간」

비종교적 현대인이 그 나름의 종교적 의례를 통해 살아가는 데 도움을 얻는 모습은 현대의 여러 이야기에서 찾을 수 있다. 예를 들어, 영화《마더》(2009)는 종교와 무관한 어머니(김혜자 분)가 인생의 굴곡을 극복하며 살아가기 위해서 스스로 의례 수행자가 되는 모습을 보여준다. 정신지체자인 아들은 자신에게 유리한 것, 자신이 기억하고 싶은 것만 기억하고 자신에게 불리한 것은 잊어버릴 수 있다. 그러나 평범한 사람들의 기억 속에는 잊고 싶은 것들이 남고 남겨야 할 것들은 쉽게 지워지곤 한다. 그래서 어머니는 자신에게 유리한 기억을 하기 위해 머리 양 옆을 마사지한다. 아들을 죽이려 했던 일, 살인한 일, 다른 사람에게 누명을 씌운 일 등 기억에 남으면 현실 속에서 살아가기 어려운 일들을 잊기 위해서 허벅지의 무릎 위 세 치 자리에 침을 놓는다. 그녀는 그곳에 침을 놓으면 기억하지 말아야 할 것을 잊어버리게 된다고 믿고 있다. 이 영화에서 가장 중요한 의례는 어머니의 춤이다. 영화는 어머니의 춤으로 시작하여 춤으로 끝난다. 춤은 예로부터 여러 종교의례에서 비중이 컸다. 특히 사람에게 해를 끼치는 악한 기운인 살煞과 나쁜 운수 액厄을 없애기 위한 무속의례인 굿에서 춤은 빠질 수 없는 과정이다. 어머니의 춤은 자신이 한 일을 기억 속에서 지워버리는, 다시 말해 있었던 나쁜 일을 없는 것으로 만드는 의례의 과정으로 이해할 수 있다. 아들이 살인한 것을 목격한 노인을 죽이고 그의 거처를 불태운 후 정신줄을 놓았던 어머니는 언덕에 올라가 혼자 춤을 추고 난 후 아무 일도 없었던 듯이 일상에 복귀할 수 있었다. 아들이 어머니의 살인을 알고 있다는 것을 암시할 때도 허벅지에 침을 놓은 후 춤을 춘다.

윤대녕의 단편소설 「천지간」의 전체 내용도 의례 수행 과정으로 이해할 수 있다. 윤대녕은 이 소설로 1996년에 최고 권위의 이상문학상을 수상했지만, 이 소설을 그다지 높이 평가하지 않는 사람도 많다. 예를 들어 문학평론가 김화영은 이 소설이 불교적 "인연"을 매개로 하고 있다고 해석하고, 전체 내용이 "우연의 작위성"에 의지하고 있다고 비판한다.[7] 김화영처럼 불교적 인연을 중심으로 소설을 이해하면 그 인연의 연결 고리가 작위적 우연으로 보일지도 모른다. 이 소설에서 말하는 "우연 혹은 인연의 끈"(211)은 근거와 이유를 갖추지 않은 것이 사실이다. 그러나 죽음을 경험한 사람, 책의 표현을 빌리자면 "죽음의 색"을 본 사람이 다른 사람에게서 그 죽음의 색을 보고 그를 살리고자 시도하는 것이 반드시 작위적인지는 다시 생각할 필요가 있다. 주인공이자 화자인 30대 초반

---

7 김화영, 「별을 찾아가는 그림: 윤대녕 론」, 『많은 별들이 한 곳으로 흘러갔다』 작품 해설, 412쪽.

의 남자는 외숙모의 부음을 듣고 광주로 내려간다. 사람의 의지가 죽음에 큰 영향을 끼친다는 것을 암시하려는 듯, 작가는 외숙모가 암으로 길어야 3개월을 넘기지 못할 것이라는 판정을 받았지만 9개월을 살고 기어이 큰아들의 대학 합격통보를 듣고 숨졌다는 내용으로 소설을 시작한다. "달리 설명할 도리"가 없는 현상이 인간에게는 있는 것이다(180). 종교학자들은 그런 현상을 평론가처럼 "우연의 작위성"이라고 여기는 대신, 우리가 경험할 수 있는 인간 현상으로 받아들인다.

누가 보기에도 상가에 가는 차림인 검은 양복에 검은 넥타이를 맨 남자는 광주 터미널에서 부딪힌 여자의 얼굴에서 "구 개월 전 암 선고를 받은 뒤 외숙모의 얼굴에 드리워져 있던 차디찬 죽음의 그림자를 엿보"게 된다. "크나큰 당혹감이 천둥처럼 지나가고 나서 그리 길지도 않은 사이에 그녀의 얼굴에 뒤덮이던 적막한 체념의 그림자. 그것은 이미 죽음을 받아들인 자의 모습이라고 해도 좋았다."(184) 이 죽음의 그림자가 남자의 "덜미"를 잡아 여자를 따라 완도 구계등 바닷가까지 가게 만들었다. 죽음을 인정하고 죽은 자를 보내려 문상을 가다가, "산 죽음"(186)이라고 부를 수 있을 정도로 "죽음을 뒤집어쓰고 있는 여자"를 만나고, 그녀에게 생에 대한 미련이 조금이나마 남아 있다는 것을 감지하는 주인공은 무당 혹은 선지자처럼 이 세상의 논리로는 설명할 수 없는 어떤 힘을 감지하고 보는 능력이 있는 사람이다.

그 능력은 자신의 경험에서 비롯되었다. 그는 어려서 물에 빠졌을 때와 군에서 지뢰를 밟았을 때 죽음에 가까운 경험을 했고, 죽음의 빛과 색을 봤다. 죽음을 앞에 두고 그는 하얀색이 아닌 흰색(혹은 백색)을 보았고, 완도의 횟집에서 죽지 않은 채로 칼질을 당한 감성돔에서 같은 흰색을 보았다. 그는 이 흰색을 살아있는 자에게서 보이는 죽음인 "산 죽음"의 색으로 느꼈다. 여자와 그가 투숙한 여관 겸 식당 주인의 말대로 "천지간 사람이 하나 들고 나는 데 무슨 자취가 있을까"만은, 죽음의 색이 드리워진 사람을 살리려는 사람에게 그 사람의 생명은 천지간 전부와도 같은 의미일 수도 있다(194). 게다가 그는 어린 시절 물에 빠진 자신을 구하려다 대신 죽은 친구로 인해 "나도 구해진 목숨이다. 더욱이 새빨간 목숨으로 구해진 목숨이다"라는 생각을 버리지 못하는 사람이었다(186, 204). 여자를 따라간 남자는 그녀를 멀리서 지켜보고, 마지막 희망의 끈처럼 남자를 데려간 여자는 그에게 다가가지는 못한다.

이들이 내려오고 맞는 두 번째 새벽, 바닷가에서는 죽은 자를 보내는 의례가 행해진다. "소리를 얻고 돌아갈 작정으로 내려온"(206) 스무 살 안팎의 소리꾼들 중 하나가 바다에 몸을 던져 죽었다. 무당들이 바다에 빠져 죽은 이의 넋을 건지기 위한 굿을 한다. 바다에 쌀을 뿌려 잡귀를 쫓고 한지 한 장을 물 위에 띄워 죽은 이의 머리카락을 얻으려 한다. 무당들이 돌아갈 때쯤, 어디론가 사라졌던 여자가 남자의 방으로 찾아오고 두 사람은 성관계를 갖는다. 관계 중 남자의 눈앞에 감성돔 회 빛깔인 백색이 떠오른다. 여자는 "산 죽음"의 색을 지녔던 것이다. 소리꾼들이 죽은 동료의 넋을 달래려 부른 심청가의 내용처럼, 남자는 심청이와 인당수 밑에 누워 두런거리고 있는 것 같은 기분으로 여자와 새벽을 보내다 잠들었고, 깨보니 여자는 요 위에 머리카락을 몇 올 남기고 떠났다.

그 여자와 밤을 보내며 들은 기억을 더듬어 보니, 그녀는 임신 중이었다고 했다. 아이 아버지에게 한 달 전 버림을 받고 죽기 위해 완도를 향해 가다가, 상복을 입은 남자를 보았다. 그를 본 순간 자신이 죽으려 한다는 사실을 깨달았고, 뱃속에 아이가 있다는 것이 생각났다. 죽음의 옷을 입은 남자가 죽으려는 자기와 아이를 살릴 수 있지 않을까 라고 생각하여 남자를 데리고 오다시피 하여, 자신이 아이 아비와 관계를 맺었던 곳에 와서 낯선 남자와 관계를 갖는다. 여자는 보리가 팰 때 결혼식을 올리자는 약속을 믿고 몸을 맡겼다. 약속을 저버린 사랑에 괴로워하다가 자살까지 결심한 것을 보면 그녀에게 사랑은 매우 중요한 일이었을 것이다. 여자는 자신의 사랑과 상대의 거짓 그리고 뱃속의 아이의 생명이 시작된 장소에 와서 죽음으로 그 시작을 되돌리고자 했다.

여자가 그와 "관계를 원한 건 자신의 전생을 지우기 위함이었다. 말하자면 아이는 살리되 아이의 아비에게서는 그만 놓여나기 위함이었다."(227) 여자의 죽음의 그림자를 알아본 남자와 그를 통해 자신이 죽으려 한다는 것을 알아본 여자의 성행위는, 임시적 관계 설정을 통해 이전의 관계를 청산하는 의례의 기능을 한다. 동시에 이전의 관계는 정리하되 그 관계를 통해 생긴 생명을 살리는 의례다. 결혼을 약속하고 목숨을 다해 사랑한 사람과의 관계를 무효

화하기 위해 낯선 사람과 임시적 관계를 맺는 것이 현실 사회에서 결코 바람직한 일은 아닐지라도 소설 속에서는 신화적 정당성을 얻는다. 엘리아데는 원시사회에서 신년의례 전에 행하는 의례적인 집단 난교 혹은 허용되지 않은 관계의 성행위가 의례를 통해 창조 이전의 혼란을 만들어 구성원을 "새로운 인간으로 다시 태어나 회귀하도록 하기 위한 것"이라고 말하지 않았는가.[8] 아이가 생기기 전의 상태로 돌리기 위해 낯선 남자와 관계를 맺는 것도 이와 같은 맥락에서 생각할 수 있을 것이다. 아이 아비와 관계를 끊기 위해서, 그리고 새로운 인간으로 다시 태어나기 위해서는 의례를 통해 임시로 만들어진 혼돈chaos의 상태가 필요했다. 그 이후에 이전과 단절된 새로운 질서 속에 들어가 삶을 살아갈 수 있는 것이다.

이 의례적 절차가 성공적이었음을 보여주는 몇 가지 단서가 있다. 첫째, 남자와 여자가 함께 바다에 들어갔다가 나왔다고 생각하는 부분이다. 그녀가 방으로 찾아올 때 바닷가에서 소리꾼들이 동료의 넋을 달래려 심청가 중 심청이 인당수 밑에 빠지는 대목을 부르고 있었다. 남자는 여자와 함께 누워 있으면서 자신이 물에 빠진 심청의 넋을 건지기 위해 인당수 밑에 같이 내려간 것이라고 느낀다. 바다는 원초적 혼돈의 공간이자 죽음의 공간이며, 동시에 새로운 생성의 공간이다. 심청은 바다에 빠져 죽었다가 바다에서 살아나 새로운 존재가 되었다. 이 여자도 상징적 의례를 통해 바다에

---

8 Eliade, *Patterns*, p. 359.

들어갔다가 살아왔으므로 앞으로 새로운 삶을 살아갈 수 있음을 암시한다. 둘째, 여자는 죽음의 백색이 아니라 동백꽃과 같은 붉은색을 남긴다. 관계를 갖기 전날 바닷가에서 여자가 넘어졌고 무릎에서 피가 났다. 남자는 피를 훔쳐닦은 그녀의 흰 손수건을 "동백꽃 몇 송이가 빨갛게 묻어나 있었다"고 표현한다(212). 여자가 살아서 여관을 떠난 후, 뒤늦게 여관을 나서는 남자에게 주인은 동백이 피었을 테니 보고 가라고 권할 때, 남자는 자신이 동백을 "어쩌면 본 것도 같으니" 굳이 보러 갈 필요가 없다고 답한다. 여자의 흔적에서 백색을 보지 않고 빨간 피와 함께 생명을 상징하는 동백꽃을 보았다는 것은 그녀가 죽음의 색을 벗고 살게 되었음을 의미한다고 할 수 있다. 셋째, 저자가 강조하는 "달"이다. 두 사람은 보름달이 뜬 새벽에 관계를 가졌다. 이 밤에 "새벽 남은 어둠 속에 보름달이 떠" 있었고, 남자는 "여자와의 관계가 끝나고 난 다음에야 나는… 내 손바닥 안에 달이 떠 있다는 것"을 알게 되었다고 말한다(224). 작가는 달 이야기를 한번 더 한다. 그녀와 이야기를 하다 잠든 남자는 "손금에 걸린 달을 보며 잠이 들었다"는 것이다(226). 엘리아데는 새로운 지위를 부여받는 입사식initiation rites에서 달이 중요한 역할을 해왔다고 말한다. 엘리아데에 따르면, "달의 역할은 '재생'이 뒤따르는 의례적 죽음을 경험하는 데 있다. 그렇게 함으로써 입사자는 '새로운 인간'으로서 참된 인격을 가질 수 있게 되는 것이다."[9] 작가가 의

---

9 Eliade, *Patterns*, p. 175.

도했건 하지 않았건, 달은 그날 밤에 여자가 이전의 삶을 지우고 새로운 존재로 거듭나고 있음을 보여주는 장치가 되고 있다.

남자는 아침에 여자가 "흘린 머리카락 몇 올"을 확인하고 의례가 성공했다고 생각한다. 수망굿[10]을 하는 무당은 한지를 던져 죽은 자의 머리칼을 얻어 죽은 자의 넋을 건지려 한 반면, 남자에게 머리카락을 남긴 여자는 살아서 돌아갔다. "아, 그렇다면 이제 넋이라도 건져진 것인가"(226)라고 말한 남자는 산 사람의 넋을 건져 죽지 않도록 한 셈이다. 종교학적 관점에서 볼 때 「천지간」은 죽으려던 여자가 살기 위해서 시도한 의례이자 여자를 살리기 위해서 남자가 주도한 의례적 절차에 대한 소설이다.

---

10 물에 빠져죽은 사람의 넋을 물에서 건져 저승으로 보내려는 목적으로 행해지는 전통 종교 의례. 넋건지기굿으로도 불린다.

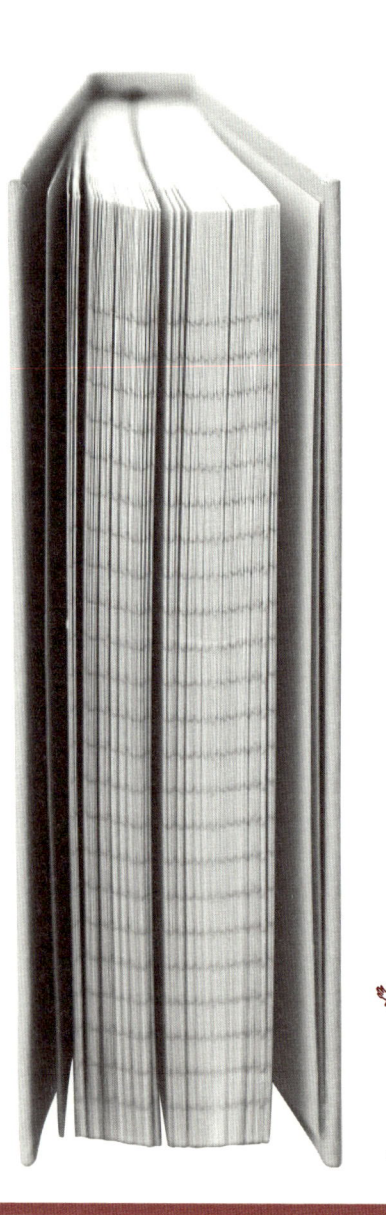

제3부

꿈을 꾸는 종교적 인간의 이야기들

천상을 향한 열망과 완벽한 아름다움의 추구
― 켄 폴릿, 『대지의 기둥』

필멸의 인간, 불멸을 꿈꾸다
― 밀란 쿤데라, 『불멸』

황폐한 현대인의 핏빛 신화
― 욘 A. 린드크비스트, 『렛 미 인』

삶의 공포와 삶을 통한 구원
― 파울로 코엘료, 『베로니카, 죽기로 결심하다』

죽은 자를 기억하는 법, 죽고 다시 살아나는 법
― 구효서, 『저녁이 아름다운 집』, 천운영, 『그녀의 눈물 사용법』

강 건너를 바라보는 종교적 인간
― 김훈, 『공무도하』

chapter 10

천상을 향한 열망과
완벽한 아름다움의 추구

켄 폴릿, 『대지의 기둥』*

Is Nothing Sacred?

이 장에서 다룰 『대지의 기둥The Pillars of the Earth』은 성당을 건축한 사람들의 이야기다. '성당聖堂'이라는 명칭은 성스러움과 관련된 장소, 혹은 그렇게 의도된 건물을 가리키지만, 책에는 "성스러운 것은 없다Nothing is Sacred"라는 부제가 달려 있다. 자신이 신을 믿지 않고, 영적인 인간이라고 할 수 있는 사람도 아니라고 고백하는 저자 켄 폴릿Ken Follett의 입장에서는 성당 건축에 성스러운 존재나 힘이 개입하지 않았을 것이라고 볼 수 있을 것이다. 그러나 폴릿이 왜 "찢어지게 가난했던 오두막집 거주자들"이 높고 아름다운 성당을 건축하려고 매달렸는가라는 질문에 답하고자 했다면, 그가 "더 높고 더 아름다운 교회를 건축하기 위한 인간의 시도"에 주목하였다면, 그리고 "중세인들에게는 대성당 건축이 반드시 해야만 하는 일로 여겨졌으리라는 사실도 이해"했다면(1권 11-13), 이미 성스러움

* 켄 폴릿, 『대지의 기둥』 vol. 1, 2, 3, 한기찬 역(파주: 문학동네, 2010[1989]).

을 고려하며 소설을 전개하고 있는 것임이 분명하다. 종교적이지 않은 작가가 쓴 『대지의 기둥』도 성당 건축은 성당을 지은 사람들과 그들이 생각한 성스러움과의 관계 속에서 이해되어야 한다는 것을 보여준다.

사실 폴릿 자신은 종교적이지 않은 사람이면서도, 이 소설의 주인공은 "하느님의 사람"에 속하는 부류여야 한다는 것을 알고 있었다(1권 14). 등장인물 중 소설 전개에서 가장 중요한 주인공 필립 수도원장은 "하느님의 사람"으로서 성스러운 세계인 천상을 갈망할 뿐 아니라 현실의 인간을 돌보는 일에도 헌신적인 사람이다. 그는 "천상뿐 아니라 이승에 살고 있는 인간 영혼에도 관심을 가진," "실제적이고 현실적인 종교적 신념"을 가진 것으로 그려진다(1권 14-15). 필립의 신앙이 단지 천상에 대한 갈망에만 초점이 맞추어져 있다면 당시로서는 너무나 힘든 대성당 건축을 주도할 능력이 없었을 것이고, 세상 사람의 구제 쪽으로 기울어진 신앙이라면 굳이 큰돈을 들여 힘들게 대성당을 지을 이유가 없었을 것이다. 필립은 대성당을 통해 신의 뜻을 실현하고 사람들에게 신성이 드러나게 하고자 하는 동시에, 성당 건물이 인간 영혼에 끼치는 현세의 효용을 기대하기도 한다. 어찌 보면 필립에게는 대성당 자체보다 신의 뜻을 이루는 일이 더 중요했다. 성당 건축에 필요한 채석장을 얻는 재판에 지고서도, 수도원을 배신하고 떠난 수사 레미기우스가 돌아온 것을 기뻐하며 "날아갈 것 같은 기분"으로 "오늘 나는 한 사람의 영혼을 얻었도다"고 말하는 것을 보면 이런 그의 성격을 잘 알 수 있다(3권 464).

하지만 필립만큼 종교적이지 않은 사람들에게도 성당은 성스러움과 관련이 있을까? 소설 속에 등장하는 건축가 톰과 그의 의붓아들 잭은 필립처럼 종교적인 사람은 아니었다. 그러나 그들에게 대성당은 필립과 다른 측면에서 성스러움을 경험하게 하는 것이었다. 소설에 따르면, 당시 건축가들에게 성당 건축은 "훌륭한 정도가 아니라 완벽해야" 했다(1권 39). 신을 예배하는 장소이기도 했지만, 그렇게 하지 않으면 큰 건물 전체가 망가지기 때문이었다. 성당의 완벽하고 조화로운 아름다움은 종교적 목적과 실용적 동기 모두와 관련이 있다. 더 높은 교회를 건축하기 위한 기술적 문제의 해결은 비종교적인 계산에 근거했다. 그러나 저자는 이 기술적 해결 과정에서도 "숭고함"을 볼 수 있었다고 말한다(1권 10). 대성당 건축을 위한 실용적이고 세속적 동기 역시 건축가들에게는 삶의 의미를 부여하며, 불완전한 일상과 구별되는 완벽을 구현하고, 영원의 세계를 보여주는 것이었다. 그래서 성당과 신의 관계를 떠나서도, 성당 건축은 그들의 온 삶을 바쳐 헌신할 가치와 의미가 있는 일이다. 겉으로는 종교적으로 보이지 않는 사람들도 종교적인 성향이 있다는 엘리아데의 말을 다시 한번 짚어보자. 엘리아데는 "[종교는] 반드시 신, 신들, 정령에 대한 신앙을 의미하는 것"이 아니며,[1] "겉으로는 그렇게 보이지 않는다고 하더라도, 삶의 의미에 대하여 이야

---

[1] Eliade, *The Quest*, p. v; *Ordeal by Labyrinth*, p. 117. 이 두 문헌은 4장에서 거짓된 현실과 대비되는 참된 성스러움에 대해 설명하면서도 인용했었다.

기하기 때문에 인간 존재는 근본적으로 종교적"이라고 말한다. 종교적 인간이 추구하는 "성스러움의 경험"은 필립만큼 경건한 기독교인이 아닌 톰이나 겉으로 보기에 전혀 종교적이지 않은 잭이 자신의 전 존재를 걸고 추구하는 대성당 건축에서도 찾을 수 있는 것이다.

톰은 교회의 가르침을 충실히 따르려 하지만 모든 것을 성스러움과 연관시키는 사람은 아니다. 성당 건축 과정에서 필립이 "신이 보내준 징조"로 인해 감격할 때, 톰은 건축에는 좋은 솜씨가 더 중요하다고 생각한다(2권 86). 그는 필립에게 자신이 신에게 "바칠 수 있는 최고의 것," "가장 귀중한 것"이 성당 건축이라고 말한다(2권 22). 그러나 톰이 성당 건축을 갈망하는 것은 단지 신에게 바칠 수 있어서가 아니라, 성당 건축이 자신에게 가장 아름답고 의미 있는 일이기 때문이다. 아내 애그니스는 톰이 아무 일이나 하지 않고 성당 건축 일을 찾느라 가족 부양을 소홀히 하는 것을 알고 있었다. 그러나 그녀는 톰에게 성당 건축이 얼마나 의미있는 일인지도 알고 있었다. 그녀는 출산 후 출혈로 죽어가면서, "당신[톰]이 대성당을 짓게 됐으면 좋겠어요"라고 말하며, 톰이 "아름다운 무언가에 걸맞은 사람"이라고 말한다(1권 117). 필립이 왜 대성당을 짓는 일을 맡고 싶은지 묻자 톰은 대성당 건축이 "아름다운 작업"이기 때문이라고 말한다. 그것은 일상의 일들과는 구별되는, "가장 만족스러운 일"이며 "한 남자의 삶에 커다란 의미"를 주는 일이었다. 수도원장 필립은 "하느님을 위해 아름다운 무언가를 만드는 것"이 가장 훌륭한 일이라며 톰의 아름다움을 신과 연결시켜 해석한다(2권 20). 그러나 신과 연결시키지 않더라도, 톰에게 성당 건축은 달리는 경험할 도리가 없는 의미 있고 아름다운 경험을 하도록 해주는 일이었다. 톰은 보수와 큰 상관 없이 생명을 걸고 이 일을 추진했다. 톰을 도와 건축을 하던 많은 사람들도 톰의 태도를 받아들였다. 대성당 건축에 참여하는 석수들은 성당 건축을 방해하는 영주 윌리엄의 기사들과 목숨을 걸고 격렬하게 싸우다 죽는다(2권 305-11). 윌리엄과 군사들은 이들이 질 것이 뻔한 싸움에 목숨을 걸고 뛰어든 이유를 이해하지 못한다. 사실 이렇게 용감하게 싸운 석수들이 처음 성당 건축에 참여할 때는 작은 위험도 피하려고만 했었다. 그러나 이들은 성당을 건축하면서 가장 의미 있는 일을 하고 있다는 확신을 갖게 되었다. 성당 건축은 톰은 물론 이들 석수들에게 일상의 다른 일로는 얻을 수 없는 만족과 커다란 의미를 부여한 것이다.

    톰의 의붓아들 잭은 숲에 숨어사는 어머니 엘렌 아래서 자랐다. 톰의 두 번째 아내 엘렌은 주술 전통에 익숙했고, 사람들이 겁에 질릴 정도로 효과적인 방법으로 주술적인 저주를 퍼붓기도 했다. 그녀는 미사에 참석하는 것도 싫어했다. 그래서 어린 시절, "종교의식은 잭에게는 또 하나의 불가사의였다."(1권 325) 잭의 재능을 알아본 필립은 그를 수도원장 후계자로까지 생각하여 수련수사로 받아들이고 성당 건축을 돕게 한다. 잭은 어머니처럼 기독교를 증오하는 것은 아니지만 "냉담했다."(2권 485) 그는 "하느님께 일생을 바칠 생각도 없었"을 뿐더러, "하느님을 진정으로 믿지 않았다." (3권 45) 그러나 잭은 톰 이상으로 대성당 건축을 동경하고 갈망했다. 톰이 죽었을 때, 잭은 톰에게서 대성당을 향한 열정, 여기에 필요한 기술과 예술, 그리고 건축가로서의 삶의 방식을 물려받았으며, 그가 의붓아버지로서 어머니를 행복하게 해준 것보다도 대성당을 만나게 해준 것이 자신에게는 더 중요하다고 생각한다. 잭에게 대성당은 "독특한 어떤 것, 다른 누구도 주지 못한 것," 다시 말하면 가장 중요하고 의미 있는 것이다(2권 514). 그는 미사에는 참석하기 싫어하면서도 대성당 건축에는 어떻게든 참여하고 싶어했다. 하지만 사랑하는 앨리에너가 돈 문제로 의붓형이자 자신을 미워하는 앨프레드와 결혼하자 성당 건축을 뒤로 하고 스페인을 거쳐 프랑스로 떠난다. 그곳에서도 그의 관심은 대성당에 쏠려 있었다. 그가 상상 속에 그려만 보던 아름답고 완성도 높은 성당이 현실에 존재하는 것을 보면서 "사랑에 빠진 느낌"을 갖게 된다(3권 166). 자신을 찾아온 앨리에너를 만나 영국으로 돌아왔지만, 앨프레드가 죽기 전까지는 앨리에너와의 사실혼 관계를 교회가 허락하지 않았기 때문에 삶이 순탄하지 않았다. 가정의 위기 속에 "자신의 삶이 산산조각 난 판국"이라고 생각하면서도 그는 성당 건축 일에 집중하며, 계속해서 새로운 기술을 개발해냈다(3권 453). 이것은 성당 건축이 그에게 다른 어떤 것도 줄 수 없는 아름다움과 의미를 경험하게 했기 때문이다.

톰과 잭은 성당 건축을 통해 달리는 경험할 수 없는 완벽한 아름다움을 경험하고, 다른 일로는 얻을 수 없는 만족을 얻고, 목숨을 바칠 만큼 중요한 의미를 찾았다. 이들은 성당 건축을 통해 일상과는 구별되는 성스러움을 추구하고 경험했던 것이다.

천상으로 시선을 끄는 천상의 상징

많은 종교에서 사원 건물은 이 세상 속에 만들어진 천상과 같은 이상적인 공간을 상징한다. 그래서 하늘까지 치솟은 바벨탑을 지어 그 속에 거주하면 신과 같은 지위를 누릴 것이라고 생각한 사람들의 이야기가 있는 것이고, 이 세상 다른 곳에는 머물지 않는 신이 사원에만 머문다는 신앙을 여러 문화에서 찾을 수 있는 것이다. 사원 건축은 혼돈chaos 속에서 질서가 수립된 우주cosmos를 만드는 천지창조의 작업과 동일시되기도 한다. 성스러움이 드러나는 사원은 범속한 세상과 구별되는 새로운 차원의 세계가 열리는 곳, 다시 말해 인간의 세계에서 신의 세계로 통하는 출구로 여겨지기도 했다.[2] 이 소설에서는 성당이 신이 거주하는 천상과 같은 공간을 상징한다는 설명이 직접 나오지는 않는다. 하지만 대성당이 "천당"이라는 완벽하고 이상적인 신의 공간을 연상시키고 그곳으로 이끄는 힘이 있다는 것을 보여주는 부분은 많이 있다.

---

2 Eliade, *The Sacred and the Profane*, pp. 32-36. 성스러운 공간이 종교적 인간에게 의미하는 바에 대하여 개괄적으로 설명한 졸저 『종교적 인간, 상징적 인간』, 57-82쪽을 참조할 것.

필립에게 성당은 가장 정직한 모습으로 성스러움을 대면하는 장소다. "내 마음속에 어떤 자만심이라도 있는 것은 아닐까? 아, 그렇다. 춥고 성스러운 성당의 공기 속에서 자신을 속일 수가 없었다."(1권 229) 그는 성당에서 기도를 하며 자신을 돌아볼 때 진실한 마음을 갖게 되었다. 성스러운 공간에서 보이지 않는 신의 뜻을 헤아리는 사제 필립과 달리, 일반적인 사람들은 눈에 보이는 상징을 통해 종교적인 경험을 한다. 필립은 이 점을 잘 알고 있었다.

> 사람들이 이곳에 올 때는 전지전능하신 하느님의 위엄에 경외감을 느끼기를 기대할 터였다. 농부들은 모든 것을 겉모습으로 판단하는 단순한 사람들이라 이런 모습을 보고 하느님을 태평하고 무관심한 신으로 간주하고는, 그들이 올리는 경배를 헤아려주고 혹여 죄를 짓지나 않는지 지켜보지 않을 거라고 생각할 수도 있었다. 결국 농부들은 이마의 땀을 성당에 바치는데, 그 대가가 이 무너져내리는 음침한 건물이라는 건 말도 안 되는 일이었다.(1권 209-10)

필립이 잘 알고 있듯이, 일반 신자들은 눈에 드러나는 모양으로 신을 판단하고 경험하기 때문에, 사람들이 신의 위엄을 보고 경외감을 느끼도록 하는 외적 상징물이 반드시 필요한 것이다.

그래서 필립은 사람들의 눈에 천상의 모습을 보여줄 수 있는 대성당을 짓고자 했다. 사람들의 신앙적 기대를 충족시키고 그 열망에 부응할 필요가 있었던 것이다. 그는 크고 높은 건물이 사람들의 시선을 천상으로 이끌 것이라고 생각했다. "대성당이라면 크기로 경외감을 불러일으키고, 높이로 시선을 천상으로 이끌 만큼 인상적인 건물이어야 했다. 사람들이 대성당을 찾는 한 가지 이유는, 그것이 세상의 가장 큰 건물이기 때문이었다."(2권 11) 이 큰 건물은 사람들에게 천상을 가리켜주고, 사람들이 천상을 보도록 하기 때문에 중요하다. "아치와 창문들, 작은 기둥이 모여 이룬 큰 기둥들, 궁륭의 늑재와 호, 이 모든 것이 이 건축물이 무엇을 위해 존재하는지를 끊임없이 상기시키며 천상을 가리키고 있었다."(3권 505) 필립은 아름답고 웅장한 건물을 통해 사람들이 신을 경험하도록 하고자 한 것이다.

인간의 종교적 열망을 이용한 성당 건축

가톨릭 교회에서 사제는 죄를 사하는 권한이 있다. 이 소설에는 웨일런 주교가 이를 악용하는 모습이 여러 번 나온다. 웨일런은 자신의 "소망을 곧 하느님의 의지로 간주하고 목표하는 바를 무자비하게 관철"시키는 사람이었다(3권 550). 윌리엄이 채석장에서 일하는 사람들을 죽여서 "피바다"의 결과가 생겨도, 웨일런은 이 일이 자신의 뜻과 부합하기 때문에 서슴지 않고 "내가 당신의 죄를 사해주겠소"라고 말한다(2권 302). 필립도 이 권한을 행사한다. 그러나 필립은 자신의 욕심을 채우려는 의도가 아니라 신과 교회를 위하는 순수한 마음으로 권한을 이용하는 점에서 웨일런과는 차이가 있다. 필립은 성당 건축에 사람들의 참여를 독려하기 위해, "성령강림 축일의 부역으로는 지난해의 죄를 용서받을 수 있고, 그 이후부터는 하루 분의 노동이 살인이나 신성모독죄를 제외한 일상적인 죄 일주일 분에 해당된다"고 처방했다(2권 229). 이 시도는 매우 성공적이어서, 인근의 많은 사람들이 단합하여 대성당 건축에 적극적으로 힘을 보탰다. 성당을 건축하는 것이 단순한 노동이 아니라 지난해의 죄의식을 덜고 새로운 시작을 할 수 있게 하는 종교 의례로 기능하고 있음을 보여주는 것이다.

필립의 의도가 무엇이건, 그도 웨일런처럼 사람들의 종교적 심성을 이용하여 대성당을 건축하려 한 것은 사실이다. 하지만 필립은 대성당 건축을 통해 사람들의 신앙적 열망을 충족시키려 한 것이라고도 할 수 있다. 사람들은 성당 건축에 참여하며 죄책감에서 벗어났고 자신이 신의 영역에 가까워진다고 생각했다. 이 책에는 중세 민중의 종교적 심성이 엄숙한 기독교 교리와 의례로만은 채워질 수 없었다는 것이 드러난다. 『대지의 기둥』이 묘사하는 영국 사회에는 기독교 신앙과 직접적인 관련이 없으면서도 도덕적 미덕과 가치를 고양하고, 공동체 구성원들을 통합하며, 사회적 긴장감을 풀어주는 긍정적 기능을 하는 민속 전통들이 남아 있었다. 세례 요한 축일 전야에 사람들은 "점치기" 빵을 먹는 의례적인 놀이를 했다. 필립은 이 놀이에 미신적인 요소가 있다는 것을 알고 있었으나 "[기독교 이전의] 오래된 종교의 기미가 보이는 모든 의식을 금한다면 민중 전통의 반은 금해야 할 터였다"는 것도 알고 있었다(2권 403). 그는 신중하게 관용을 베풀고 도가 지나치지 않는 선에서 이런 민속적인 의례들을 허용하고 또 이용했다. 이런 민속적 의례들이 기독교와 결합되어 전통으로 굳어지기도 했다. 예컨대, 엘리에너가 잭의 아이를 임신했을 때 사람들은 "하느님의 축복"을 빌면서 옥수수 알을 던져 다산多産을 기원했다(3권 77). 주술적 의례 행위가 기독교와 결합하여 행해진 것이다. 마찬가지로 사람들이 연극을 아주 좋아하는 것을 알고 있던 필립은 연극을 성당 안으로 끌고 들어와 사람들이 불경함과 저속함에 빠지지 않도록 통제하고자 했다. 잘 이용된다면 엄숙하게만 살아가는 수사들이 일종의 해방감을 맛보게 하는 도구로 이용될 수도 있었다(2권 409). 필립은 사회적 통합을 유발하는 의례의 기능을 잘 알고 있었던 듯하다. 이를 잘 이용하여 기독교 전통만으로는 채울 수 없는 사람들의 종교적 욕구를 충족시키며 사회를 단합할 수 있었던 것이다.

잭은 자신이 종교적이지는 않으면서도 필립보다 더 적극적으로 성당 건축을 위해 사람들의 종교성을 이용했다. 성당에 들어가지 못해서 화가 난 군중 틈에서 곤란을 겪자 스페인에서 선물로 받은 마리아상을 들고 군중을 달랜다(3권 181). 또한 그는 이 마리아상이 더운 곳에 있다가 서늘한 그늘로 오면 눈 부분에 물이 흐르는 것이 사람들에게 기적으로 보이도록 했다. 그의 의도대로 눈물이 흐르는 마리아상은 "새 대성당 건축을 위한 사람들의 열의에 불을 댕기는 불꽃"이 되었다(3권 201). 심지어 사람들을 동원하여 이 마리아상을 통해 병자가 치유되는 기적이 일어난 것같이 연극하도록 하기도 한다. 필립은 이것이 "단지 잭의 술수"라는 것을 눈치채고 화를 내지만, 잭은 자신이 "진실은 아니지만 하나의 삽화"와 같은 상징을 사용하고 있다고 답한다. 연극이 들통난 후, 마리아상으로 대성당 건축을 재개하고자 한 잭의 계획이 수포로 돌아갈 위기에 처했다. 필립은 거짓말을 해가면서 대성당을 건축하고 싶지 않았다. 그러나 가족의 죽음으로 충격을 받아 벙어리가 된 여인이 마리아상 앞에서 감동을 받고 다시 말을 하게 되는 것을 보면서 필립도 "하느님께서 저 성모상을 통해 역사하시는 것"을 인정하게 되고(3권 210), 이 일을 계기로 대성당 건축이 큰 활기를 띤다. 사람들은 종교적 열의를 불태울 계기와 동기가 필요했고, 종교 지도자와 성당 건축자는 이것을 제공하여 원하는 효과를 거두었던 것이다.

천상을 상징하면서 지옥을 상기시키는 성당

저자 폴릿은 천당과 지옥을 중세의 모든 사람이 믿지는 않았음을 분명히 한다. 아이를 때리고 돼지를 훔쳐간 도둑이 "지옥의 온갖 고통에 시달리고 있을 거라고 생각하는 게 유일한 위안"이라는 톰의 말에, 사제의 사생아인 아내 애그니스는 동의하지 않는다(1권 105). 사제도 교회의 가르침을 모두 믿지 않는다는 것을 애그니스는 알고 있었다. 하지만 천당과 지옥을 모두 믿지 않았다 해도 성당이 천당과 지옥을 상기시키는 중요한 모티프였음은 분명하다. 애그니스는 톰에게 "나를 위해 아름다운 성당을 지어줘요"라는 마지막 말을 남긴다(1권 117). 사랑하는 사람에게 기억되기를 바라는 마음도 있었겠지만, 사제에게 종부성사를 받지 못하고 죽은 사람을 위해 성당을 지으면 천국에 갈 수 있다는 생각도 그 배경에 있었을 것이다. 성당을 건축하여 애그니스를 천국으로 보내는 일은 톰에게도 매우 중요했다. 톰에게 대성당 건축이 가장 의미 있고 아름다운 일이어서 그가 꼭 하고 싶어한다는 것은 앞에서 언급했다. 그가 성당을 짓고 싶은 또 하나의 이유는 죽은 아내를 위해서였다. 아내가 죽은 지 몇 주가 지나자 "점점 더 애그니스의 영혼이, 그녀가 과연 천당으로 갔을지 걱정스러웠다."(2권 16) 하지만 사제에게 아내의 영혼에 대해서 물어보지도 못했다. 숲에서 아이를 낳고 죽은 아내를 성사 없이 그냥 묻었고, 막 태어난 아들을 부양할 수 없다고 생각하여 그냥 버려두고 떠났다. 마음을 돌이켜 돌아왔을 때는 이미 지나가던 수사가 아이를 발견한 후였다. 아기를 죽도록 내버려두는 것이 살인으로 간주되었기 때문에 톰은 수사에게 아내가 아이를 낳다가 죽었다는 사실을 털어놓을 수 없었다. 그러나 톰은 성당 건축을 하면 죽은 아내가 복을 받을 것이라는 막연한 믿음을 가지고 있었다.

그는 자신이 성당을 지으면 하느님께서 틀림없이 은혜를 베풀어줄 거라는 생각으로 스스로를 위로했다. 그렇게 되면 그 은총을 자기 대신 애그니스에게 주도록 청할 수도 있지 않을까.

만약 그가 대성당을 건설하는 노력의 대가를 애그니스에게 돌릴 수 있다면, 그녀의 영혼이 안식을 얻었음을 느껴 그의 마음도 편안해지리라.(2권 16)

수도원장 필립이 톰을 대성당 건축 담당자로 임명하자, 톰은 용기를 내어 이런 자신의 생각이 옳은 것인지 확인한다. "내세에 대한 희망으로" 성당을 짓는 계획이 "하느님께서 그의 신앙심을 기억"하도록 할 것인지, 그래서 "임종 때 신부님을 모시지도 못했고 신성하지 못한 땅에" 묻힌 아내 "애그니스의 영혼을 보호하는 데 도움"을 줄 수 있냐고 물어본 것이다(2권 22). 필립은 톰이 할 수 있는 최고의 것, 가장 귀중한 것이 성당 건축이라는 것을 확인한 후, "안심하시오, 톰. 하느님께서는 그것을 받으실 겁니다"고 대답한다.

　신이 거주하는 이상적 공간을 보여주는 성당은 정반대의 세계라 할 수 있는 지옥을 연상시키기도 한다. 나쁜 일을 반복해서 저지르는 영주 윌리엄은 성당이 싫었다. 성당은 신을 만나는 곳이 아니라 신의 처벌을 연상시키는 곳, 다시 말해 성스러운 체험이 아니라 단지 지옥을 상기시키는 곳이었다. "무엇보다 싫은 것은 성당이 지옥의 고통을 상기시킨다는 것이었다. 그는 지옥을 두려워했다."(1권 264-65) 천당보다는 지옥에 대한 생각이 지배적이던 윌리엄의 신앙은 신과 가까이 하는 것이 아니라 신의 처벌을 두려워하는 것이었다. 그는 젊을 때부터 지옥을 무서워했다. 집 건축을 취소하면서 임금을 주지 않으려 하고 건축가 톰을 죽이려고까지 했으나 "나리는 지옥에 떨어질 겁니다"라는 톰의 말에 임금을 지불하고 말았다(1권 50). 그는 나쁜 짓을 저지른 후 그로 인해 지옥으로 떨어지리라는 두려움에 빠지는 일을 일생동안 반복했다(3권 9).

윌리엄의 어머니는 철녀와 같던 사람이었으나 죽음을 앞두고는 무기력했고, "눈이 공포에 가득 질려" 있었다(3권 303). 그녀는 사제를 불러달라고 간청하려 했으나 말이 나오지 않았다. 아들 윌리엄은 이를 눈치채지 못하여 어머니는 고통과 원망 속에 죽었다. 어머니가 "천국의 평화를 갈구"했으나 종부성사를 받지 못한 채 죽고 말았다는 것을 알게 된 윌리엄이 눈물을 흘리며 괴로워하자, 웨일런 주교는 그녀가 끔찍스러운 불의 고통을 받고 있다고 겁을 준다. 그리고 그 고통이 빨리 지나가게 하기 위해서 윌리엄이 킹스브리지 대성당과 똑같은 성당을 자신의 교구인 셔링에 세워야 한다고 협박한다(3권 311). 윌리엄의 공포는 시간이 지날수록 더해져서, 밤마다 죽어가는 어머니의 악몽을 꾸었고 "죽을 것 같은 공포," "불합리하고 병적이고 맹목적인 공포에 떨었다."(3권 441) 그는 "어머니를 기념하는 성당을 완공할 수 있다면 악몽도 끝날지 모른다"는 기대를 한다(3권 444). 성당 건축은 천상을 상징할 뿐 아니라 영혼을 천국으로 보내는 의례이기도 한 것이다.

역사 앞에 선 종교적 인간의 좌절과 극복

지금까지 대성당과 관련된 종교적 인간의 모습들에 주목하여 논의해왔다. 이 소설이 담고 있는 역사적 내용들은 고려할 여유가 없었다. 하지만 소설 마지막에 나오는, 킹스브리지 대성당 완공 이후 영국의 정치적 상황과 관련된 한 사건에 대해서는 잠깐 생각하고 넘어갈 필요가 있을 것 같다.

교회의 권한을 놓고 왕과 대립하던 토머스 베켓 켄터베리 대주교가 성당 안에서 왕의 충신들에 의해 살해당하자 말년에 이른 필립 수도원장은 절망에 빠진다. 신의 뜻이 실현되리라는 것에 대해 의심하지 않고 악에 대항해왔지만 결국 자신의 무기력을 절감하게 된 것이다.

> 이 순간이 오기 전까지만 해도 그는 자신이나 자신과 같은 사람들이 언제나 승리를 거두리라고 믿었다. 그들은 지난 반세기 동안 몇 가지 놀라운 승리를 이룩해왔다. 하지만 말년에 이른 지금, 적들은 변한 것이라곤 전혀 없음을 증명해 보였다. 그의 승리는 일시적인 것이었고, 자신이 전진하고 있다고 여긴 건 환상에 불과했다. 그는 몇몇 싸움에서 승리를 거두었지만 그 대의는 결국 절망이었다.(3권 591)

필립은 대주교의 시신 앞에서, 종교적 권위는 권력과 물리적 힘에 대항하여 이길 수 없다는 것이 여지없이 증명되었다고 생각했다.

필립뿐 아니라 수많은 개별적인 종교적 인간은 종교적 이상을 잔인하게 짓밟는 역사 앞에서 무기력함과 공포를 느끼게 된다. 엘리아데는 이를 "역사의 공포terror of history"라고 불렀다.[3] 양차 세계대전을 경험한 수많은 사람이 이 역사의 공포로 힘들어 했다. 엘리아데가 제시하는 해결책은 성스러운 최초의 시간을 반복하고 모방하는 것이었다. 그는 항상 새롭고 반복되지 않는 헤겔의 역사 개념을 거부하고, 가장 의미 있는 원형적 시간을 현실에 재현해야 역사로부터 자유로울 수 있다고 말한다. 엘리아데는 그래야 인간이 역사에 의해 조건지어지지 않고 보편적인 가치를 구현할 수 있다고 보았다.

『대지의 기둥』에서 이 절망적인 역사적 사건은 결국 극복된다. 이 과정에서 필립은 자신이 기독교 정신의 원형을 반복한다고 생각했다. 영국 교회의 수장을 성당 안에서 죽인 사건에 대해 대중은 분노했다. 필립은 그들의 지도자이자 구심점이 되었다. 절단된 시체를 중심으로 모였던 무기력한 구경꾼들이 필립의 인도를 따라 "강력한 제국의 힘과 권위에 맞서 싸우는" 성전聖戰의 투사가 되었다. 그는 "기독교 정신도 바로 이렇게 시작되었다"고 생각한다. 그는 기독교 정신이 처음 시작된 형태를 자신들이 재현하고 있다고 생각했다. 다시 말해, 처음 시작된 형태의 기독교 정신을 다시 반복함으로써 역사의 절망과 공포를 이겨내려는 시도였다.

이 시도는 성공적이었다. 기독교 세계 전체가 토머스 대주교

---

3 Mircea Eliade, *Journal I: 1945-1955*, trans. Mac Linscott Ricketts (Chicago: University of Chicago Press, 1990[1973]), pp. 174-75; *Myth of the Eternal Return*, p. 90.

를 애도했다. 교황청은 순식간에 그를 순교자의 반열에 올렸다. 필립이 교회의 정치적 패배로 간주하고 있었던 대주교 살인사건이 결국 성스러운 순교의 사건이 되었고, "교회에 영감과 힘을 부여"하는 결과로 이어졌다(3권 593). 성인으로 추대된 토머스 대주교에 대한 숭배는 온 세상을 휩쓸다시피 했다. "살해될 당시 대주교가 입고 있던 망토 자락은 캔터베리뿐 아니라 잉글랜드 전역의 병자들을 치유"하는 등 많은 기적을 일으켰다(3권 600, 613). "성 토머스 숭배"는 군주의 폭력적인 승리가 공허한 것임을 증명했다(3권 614). 살인을 주도한 윌리엄은 교수형에 처해졌고, 왕은 무릎을 꿇고 사죄한 후 형식적으로나마 매질을 당했다. 무기력한 개별적이고 종교적인 인간이 성스러운 최초의 시간을 반복하여 역사를 초월한 힘을 발휘할 수 있었던 것이다.

chapter 11

필멸의 인간, 불멸을 꿈꾸다

밀란 쿤데라, 『불멸』*

쿤데라의 인간 이해에 나타나는 통찰력

'소설'이라는 이름이 붙은『불멸L'immortalité』에는 밀란 쿤데라Milan Kundera의 책들이 대개 그렇듯, 아니 그의 다른 책들보다 더 심하게 소설의 스토리 전개와 작가 쿤데라의 성찰이 뒤섞여 있다. 그래서 앞에서 다룬 작품들처럼 소설의 줄거리를 따라 내용을 소개해 가면서 종교적 요소들을 찾아가는 식으로 이 책에 대한 논의를 진행하는 것은 그다지 효율적인 방법이 아니라고 생각한다. 때로는 작가 자신이 화자가 되어, 때로는 주인공의 눈과 입을 통해 보여주는 쿤데라의 인간에 대한 성찰을 소설의 이야기 틀로부터 어느 정도 구별하여 다루는 것이 더 좋을 것이다. 인간이 자기 자신을 규정하고 우주와 환경을 이해하는 방식에 대한 쿤데라의 설명들은 소설

---

* 밀란 쿤데라,『불멸』, 김병욱 역(서울: 민음사, 2010[1990]).

내용이라는 맥락과 떨어져서도 힘을 잃지 않는 아포리즘으로서의 가치도 있기 때문이다.

인간과 세상에 대한 쿤데라의 통찰력은 『불멸』 곳곳에서 볼 수 있다. 그는 평범한 사람이 사는 일상의 한 장면을 관찰하여 인간의 일반적인 속성에 대한 설명으로 발전시킨다. 예를 들어, 어느 60대 노부인이 수영장에서 매력을 상실한 몸으로 그 몸 속에 숨어 있던 매력적인 몸짓을 하는 것과 연관시켜 "우리는 우리 자신의 일부를 통해서 시간을 초월하여 살기도 한다"고 설명한다(10). 또한 쿤데라는 부부관계를 비롯한 인간들 사이의 관계를 날카롭게 분석한다. 고독이 어떤 사람들에게는 "시선들의 감미로운 부재"로 안도감을 주는 것일 수 있다고 하며(48), 잠들 수 없으면서도 서로를 배려해 움직이지 못하는 부부의 침실을 "결혼의 제단祭壇"에 비유하기도 한다(67). 자아의 유일성을 가꾸는 두 방법을 "덧셈 법"과 "뺄셈 법"으로 유형화하는 것도 쿤데라의 놀라운 성찰을 보여준다(154). 덧셈 법이 자신의 자아를 잘 보이도록 하기 위해 끊임없이 새로운 것을 덧붙이는 방법이라면, 뺄셈 법은 자신의 순수한 본질에 다가가기 위해 외적인 것을 추려내는 것을 가리킨다. 또한 그는 사람들이 더는 비극에 매력을 느끼지 못하는 현대를 "경박"의 시대로 명명하며(185), 자살이 사람들에게서 떠나려는 것이 아니라 다른 사람들의 기억 속에 머무르려는 속성을 지녔음을 지적한다(267). 쿤데라는 인간 존재의 근거와 자아의 토대를 '느낌,' 그중에서도 고통의 느낌에 두고 "감정을 가치로 정립"하는 "호모 센티멘탈리스"라는 인간형을 찾아낸다(292-305). 또한 부끄러움이라는 것이 인간의 실수와 관련된 것이 아니라 선택과 무관하게 현재의 모습이 되어 있는 것에서 느끼는 모욕감에 바탕을 둔 것이라고 설명한다(373). 쿤데라는 특정한 행위의 관찰로부터 인간의 일반적인 지향성을 해석해내는 탁월한 능력을 지녔다. 그의 인간 행위의 배경과 의도에 대한 지적은 독자들을 민망하게 만들 정도로 적나라하다.

쿤데라의 이러한 성찰적 진술 중에서도 인간의 한계에 대한 자각과 그것을 넘어서려는 시도와 관련된 것들이 우리의 주요 관심사다. 인간이 자신의 자아와 삶이 얼마나 한정된 것인지를 인식하고 그 제한된 경계를 넘으려고 노력하는 것을 쿤데라는 "불멸"을 향한 욕망으로 설명한다. 쿤데라가 말하는 불멸은 종교적 영생불사가 아니라, 이름을 후대에 남기고 사람들의 기억 속에서 소멸되지 않는 것을 의미한다. 불멸을 꿈꾸는 사람들을 이해하기 위해서는 그들이 생각한 인간의 본질, 시간과 역사, 우주와 그 작동 원리 등을 알 필요가 있다. 『불멸』은 불멸을 바라는 사람들의 생각과 행동 양식을 적나라하게 분석한 책이다.

우주 작동과 인간 역사의 원리: 조물주의 컴퓨터 프로그램

책의 앞부분에서 쿤데라는 주인공들의 세계관을 분명히 밝힌다. 먼저 사람들이 갖고 있는 우주에 대한 이해, 즉 우주의 속성과 유래 등에 대한 우주론cosmology을 설명하고, 다음으로 이와 연관시켜 그들의 인간에 대한 이해, 즉 인간론도 명시한다. 불멸을 꿈꾸는 사람들의 분투는 이러한 우주론과 인간론에 바탕을 두고 있다는 것을 미리 말해주는 것이다. 쿤데라는 사후에는 지금과는 다른 존재 양식이 있을 가능성이 있다고 말하며(26-27), 사후세계에 다른 방식으로 존재하는 사람들을 소설 속의 등장인물로 끌어들이기도 한다(2부 15-17장, 4부 17장 등). 여기서는 이승의 인간들이 가진 우주론과 인간론에만 초점을 맞추어보자.

  주인공 아녜스의 아버지는 신을 믿느냐는 질문에 "나는 조물주의 컴퓨터를 믿는단다"라고 대답한다(22). 아녜스는 아버지가 신 이야기는 한 번도 하지 않고 조물주 이야기만 해온 것으로 보아 "신의 중요성을 오직 기술자로서의 능력에 한정하고 싶어 한 것"이라고 생각한다. 아버지는 "전구가 나갔을 때 에디슨에게 기도하는 것만큼"만 기도한다는(23) 말도 했다. 아버지를 닮은 아녜스의 생각도 비슷하다. 그녀는 조물주가 컴퓨터에다 자세한 프로그램이 들어 있는 디스켓을 넣어두고 떠나버렸다고 생각한다. 작가가 본문에서 인정하듯이, 신이 이 세상을 창조한 후 인간들을 남겨두고 떠났다는 '은퇴한 신*deus otiosus*'에 대한 생각은 오랜 세월 동안 여러 문화에 전해져왔다.[1] 하지만 현대인 아녜스와 그 아버지가 우주 컴퓨터의 발명자가 떠났다고 생각하는 이야기는 맥락이 다르다(23). 이들에 따르면, 이 세상에 신이 없는 대신 신이 입력한 프로그램이 남아있고

---

[1] '은퇴한 신(*deus otiosus*)'에 대해서는 Eliade, *Patterns*, pp. 46-50을 참조할 것.

인간은 그것을 바꿀 수 없다. 그렇다고 역사 속의 모든 특정한 사건들이 프로그램에 입력된 것은 아니다. 인간의 성향과 기술의 진보와 같은 역사의 방향을 결정짓는 요소들이 결정되어 있고, 역사적 사건들은 모두, 여러 가능성의 경계를 정하고 있는 "총괄 프로그램" 내에서 변이되고 치환된 것일 뿐이다(23).

이 우주론에 따르면, 개별적인 사람도 특정한 역사적 사건처럼 조물주의 컴퓨터에 기획되어 있지 않다(24-25). 컴퓨터는 어떤 원형을 기획했고, 사람은 이 원형의 파생물인 여러 견본에서 뽑아낸 존재다. 따라서 개인적 본질은 없다. 공장에서 대량 생산된 개별 자동차를 다른 자동차와 구별하는 "존재론적 본질"(24)이 일련번호이듯이, 인간을 다른 인간과 구별하는 것은 독특하고 유연한 특징들의 조합인 "얼굴"이다. 아녜스의 생각을 빌려, 쿤데라는 일련번호와 같은 얼굴이 자신을 나타낸다는 사실을 받아들여야 사람들이 삶을 영위할 수가 있는 것이라고 말한다(24).

많은 사람들은 자기 자신의 고유성과 독특성을 스스로 설정하며 살아가다가도, 때때로 인간이기에 동일하게 드러나는 원형적 요소 앞에 압도되기도 한다. 아녜스의 정부情夫인 루벤스는 자신과 교류한 사람들의 머릿속에 같은 말이 담겨있는 것을 경험하면서, "말들의 원천이 같았기 때문"임을 깨닫는다(422). 사람들은 각자의 이미지를 "비인격적이고 초인격적인 물결"에서 얻는데, 그 물결은 조물주 컴퓨터가 만들어놓은 원형이라고도 할 수 있다. 루벤스를 비롯한 일부 사람들은 이 깨달음을 "신의 아이들로서 하나라는 느낌"

으로 받아들이며 "종교적 겸허함"으로 발전시킨다. 다시 말해, "어떤 신비한 융화 작용 때문에 자신이 신과 혼동되는 것 같은 느낌"마저 갖게 되는 것이다. 쿤데라가 덤덤하게 기술한 루벤스의 경험은 사실 매우 신비주의적이다. 신비주의의 가장 중요한 특징 중 하나가 초월적 존재나 우주와 자신이 하나가 되는 경험이기 때문이다. 신비주의에 대해서는 앞으로 코엘료의 소설을 다루면서 다시 언급하게 될 것이다.

그러나 쿤데라는 사람들 대부분이 자기 자신을 인간 원형의 단순한 변이체로 보는 것을 싫어하며 "상호 교환이 불가능한 고유의 본질을 지닌 존재"이고 싶어한다는 것도 지적한다(24). 인간은 "인간"으로 규정되는 거대한 범주의 원형의 반복일 뿐이면서도, 이 존재 방식을 넘어설 것을 갈망한다. 그래서 자신의 개성을 뚜렷이 남들에게 인정받고 싶어하며, 자신의 대체불가성과 독특성을 선언한다.

잊혀지지 않을 이미지를 영원히 남기기

아녜스는 인간의 "존재적 본질"이라는 것이 결국 개별적인 인간들을 구별하는 얼굴에 불과하다고 생각한다. 이를 아녜스의 남편 폴의 표현을 빌려 다시 말하면, "인간이란 자기 이미지 외에 다른 무엇도 아니"며(194), "포착하기도 쉽고 묘사하기도 쉬운 유일한 [인간의] 실재는 바로 타인의 눈에 비친 우리 이미지"다(195). 그렇기에 나폴레옹이나 괴테처럼 후세까지 불멸의 존재로 남은 역사적 인물들은 카메라가 발명되기 훨씬 이전부터 "마치 필름에 담기기라도 하는 듯 행동"했던 것이다(84). 같은 맥락에서 쿤데라는 "사진이라는 것은 발명되기 전에도 이미, 물질화되지 않은 고유의 본질로서 이 세상에 존재"했다고 말한다. 남들의 눈에 비친 이미지가 영원히 남는다면, 그 사람의 본질이 영원히 남는 것이고 따라서 불멸의 존재가 된다.

쿤데라는 원형의 복사물일 뿐인 자아에서 벗어나기 위한 사람들의 노력을 너무도 적나라하게 포착한다. 사우나실에서 자기 자신이 어떤 사람이라는 것을 다른 사람들에게 큰 소리로 알리는 사람이나, 오토바이에서 소음기消音器를 떼고 모든 사람이 주목할 만큼 큰 소리를 내며 거리를 질주하는 사람 모두 자신을 다른 사람들에게 알리기 위해 몸부림치고 있는 것이다(25). 이들은 "자신을 알리기 위해서, 타인의 생각을 점유하기 위해서 자신의 영혼에" 요란한 소리가 나는 장치를 부착한 것이다(38). 소설 속 등장인물들은 모두 자신의 말과 행동이 다른 사람들에게 잊혀지지 않을 이미지가 되기를 기대한다. 아녜스는 거울 속에 비친 자신의 모습에서 나이가 들어가는 것을 발견한 이후 루벤스와의 만남을 중지하여 그의 머릿속에 남을 자신의 이미지를 관리한다.[2] 그녀의 동생 로라가 사랑에 실

---

2 정부에게 결별을 선언하는 6부에는 그 이유가 명시되지 않아 어리둥절할 수 있다. 하지만 정부와 성관계를 가질 때마다 거울을 들여다보는 아녜스가 어느날 갑자기 "그녀를 잠식하기 시작한 늙음"(153)을 보고 경악하는 장면이 3부에 나오는 것을 참조할 것.

패한 후 자살하겠다며 주변 사람들을 두렵게 만든 이유는, 자살을 통해 그들을 떠나겠다고 협박했기 때문이 아니다. 로라는 자신을 그들의 "기억에 영원히 각인"하고 그들 "삶에 큰 대자로 덮쳐 들어 … 깔아뭉개는" 방식으로 자살을 말했던 것이다(267).

쿤데라는 불멸에 이르는 것이 자신의 이미지를 남들에게 오래도록 남기는 것에 불과할지도 모른다는 것을 보여준다. 그는 불멸의 작품을 남겨서 불멸자가 된 사람들의 삶도 사실 다른 모든 사람의 삶과 마찬가지로 별것이 없을 수도 있음을 알고 있다. 불멸자의 작품이란 그의 "위장된" 삶에 불과하고, "그 삶이 우리 중 누구의 삶 못잖게 하찮다는" 사실을 알고 분노하는 사람들도 있을 것이다(505).

그러나 쿤데라는 불멸을 욕망하는 사람들이 더 큰 어떤 것을 상상하고 바란다는 것도 지적한다. 불멸의 대문호 괴테에게 끊임없이 사랑을 고백한 베티나의 진짜 목적은 사랑이 아니었다. 그녀가 괴테에게 보낸 편지에 썼던 "나에겐 당신을 영원히 사랑하리라는 굳고 견고한 의지가 있답니다"라는 문구는 사랑하겠다는 선언이 아니라 "불멸"을 얻고 싶다는 말로 해석해야 한다(98). 사랑을 하지 않았다는 것은 아니다. 하지만 사랑의 대상인 괴테라는 사람이 사랑의 동기와 의미는 아니었다. 그녀에게는 감정으로서의 사랑 자체가 사랑의 동기와 의미였다. 베티나는 감정과 느낌이 존재의 근거이자 가장 존중받아야 할 가치라고 생각하는 "호모 센티멘탈리스"였다. 그녀는 감정으로서의 사랑을 통해 자기의 존재 근거를 찾으려

한 것이다(294, 304-305).[3] 베티나는 당대 지식인 대부분이 그랬듯이, 헤겔의 정의를 받아들여 역사를 "신의 구현" 과정이라고 생각했다(246). 더 자주 사용되는 표현으로 바꿔 말하자면 그녀에게 역사는 '절대자의 자기 실현 과정'이었다. 베티나의 "불멸에 대한 욕망의 몸짓"(249)은 "유명인들에 대한 그녀의 모든 사랑"을 통해 "역사 속에 구현되었다고 믿는 신과 개인적이고 직접적으로 접촉하고자 하는 욕망"이었다(248). 필멸의 인간이 불멸의 영역으로 올라가기 위해, 다시 말해 "신이 자리 잡은 저 하늘까지 뛰어오르기 위해" 그녀는 불멸의 지위에 오른 유명인들을 "도약대"로 삼았던 것이다(248). 신의 영역으로 뛰어오르려 노력하는 베티나를 쿤데라가 "역사의 요정이요 무녀巫女"라고 명명한 것은 당연한 일일지도 모른다(245-46).

아녜스와 그 아버지가 상상한 조물주를 신의 위치에 놓고 본다면 베티나가 추구한 불멸의 시나리오가 완성되기는 어렵다. 아녜스의 조물주는 완전한 성스러움의 근원이 아니라, 일부 영지주의자Gnosticists들이 말했던, 불완전한 세상을 만들고 떠나버린 '물질적 세계 형성자demiurge'와 같기 때문이다. 쿤데라를 직접 인용하자면, "우리는 그 모든 삶[조물주 컴퓨터로 심어진 자신의 자아의 삶]과는 별개로 좀 더 기초적인 어떤 존재, 조물주가 창조를 시작하기 전부터 존재했고, 그래서 과거에는 물론 지금도 조물주가 아무런 영향력도

---

3 쿤데라가 감정과 느낌, 특히 고통과 눈물의 느낌을 통해 자신의 존재와 가치를 확인하는 사람들에 대해 묘사하는 장면도 눈여겨볼 것. 소설 속에서는 로라가 이 과정에 가장 적극적이지만 괴테 역시 자기 자신의 모습에 감동해 눈물을 흘리는 사람이었다는 것도 지적된다.

행사하지 않는 어떤 존재를 상상해볼 수 있다."(389) 인간은 이 조물주가 입력해놓은 원형의 복사물인 "자신의 자아로 존재하는 것"을 가장 견딜 수 없어 하기에(389), 오히려 그 조물주와 분리되는 것을 통해서 의미를 찾는다. 인간은 그러한 조물주를 넘어서는 더 기초적인 존재, 더 초월적인 어떤 존재를 통해서 자신의 자아로 존재하는 것의 무의미를 견딜 수 있는 것이다. 쿤데라는 사람들이 조물주가 컴퓨터를 통해 무수한 자아와 그들의 삶을 세상에 만들어놓았다고 생각하면서도 그 프로그램을 넘어서는 어떤 존재가 되기를 갈망하고 그 존재를 상상한다는 것을 알고 있는 듯하다.

대부분의 인간들은 시간에서 벗어나 불멸의 존재가 되는 것을 가능하지 않을 것이라고 생각할 뿐더러, 동시에 그렇게 되는 것을 두려워할지도 모른다. 쿤데라에 따르면, 인간은 점성술을 통해 자신에게 주어진 영역을 넘어설 수 없음을 배웠으며, 인생의 여러 단계를 거쳐온 사람들은 시계를 보면서 자신의 유한성을 생각하게 된다(415). 인간은 영원과 불멸을 꿈꾸면서도 인간의 영역을 떠나는 것을 두려워한다. 인간은 "인간을 시간으로부터, 시간의 지속적인 움직임으로부터 뽑아내고 순간을 영원으로 바꿔버리는 것보다 더한 공포와 형벌이 없음"도 알고 있다(443). 그럼에도 불구하고 인간은 그 공포를 넘어서 불멸을 꿈꾼다. 자신의 이미지를 남기고자 하고, 신의 영역으로 뛰어오르려 하고, 태초 이전의 가장 성스러운 존재를 상상한다.

chapter 12

황폐한 현대인의
핏빛 신화

욘 A. 린드크비스트, 『렛 미 인』*

소외된 인간의 친구 뱀파이어

『렛 미 인*Låt den Rätte Komma In*』은 1982년, 블라케베리라는 스웨덴의 수도 스톡홀름의 교외도시를 배경으로 한다. 블라케베리는 면밀한 계획에 따라 건립된 도시로 1952년에 사람들이 이주해왔다. 크고, 새롭고, 현대적인 도시였으나, "오직 한 가지가 없었다." 그것은 바로 "과거"였다(1권 15). 과거에 대한 아무런 기억이 없기 때문에 "과거에 얽힌 미스터리 따윌 기대"해서는 안 되는 곳이었다. "교회조차 없는 곳," 즉 전통적 종교조차 뿌리내리지 않은 곳이었다. "현대성과 합리성"에 기반한 이 도시는 신화적인 사건의 배경으로는 영 어색해 보인다. 그러나 이런 현대의 도시 그림자에는 황폐한 인간이 살고 있었다. 도시의 그늘 뒤에서 상처받고 살아가는 그들

---

* 욘 A. 린드크비스트, 『렛 미 인』, 최세희 역(파주: 문학동네, 2009[2004]).

에게, 한계 너머의 존재인 어린 뱀파이어 엘리가 나타나 친구가 되어준다.

밤을 틈타 엘리와 함께 블라케베리로 들어온 호칸은 사회적 지탄을 받는 "소아성애자"다. 그러나 그를 단지 나쁜 사람으로만 규정할 수는 없다. 그는 "돈을 주고 섹스를 사는 것"은 한 번도 해본 일이 없었다. 불법으로 제작된 "잡지와 사진과 영화"를 보며 스스로 욕구를 해결했다. 엘리와 생활하기 전에 단 한 차례 실제로 소년과 관계를 하게 될 뻔도 했지만 "더없이 추"한 상황을 스스로 거부하고 만다(1권 69-70). 엘리를 만난 후에 생긴 한 번의 기회도 스스로 거부한다. 엘리를 향한 열망을 대신하려 돈을 지불하고 소년을 성 상대자로 "구매"하려 시도하지만, 이가 모조리 뽑혀 성적 착취와 돈벌이의 도구가 된 아이를 보고 마음이 아파 가진 돈을 모두 주고 그냥 돌아선다(1권 75-77). 그러나 사람들은 그가 사회에서 정상적으로 사는 것을 용납하지 않는다. 아이들을 향한 성적 욕구를 품고 있다는 것이 알려지면서 그는 국어교사로 일하던 고등학교에서 해직 처분을 받는다. 집이 방화되고 마을에서까지 쫓겨난 후, 그는 모든 것을 포기한 심정으로 알코올 중독자가 된다. 완전히 파괴되어가던 그에게 엘리가 나타나서 먼저 손을 내밀었다. "당신은 이제부터 나와 함께하는 거야 … 당신 이제부터 술을 끊는 거야. 나와 함께 살 거라고. 날 돕게 될 거야. 난 당신이 필요해. 나도 당신을 도울 거고."(1권 331) 그 이후 호칸은 술을 끊고 엘리에게 봉사하기 시작한다. 엘리는 호칸을 성적으로 매혹시킬 정도로 매우 아름다운 아이였다. 게다가 200년이 넘게 살았기에 정말 아이라고 할 수 없었고, 그래서 그 애를 사랑하는 것에 죄책감을 느낄 필요도 없었다. 엘리는 "그의 삶에 아름다움을 부여하면서 동시에 책임감을 덜어준" 것이다(1권 173). 호칸에게는 자신을 "내 친구"(2권 24)라고 불러주는 엘리와 함께 있는 것만이 의미 있는 일이다.

열두 살 때 뱀파이어가 되어 200년 이상 열두 살로 살아가는 엘리에게 호칸보다 더 가까운 친구는 열두 살 소년 오스카르였다. 그는 반 아이들에게 따돌림과 온갖 괴롭힘을 당한다. 괴롭힘을 당하는 것에 대한 공포로 요실금까지 생겼지만, 일찌감치 이혼한 후 자신을 혼자서 키우는 어머니가 마음 아파할까 봐 자신의 사정을 털어놓지도 못한다. 이 과정에서 오스카르는 속으로 병이 들어간다. 시내 가게에 들어가 물건을 훔치는 것으로 자신감을 회복하려 한다. 훔쳐온 사탕을 먹으며 공포 소설을 탐닉하면서 저녁 시간을 보내다가, 내일을 맞는 것이 두려워지면 집 부근 숲으로 들어가 나무를 칼로 찌르는 "멋진 게임"을 혼자서 즐긴다(1권 49). 자신을 괴롭히는 아이들을 나무와 동일시하며 칼로 찌르고 살해하는 설정을 하는 게임이다. 이 게임은 "문지방과 같은 경계liminal의 상태"를 제공함으로써 일시적으로 현실을 역전시키는 의례의 역할을 한다.[1] 여기에 참여한 사람은 현실과는 정반대의 상황을 경험하는 의례를 통해 심리적 균형을 찾고, 그래서 게임이 끝난 후에는 두려운 현실로

---

1 Turner, *The Ritual Process*, p. 155.

돌아갈 수 있는 준비가 되는 것이다. 하지만 이는 결코 근본적인 해결책은 될 수 없다. 오스카르가 가장 즐기는 취미는 살인마와 관련된 기사를 스크랩하는 것으로, 그는 20년 후엔 자신도 희대의 살인마가 될 수 있다고 생각한다(1권 36). 오스카르는 어머니를 사랑하지만 어머니는 그가 살아가는 데 힘을 보태주지 못한다. 그저 염려하고 잔소리만 할 뿐이다. 아버지와 가끔 만나서 시간을 보내는 것을 좋아하지만, 술을 먹기 시작하면 자신에게 무신경한 아버지가 밉기도 하다. 자신은 "정말로 존재하는 게 아니라는 느낌"을 가지고 살아간다(2권 35). 오스카르는 자신의 일상이 무의미하다고 생각한다. 매우 똑똑하지만 학교 생활과 학교에서 배우는 지식이 그에게는 모두 "무의미"하다. "모든 것은 선생들이 숙제를 내주기 위한 구실에 지나지 않"았고, 그래서 "의미 없는 일이었다." 질문에 틀린 답을 써서 제출해도 "똑같이 아무 의미도 없을 것이다"(1권 109).

엘리는 외로운 오스카르의 유일한 친구가 된다. 엘리를 만난 뒤 오스카르는 달라진다. 요실금을 극복하고, 몸을 단련하기 위한 신체 강화훈련에도 참가한다. 용기를 내어 괴롭히는 아이들에게 반격을 가하기도 한다. 괴롭히는 사람이 없어진 후에도 오스카르는 학교가 즐겁지 않았다. 엘리를 만난 후로 "그는 이제 여기 속해 있지 않았다."(2권 268) 엘리는 오스카르의 삶에 의미를 부여했을 뿐 아니라 의미 자체가 된 것이다. 오스카르는 엘리가 뱀파이어라는 사실보다, 엘리와 멀어질 것이 두려웠다(2권 38). 엘리가 선하든지 악하든지 오스카르는 별 상관 없었다. 엘리라는 아이 자체만이 그에게 중요했다. 그래서 엘리에게 친구와 연인을 잃은 요케가 그에게 복수하려 할 때, 그는 위험에 처한 엘리를 구했고 엘리가 요케를 죽이도록 방조했던 것이다(2권 294).

소설 마지막 부분에서는 엘리가 오스카르를 구해낸다. 마을을 떠나려던 엘리는 죽음의 위험으로 몰고갈 정도로 오스카르에게 폭력을 가하는 같은 반 아이 욘니와 그의 형 임미를 죽이고 오스카르를 살린다. 사실 오스카르를 괴롭혀온 욘니도 외롭고 힘겨운 성장기를 살고 있는 현대 도시 소년이다. 부모는 이혼했고, 형은 상습적으로 마약을 즐기는 위험한 청년이다. 엘리를 만난 후 용기를 얻은 오스카르가 몽둥이를 휘둘러 욘니의 귀를 찢고 고막을 터트렸을 때도 형까지 나서서 오스카르를 죽이려 달려들지는 않았다. 다시 괴롭히는 욘니에게 복수를 하려고 오스카르가 그의 책상에 불을 질렀을 때, 형제가 정말 오래간만에 만난 아버지에게서 받은 사진들과 기념품이 모두 타버렸다. 그래서 형까지 나서서 폭력배까지 동원하며 오스카르를 해치려 한 것이다. 이 형제의 광기적 행동 뒤에는 어린 시절 부모의 사랑을 제대로 받지 못한 아픔이 있었다. 그러나 이들은 엘리의 친구가 아니었다. 엘리는 친구를 구하기 위해 형제를 무참히 살해한다.

"하느님 왕국의 존재"

엘리는 『트와일라잇』의 뱀파이어들처럼 초인적인 힘과 감각 능력을 지니고 있다. 엘리가 15층 높이의 병원 지붕에서 날아가 어디론가 사라지는 것을 본 노인은 그를 "죽음의 천사"로(2권 32), 임미와 욘니를 죽인 체육관에서 날아다니는 것을 본 아이들은 그를 "천사"라고 불렀다(2권 338-39). 엘리가 뱀파이어로서 자신을 드러낼 때면 그에게서 "순수한 공포"와 "경계해야 할 모든 것"이 나타난다(1권 344).

하지만 『렛 미 인』은 엘리의 공포스런 면보다 신비한 매력을 더 강조한다. 이 책에서 모든 뱀파이어가 그렇다고 설정하고 있는지는 확실하지 않지만, 적어도 엘리는 사람들을 매혹하는 힘을 지니고 있는 것이 분명하다. 이 힘으로 사람들의 마음을 끌고 그들을 자신의 목적에 따라 움직인다. 엘리에게 속아 집으로 맞아들인 한 여자는 그에게 완전히 매혹된다. 둘의 팔이 맞닿았을 때 여자의 "눈빛은 온화하고 꿈을 꾸는 듯" 했고, 엘리의 허벅지를 베고 누워, "아름다운 이야기"를 해달라고 부탁한다(1권 242-43). 엘리에게 희생된 사람들의 친구인 라케는 엘리를 만나고는 "상상할 수 있는 가장 예쁜 얼굴"을 보았다고 생각한다(1권 341). 엘리가 호칸이 있는 병원을 찾아갔을 때, 그를 본 접수처의 간호사는 엘리에게 뭐든 줘야겠다고 생각하며, 엘리가 눈물을 흘리자 "가슴이 뻐근하게" 아팠고 "목이 메어 아플 지경"에 이른다(2권 17).

엘리의 신비한 매력은 특히 호칸에게 강력하게 작용한다. 호칸은 현대인을 "박복한 것들. 아름다움이 없는 세상에 사는, 청승맞게 고독한 모든 사람들"이라고 여기는 사람이다(1권 38). 그가 보기에, "아름다움에 대한 존중의 말소. 그것이 오늘날 이 사회의 특징이었다."(1권 37) 반면 그가 사랑하는 엘리는 이 사회와는 완전히 다른, 진정으로 아름다운 존재였다. 아름다운 아이 엘리는 소아성애자 호칸에게 성적으로 가장 매력적인 존재였을 테지만, 호칸은 그 이상의 어떤 매혹을 감지한 것이 분명하다. 엘리는 아름다움이 없는 세상과 구별되는 아름다움을 지닌 성스러운 존재였다. 엘리의 사랑을 받기 위해 자신이 원하지 않는 살인을 저지르면서, 호칸은 "나는 아이의 마음을 갖고 싶어. 아이는 하느님 왕국의 존재이니…"(1권 39)라고 말한다. 그는 엘리의 눈을 보면서, "존재할 수 있는 세계 중에서도 지고의 세계"라고 생각했다(1권 173). 호칸이 엘리에게 피를 가져다주기 위해 지나가는 청소년을 살해한 사건을 언론에서는 "제의적 살인"이라고 불렀다(1권 137). 언론의 표현대로, 호칸은 사랑하는 엘리의 마음을 얻기 위해서 사람의 피를 바쳐 희생제의를 지냈다고도 할 수 있다. 호칸이 피를 바치며 원했던 것은 신과의 관계를 위해 가장 귀한 인간의 피를 바치던 일부 고대 문화의 사람들의 기대와 다르지 않다. 엘리가 자신을 사랑하기만 한다면 살인도 기꺼이 하겠다는 호칸은 엘리에게 "날 어떻게든 사랑"해달라고 간구한다(82).

　호칸에게 엘리는 가장 강력한 욕망의 대상이면서 동시에 성스러운 존재이며 구원자였다. 엘리의 사랑을 얻기 위해 어린이를 살해하려다가 실패로 돌아간 후 얼굴에 염산을 부어 자살을 시도하면서, 그는 구원자 엘리를 갈망했다. "하늘에서 날개를 활짝 펴고 훨훨 내려와 그를 데려가려 하는 소년 천사" 엘리가 "그를 저 멀리로 데려간다. 그들이 언제나 함께 할 수 있는 곳으로. 영원히 함께 할 수 있는 곳."(1권 202) 그의 가장 강렬한 소망은 엘리와 함께 하는 것이었다. 체포된 후 병원에 찾아온 엘리에게 자신을 뱀파이어로 만들어달라고 부탁한 것도 엘리와 함께 하고 싶은 열망 때문이었다. 염산을 얼굴에 붓고 혼수 상태에 있으면서도, 계속 "엘리, 엘리"라며 엘리의 이름만 부른다. "엘리"라는 이름은, 소설 속 경찰들도 말하듯이, 십자가에 달린 예수가 하늘의 신을 부를 때 말한, "나의 하나님"이라는 아람어 표현과 발음이 같다(마태 27:46, 마가 15:34). 호칸이 염산을 부어 자살하려 한 것은 엘리의 존재를 드러나지 않게 하기 위해서였다. 병원에 누워 자신이 지옥에 떨어지게 될 것이라고 생각하면서도, 뱀파이어 엘리에 대해 이야기하는 것은 유다가 예수를 배신한 것과 같은 배신이며, 따라서 엘리에 대해 말하지 않은 자신은 가장 죄질이 나쁜 죄인인 배신자가 가는 지옥에는 가지 않게 될 것이라고 자부한다(1권 305).

고독한 괴물 뱀파이어

그러나 이 성스러운 존재는 불완전하고, 철저히 고독하다. 엘리는 어디까지나 괴물 뱀파이어이며, 『드라큘라』 이래 대부분의 뱀파이어 소설이 묘사하는 흡혈귀의 특징을 거의 지니고 있다. 『렛 미 인』의 뱀파이어도 인간의 피에 의존해서 산다. 피 외에는 아무것도 먹을 수 없다. 피가 있는 한 늙거나 죽지 않고 초인적인 신체 능력을 발휘하지만, 피가 없으면 갑작스레 노화가 진행되고 추한 모습으로 변한다. 뱀파이어가 다른 사람의 집에 들어가려면 초대를 받아야만 된다는 것은 여러 전작에도 언급된 뱀파이어의 약점이다. 한 번 자면 몇 달을 깨지 않고 자는 것, 햇볕을 받으면 불에 타 죽고 마는 것, 불에 태우거나 심장에 말뚝 등을 박아서 파괴하면 소멸된다는 점도 그렇다. 어떤 사람이 살아있는 상태에서 뱀파이어 "전염체"에 감염되면 뱀파이어가 된다. 이 책에서도 전염체는 인간 속에서 "몸부림치는 커다란 뱀"으로(2권 81), 전염체에 감염된 뱀파이어는 "인간들 사이에 섞여 사는 독사"로(2권 291) 비유되고 있다. 『렛 미 인』에서 뱀파이어는 성스럽게 여겨지기도 하지만 동시에 사악하고 파괴적인 괴물로 인식되고 있는 것이다.

물론 엘리는 자신이 괴물로 인식되는 것을 거부한다. 오스카르는 엘리가 "뭔가 다른 존재"라고 생각하지만, 엘리는 자신이 "아주 이상한 병을 앓고 있는" 그저 사람일 뿐이라고 강조한다(2권 57). 엘리는 오스카르가 자신을 괴물처럼 보는 것을 싫어한다. 뱀파이어라는 것을 결국 인정하면서도 그저 "엘리"라는 이름으로 불리고 싶어한다. 그는 "난 어쩔 수 없으니까 하는 거야. 다른 방법이 없어서"라고 자기의 존재 양태에 대한 변명을 한다. 엘리는 그것이, 마치 오스카르가 "살고 싶으니까" 자신을 괴롭히는 아이들이 죽기를 바라는 것과 다르지 않다고 강조한다(2권 161). 분명히 엘리는 인간을 무차별하게 학살하고 피를 빼앗는 살인마 흡혈귀로 그려지는 드라큘라와는 다르다. 엘리는 인간과 교감하며, 인간 친구의 이해와 사랑을 받으며 살고 싶어한다. 친구 오스카르는 엘리가 뱀파이어 전염체의 충동을 이겨내게 할 정도로 소중하다. 피에 오랜 시간 굶주린 상태에서 함께 장난을 하는 오스카르의 피를 맛보았지만, 그를 공격하지 않고 자리를 뜬다. 긴 세월 동안의 외로움이 생존 본능보다 더 강한 우정과 사랑에 대한 열망을 낳았다고 할 수 있다. 18세기 농민 부부의 셋째아이였던 엘리는 열두 살 때 뱀파이어 영주에 의해 전염되었다. 원래 남자아이였지만 영주가 성기를 완전히 제거한 후로 남자도 여자도 아닌, 아이도 나이를 먹은 것도 아닌, "아무것도 아닌" 존재가 되었다(1권 265). 그 후로 "완전히 혼자"로(2권 35) "2백년 동안 아무하고도 제대로 친구한 적 없이"(2권 158) 철저히 고독한 삶을 살아왔다. 오스카르와 호칸 역시 너무도 외로운 사람들이었고, 그래서 엘리는 자신의 고독을 이해할 만큼 외로운 그들에게 손을 내밀었을 것이다. 엘리는 오스카르에게 쓴 편지에 "난 외로워. 네가 상상할 수 있는 것보다 더한 거야"라고 썼다가 곧 "아니, 너도 상상할 수 있을진 모르겠구나"라고 덧붙인다(2권 108).

『렛 미 인』에서는 전염체에 감염된 뱀파이어도 뇌가 죽지 않으면 인간성이 파괴되지 않는다. 엘리는 뱀파이어이면서 인간성을 잃지 않았고, 살기 위해서 살아있는 사람의 피가 필요하지만 살인을 하기는 싫어한다. 이 소설은 뱀파이어들을 대개 살인하기 싫어서 스스로 목숨을 끊는 여리고 양심적인 존재로 묘사한다. 엘리가 2백 년 동안 만났던 두 "전염자" 중 한 여자는 자신들이 "정말 희귀한 존재"라고 말해준다(2권 214). 뱀파이어로 "사람을 죽이며" 살아가는 것은 "정말 무거운 짐"이기에 "대부분이 스스로 목숨을 끊는다"는 것이다.

하지만 어린 나이에 뱀파이어가 된 엘리에게는 "양심의 가책보다 살려는 의지가 더 강했다."(2권 215) 엘리는 다른 사람의 도움을 통해 피를 공급받거나, 긴급할 때는 스스로 사람을 공격하여 피를 빼앗아 먹으며 살아왔다. 엘리는 누군가 자신을 위해 사람의 피를 가져다주기를 기대해왔고, 1982년 블라케베리에서는 그 조력자가 호칸이었다. 엘리는 자신이 어리고 예쁘게 생겨서 사람들이 기꺼이 도와주려 하는 것을 이용하며 2백 년 이상을 살아왔다. 마을 주민 요케는 신음하는 엘리를 진심으로 도와주려다가 변을 당했다(1권 120-22). 엘리 대신 살인을 해서 피를 공급해주는 이들이 거의 항상 있어 왔고(1권 81), 호칸 역시 그랬다. 그래도 그 스스로는 피를 먹지 못해 몸이 변해가면서도 살인은 자제하려 애쓴다. 특히나 사랑하는 사람은 결코 해치지 않는다(1권 114, 327 등). 오스카르와 친구가 된 후, 피가 정말 필요한 상황에서도 마을 청소년 톰미에게 돈을 지불하고 죽지 않을 만큼의 피만 뽑아서 마신다(2권 194). 다른 방법이 없어서 남의 피에 의존해 살아가지만, 양심의 가책을 지니고 어정쩡한 모습으로 인간의 주변을 맴도는 것이다.

한계 상황에 처한 인간의 끔찍한 꿈

마지막으로, 뱀파이어가 남아있는 인간성마저 상실하면 어떻게 되는지 살펴보자. 살아있는 상태로 전염체가 들어오는 것이 아니라, 전염체에 감염된 상태로 죽은 사람은 "좀비"와 같이 더 끔찍한 괴물이 된다. 이 전염체는 "완전히 독립적인 존재로서 자기 고유의 생명, 자기 고유의 힘을 가졌"기 때문이다(2권 81). 그래서 감염된 사람이 "죽더라도 전염체는 계속 살아나갈 것"이며, 아무도 눈치채지 못하도록 전염체가 대신 몸을 관장한다. 죽었지만 본능과 욕구에 따라 몸이 움직이는 "언데드undead"가 되는 것이다(2권 221). 언데드는 심장이 파괴되어도 계속 움직이며, 초대와 상관없이 어디든 들어가는 등 뱀파이어의 제약이 적용되지 않는 새로운 존재다.

엘리는 자신을 위해 범죄를 저지르다 자해해 중상을 입고 체포된 호칸의 마지막 부탁을 들어준다. 감옥에 가지 않고 "엘리와 함께할 것"을 작정한 호칸은 엘리에게 자신을 뱀파이어로 만들어줄 것을 부탁한다. 그러나 호칸은 병원 10층 건물에서 추락하여 생명이 끊어지고 의식과 의지를 상실한 괴물로 변하고 만다. 인간성을 상실한 채 뱀파이어 전염체가 지배하는 욕구의 부분만 남은 언데드가 된 것이다. 비록 소아성애자이지만 차마 아이와 직접 성관계를 하지 못하던 마음 약한 사람, 아름다움을 열망하고 추구하던 그 호칸은 사라지고 엘리를 향한 성적 욕구만 남은 괴물이 되어 엘리를 추적한다. "그의 몸에서 유일하게 살아있는 건 전염체뿐이었다. 그의 뇌는 죽어버렸고, 전염체가 그를 통제하고 이끌어가고 있었다"(2권 180).

엘리가 눈을 빼고 심장을 터트렸지만 그 괴물은 여전히 엘리를 향해 달려들었고, 엘리가 탈출한 뒤에는 그곳에 있던 톰미를 공격했다. "심장이 없는 장님" 괴물 호칸은 손을 더듬거리며 톰미를 추적했다. 그러나 톰미는 앞을 보지 못하는 호칸을 피한 후 역공을 가하는 데 성공했다. 금속 트로피로 그의 머리와 온몸을 내리쳐 으스러트린 것이다.[2] 호칸은 몸이 부서지면서도 계속 꿈틀거렸고, 성기를 발기한 채로 유지했다. 철저하게 소외되고 황폐한 현대인의 꿈이 뱀파이어 엘리를 친구로 불러냈지만, 마지막 인간성마저 잃고 나서는 눈과 심장이 없어도 성기가 발기한 채 욕구의 대상만을 쫓아가는 끔찍한 괴물이 된 것이다. 『렛 미 인』은 한계 상황에 처한 인간이 꾸는 꿈이 아름다운 결과로 이어지는 것만은 아님을 보여준다.

---

[2] 신화 속에서는 아무리 힘센 괴물이라도 앞을 보지 못하면 인간에게 당하고 만다. 오디세우스 일행을 잡아먹던 외눈박이 거인(키클롭스) 폴리페모스도 오디세우스에게 한쪽 눈을 찔려 장님이 된 후에는 방향을 잃은 채 여기저기를 헤매다 일행을 놓치고 말았던 것을 기억하라.

chapter 13

삶의 공포와
삶을 통한 구원

파울로 코엘료, 『베로니카, 죽기로 결심하다』*

죽음을 부른 허무와 무의미

파울로 코엘료Paulo Coelho의 작품 중 우리나라에서 가장 잘 알려진 것은 1988년 출판된 『연금술사』O Alquimista』일 것이다. 『연금술사』에 나타난 코엘료의 종교적 관점은 졸저 『종교적 인간, 상징적 인간』에서 성스러움의 속성을 중심으로 간략하게 언급한 바 있다. 이 작품에 대해서는 너무도 많은 사람들이 의견을 내놓았기 때문에 여기서는 그보다 10년 뒤에 출간된 『베로니카, 죽기로 결심하다 Veronika Decide Morrer』(이하 『베로니카』)를 중심으로 논의를 전개하기로 한다. 1997년의 슬로베니아를 배경으로 하는 『베로니카』의 등장인물들은 『연금술사』에 나오는 현대화 이전의 종교적인 주인공들과는 달리 종교적 관점과 전제를 당연한 것으로 받아들이지 않지만,

---

* 파울로 코엘료, 『베로니카, 죽기로 결심하다』, 이상해 역(파주: 문학동네, 2003[1998]).

이 책에서도 역시 종교와 관련된 코엘료의 관점을 찾아낼 수 있다. 한 가지 재미있는 것은 두 책 모두 스토리 시작 전에 『신약성서』 「누가복음」 10장의 구절을 인용한다는 점이다. 『연금술사』는 자기 집에 온 예수를 대접하느라 정신이 없는 마르다가 예수의 옆에서 그가 가르치는 말만 듣고 있던 여동생 마리아에 대해 불평하는 장면을 인용한다(10: 38-42). 여기서 예수는 마리아가 정말 필요한 한 가지를 택했다며 마리아 편을 든다. 『연금술사』의 주인공 산티아고는 자신이 살아가던 방식을 버리고 신 혹은 우주의 원리와 하나가 되는 연금술사가 되기로 선택했다. 『베로니카』에서 인용하는 누가복음 10장 19절은 예수가 제자들에게 "이제 내가 너희에게 발로 뱀을 밟을 권능을 주었으니(……) 그 무엇도 너희를 해할 수 없으리라"고 말하는 구절이다. 이 구절이 왜 인용되었는지 말하기 위해서는 모호하고 신비한 수수께끼들로 이루어진 것 같은 이 책을 좀더 풀어나가야 할 것이다.

책 제목에 명시되었듯이, 베로니카는 죽기로 결심한다. 그녀에게 특별한 이유가 있어서 자살을 결심한 것은 아니다. 그녀는 사랑이나 가족의 애정이 부족하지도 않고, 금전적인 문제도 없으며 절망적인 병에 걸리지도 않았다(21). 그녀가 죽기로 결심한 이유는 두 가지다(17). 첫째는 삶의 무의미와 허무감이다. 그녀는 삶이 너무 뻔하다는 것을 알게 되었다. 젊음이 가고 나면 내리막길, 노쇠와 질병이 올 것은 의심할 여지가 없다. 그녀는 더 살면 고통의 위험만 커질 것이라고 믿는다. 더는 살아갈 의미를 찾지 못한 것이다. 둘째는 세상에 대해 느끼는 자신의 존재의 무력감이다. 세상이 그다지 살만한 곳이 아닌데다가 점점 나빠지기까지 하는데, 자신은 이 상황을 어떻게 개선할 능력이 없고 따라서 별 가치가 없는 존재라고 생각하게 되었다.

그녀가 행복을 전혀 경험하지 못한 것은 아니다. 행복을 느끼기도 하지만, 그 행복은 지속될 수 없는 것이라는 것을 알게 되었다. 아름다운 광경도 독창성이 상실되고 모든 것이 반복되는 존재의 비극으로 전락할 것이라고 생각한다(21). 젊고 예쁘고 총명하기에 남자들의 시선과 관심을 받고 육체적 사랑을 통해 쾌락을 맛볼 수도 있지만, "오르가슴이 지나가고 나면 공허감이 밀려"온다는 것도 반복적으로 경험했다(36). 아름다운 것들과 행복한 경험도 일상화하면 아무런 가치가 없어진다고 베로니카는 생각한다. 결혼을 하고 아이를 낳는 평범한 삶을 산다 해도, 아름답고 빛나는 젊음이 상실된 채로 무의미한 일상은 계속 반복될 것이다. 정리하자면, 그녀는 일상 속에서 아무런 의미와 가치를 찾을 수 없었고, 고통과 부조리, 혼돈으로 가득 차 있는 세상 속에서 자신의 존재는 철저히 무기력하게만 느껴졌다.

전통적으로 종교적 인간은 불변의 가치를 지니고 그 자체로 의미가 있으며 시간을 넘어서는 영원한 속성을 지닌 성스러움을 통해 범속한 세상의 덧없음과 부조리 그리고 무의미를 극복하려 했다. 그러나 소설 속에서 베로니카는 공산주의 교육 속에서 종교적 사고 방식을 잊어버렸고, 무의미를 극복할 다른 대안적 방식도 모르고 있었다(18). 죽음 앞에서 신을 생각하기도 하지만, 신이 존재한다고 인정한다 하더라도 자신이 자살을 그만둘 이유는 없다고 결론 내렸다. 불의, 탐욕, 비참함, 고독일 뿐인 혼돈을 창조한 것은 신 자신이므로 자신의 자살에 책임을 물을 수 없을 것이라고 믿기 때문이다(18-19). 자신이 할 수 있는 모든 경험을 했다고 할 정도로 세상의 무의미를 넘어서려 노력했지만 이런 생각은 변하지 않았다.

유물론적 교육을 받은 그녀에게 죽음은 모든 고통에서의 자유를 뜻한다. 죽음은 "마침내, 자유. 영원히, 망각"이다(19). 일상에서 의미를 찾을 수 없고, 범속을 넘어서는 세계도 찾을 수 없는 스물네 살의 여성이 자살을 통해 모든 것을 끝내기로 결심한 것이다.

진정한 자아, "사람들이 당신이라고 여기는 것이 아니라 바로 당신 자신"

그러나 자살은 실패로 돌아갔다. 베로니카는 죽지 않았고, 정신병원으로 옮겨진다. 원장 이고르 박사는 수면제로 인한 심장 손상으로 그녀가 일주일 내에 죽을 것이라고 진단했다. (사실 그녀가 죽게 될 것이라는 말은 거짓이었다. 소설 마지막에 이고르 박사가 베로니카와 정신병에서 회복된 다른 환자들에게 "죽음의 자각"이라는 치료법을 사용한 것이라는 것이 밝혀진다.) 소설은 베로니카가 의사와 간호사는 물론, 소위 "미친 사람들," 그리고 병에서 회복되었으면서도 병원에 남아 있는 사람들(110)과 시간을 보내며 "진정한 자아"를 찾아가는 내용으로 이어진다. 코엘료가 말하는 진정한 자아는 "사람들이 당신이라고 여기는 것이 아니라 바로 당신 자신"이다(146).

정신병원이라는 배경은 자기 자신을 돌아보는 데 도움이 되는 곳, 달리 말해 진정한 자아를 찾는 데 유리한 조건을 갖춘 곳이다. "미친 사람이란 자기 세계 속에서 사는 사람"이고, "다시 말해 뭇사람들과는 다른 사람들"이기 때문이다(52-53). "미쳤다는 건 자신의 생각을 다른 사람에게 전달할 수 없는 상태"를 말한다(92). 달리 말하면 이들은 남들이 기대하는 대로, 사람들이 자신을 규정하는 대로 살지 않는다는 것이라고 할 수 있다. 이런 점에서는 미친 사람들이 소위 정상적인 "뭇사람들"보다 낫다고 할 수 있다. 입원 중인 환자 제드카는 동시대 사람들이 이해할 수 없었던 아인슈타인, 콜럼버스, 에드먼드 힐러리, 비틀즈 등이 "자기 자신의 세계"에 살았던 사람들이라고 말하며, 베로니카는 이 논리에 따르면 신비적인 종교 경험을 한 사람들, 즉 "예수나 성모 마리아와 대화를 나누었다고 주장했던 성인聖人"들도 자기 자신의 세계에 살았던 사람들일 것이라고 생각한다(53).

베로니카는 자신이 "진정한 자아"를 찾지 못하고 살았다는 것을 점차 깨닫는다. 그녀는 자신을 혐오하도록 만드는 것이 "아마 비겁함"이나 "잘못하는 게 아닐까, 다른 사람들의 기대에 부응하지 못하는 게 아닐까 하는 영원한 두려움"일 것이라고 말한다(97). 이 두려움 때문에 실제로는 "허약"했던 그녀가 "자신이 강하며 무심하다는 걸 스스로에게 증명하고" 싶어했다(98). "스스로 만들어낸 자신의 이미지에 부합하려 애쓰느라 모든 에너지를 소비"했기 때문에 "자기 자신—누구나 그렇듯, 행복해지기 위해 다른 사람들을 필요로 하는 사람—이 되는 데 써야 할 힘이 더 이상 남아있지" 않게 되었다. 타인들과 멀어졌고, 자신과 다른 사람들에게는 종종 상처를 입히게 된다. 이런 "고집과 결단력으로 많은 사람들에게 깊은 인상을 남겼다고" 치더라도, 결국 그녀가 도달한 곳은 "공허. 완전한 고독. 빌레트[정신병원 이름], 죽음의 대기실"이었다. 다른 사람들의 기대로 인한 두려움이 자기 자신을 혐오하도록 만드는 상태는 이 책이 말하는 "진정한 자아"와는 완전 반대되는 것이다.[1]

때로는 아무런 조건 없이 사랑을 베풀기만 하는 사람도 그 사랑을 받는 사람이 진정한 자아를 찾지 못하게 하는 원인이 되기도 한다. 엄마의 사랑은 아무런 대가도 바라지 않았기에 그 사랑을 받는 베로니카에게 죄책감을 불러일으켰다. 그래서 자신이 꿈꾸는 모든 것을 포기하더라도 그 사랑의 기대만큼은 충족시키고 싶은 욕망을 불러일으켰다. 그래서 자신의 삶을 희생하며 사랑만을 준 엄마의 사랑도 한편으로는 베로니카에게 증오의 대상이 되었다(101).

그녀는 병원에 있는 동안 자신이 엄마를 포함한 모든 대상을 증오하고 있다는 사실을 깨닫게 된다. 그것은 드디어 그녀가 자기 자신을 보기 시작했다는 것을 의미한다. 이제 문제를 알게 되었으

---

[1] 코엘료는 원장 이고르 박사의 입을 통해 이런 종류의 두려움과 그로 인한 정신이상은 전쟁, 초인플레이션, 페스트 등과 같은 상황에서는 잘 나타나지 않는다는 것을 지적한다(111, 130). "인간은 각종 조건들이 양호할 때에만 정신이 이상해지는 사치를 부린다는 것"(111)은 우리사회에서 점점 많은 젊은이들이 우울증으로 시달리고 있는 배경을 잘 설명해준다.

므로 해결도 가능해졌다. 엄마의 기대 때문에 자신의 꿈이던 피아니스트가 되는 것을 포기한 그녀는 병원의 살롱에서 "닥치는 대로 건반을 두드렸다."(103) "미친 듯한, 지리멸렬한, 짜증스런 음들"은 그녀의 귀에 "영혼의 가죽을 벗기는 듯한 날카로운 음"으로 들렸다. 그녀는 "그것이 그 순간 그녀 영혼의 가장 충실한 이미지"라는 것을 깨달았다. 자기 자신의 상태 그대로와 비겁함 없이 맞서는 것, 자기 자신의 진정한 모습을 찾는 것이 증오를 없애는 선결 요건이다. 그래서 피아노를 계속 두드리면서 "그녀의 마음 속에는 조금의 원한도 남아있지" 않게 되었다.

베로니카는 피아노를 치면서 창을 통해서 자신이 좋아하는 반달이 뜬 밤하늘을 바라본다. 이때 그녀는 범속한 세계 속에서 경험해온 삶의 한계를 넘어선 세계를 보게 된다. "무한과 영원이 손을 잡고 나란히 걸어가는 듯한 느낌이, 한계가 없는 우주를 바라보는 것만으로도 삶의 모든 비밀을 품고 있는 현재에 닻을 내리고 미동도 않는, 끝없는 시간의 존재를 충분히 느낄 수 있을 듯한 느낌이 찾아들었"던 것이다(103). 유물론적 교육을 받고 자란 베로니카도 자연을 통해 성스러움을 인식한 종교적 인간과 같은 경험을 하게 되는 것이다. 물론 많은 사람들이 달과 정신이상자들을 관련시켰던 것도 사실이다. 코엘료도 지적하듯이(187), 정신이상자를 가리키는 "lunatic"이라는 단어 역시 달과 연관되어 있다. 그러나 종교적 인간들이 가장 애착을 가진 자연물 역시 달이다.[2] 이 장면은 정신병원에

---

2 Eliade, *Patterns*, p.126; 졸저 『종교적 인간, 상징적 인간』, 222, 236쪽 참조. 달은 신화의 주

서 베로니카가 진정한 자아를 찾는 경험이 종교적 경험과 무관하지 않다는 것을 보여준다. 베로니카가 반달을 좋아한 것도 고대 근동을 비롯한 여러 지역 사람들이 보름달 못지않게 반달과 초승달에도 종교 상징적 의미를 부여했던 것과 같은 맥락에서라는 것도 여기서 덧붙이자. 사람들은 주기적으로 스러졌다가 다시 완전한 모양을 회복하는 달을 죽음과 재생의 의미로 받아들였다. 여기에 대해서는 14장에서 구효서의 소설 「사자월」을 다루면서 더 이야기하겠다. 보름달이 이미 성취된 완벽한 생명력이나 우주의 전체성을 의미한다면, 팽창해가는 초승달이나 반달은 우주의 에너지가 팽창하는 상태와 앞으로 다가올 부활을 상징했다. "시인들은 보름달을 좋아했고, 보름달에 수없이 많은 시를 바쳤다. 하지만 베로니카는 반달을 더 좋아했다. 반달은 커지고 확장될 공간을, 자신의 전 표면을 빛으로 채울 가능성을 갖고 있었다. 어쩔 수 없이 다시 이울어야 하는 보름달과는 달랐다."(93)

책에는 자신을 억압하는 기제가 무엇인지, 즉 자신에게 금지된 것들로 인해 억눌리는 것이 무엇인지를 보는 것도 자아를 찾는 중요한 과정으로 묘사된다. 베로니카와 많은 대화를 나누는 마리아는 "질서의 과잉에 기인하는" 공포로 공황장애를 겪었던 사람이

제로도 가장 많이 채택되었을 뿐 아니라, 삶을 구성하는 세시 풍속과 관련된 의례에도 가장 큰 영향을 끼쳤다. 종교적 인간은 달의 주기적인 변화를 보고 달을 풍요와 생명의 순환, 시간의 구성, 성적인 능력 등 인간과 우주의 속성을 나타내는 상징으로 사용했다. 수많은 동물, 원초적 문양, 땅, 물 등의 종교상징적 의미들도 달의 상징으로 수렴되는 사례를 여러 문화에서 찾을 수 있다.

다. 그녀는 신은 자신이 만든 법, 규범, 질서로 사람들에게 감당할 수 없는 짐을 안겼고, 그 아들[예수]이 십자가에서 못박혀 죽은 것도 그 법 때문이라고 생각한다. 그녀는 정신병원에 와서 질서와 법에서 해방될 수 있었다. 정신병원은 바깥 세상에서 금지된 것을 할 수 있고 따라서 법과 질서에서 자유로운 공간이다. 마리아는 잔디 위에 담배꽁초를 버리는 금지된 행위를 하면서 쾌감을 느낀다. 이는 "규정을 어기고도 결과에 책임을 지지 않아도 되는 것이 정신병원에 갇혀 지내는 사람들이 누리는 특권"이라고 여기기 때문이다(157). 마리아는 베로니카가 '마스터베이션'을 통해 스스로 정해놓은 질서를 벗어나는 데 영향을 끼쳤다. 아직 혼수상태이던 베로니카에게 마스터베이션을 권했고, 이후로도 "마스터베이션을 해 봐, 가고 싶은 데까지 가보라구"(188)라고 말하기도 한다.

    베로니카는 외부세계에 마음을 완전히 차단한 에듀아르 앞에서 마스터베이션을 한다. 에듀아르는 베로니카의 피아노 연주가 좋아 그녀를 따라다니는 젊은이다. 그녀는 죽음을 앞둔 자신이 사랑할 수 있는 사람은 자신이 죽어도 상심하지 않을 정신병자인 에듀아르일 것이라고 생각한다(187). 에듀아르는 음악 외에는 아무런 반응을 하지 않는다. 성관계를 갖기 위해 소파로 이끄는 베로니카의 손길을 거부하고 피아노 앞에서 연주해주기만을 기다린다. 그 앞에서는 "항상 제한된 삶을 살게 만들었던 두려움과 편견"이 필요 없다. 에듀아르 앞에서 "그녀가 하고 싶은 대로 할 수 있다는 것, 그리고 거기에는 아무 한계가 없다는" 점에서 그는 베로니카의 마음을 끈다(189). 베로니카가 에듀아르를 사랑하게 된 이유 역시 그래서일 것이다. 자신의 벗은 몸을 보고도 반응하지 않는 에듀아르 앞에서, 베로니카는 "금지되었던 모든 것을 상상하고 실현"하며 마스터베이션을 하고, 마리아가 말한 "아주 먼 곳까지" 이르는 쾌락을 경험한다. "자신의 가장 비밀스러운 욕망의 끝"을 경험한 후, 베로니카는 영혼이 가벼워지고 죽음에 대한 두려움을 잊는다(193-94). 마스터베이션은 남이 규정하지 않는 자기 자신의 모습을 찾는 장치로 사용되었다고 할 수 있다.

사랑, "어느 쪽에서 보더라도 항상 똑같고 누구에게나 가치가 있는 절대적인 것"

사람은 사랑으로 파괴되기도 하기에 사랑의 이중적 요소를 생각하게 된다. 베로니카는 어머니의 사랑 때문에 피아니스트의 꿈을 포기했고, 에듀아르는 부모를 실망시키지 않기 위해 천국의 환영을 그리는 화가가 되기를 포기했다(271). 그를 꿈으로부터 분리하고 있는 현실은 그에게 "심연"과도 같았고, 이제는 다시 꿈을 꿀 수 없게 된 에듀아르는 희귀 정신분열증 진단을 받았다(290). 에듀아르도 베로니카처럼 "사랑에 질려버렸던 것"이며, 사랑 때문에 자아를 잃어버린 것이다(272).

그러나 진정한 자아를 찾은 사람에게는 지금까지 넌덜머리나게 했던 사랑이 '삶의 의미'라는 전혀 다른 의미로 다가온다. 소설 속에서 사랑은 가변적이고 덧없는 세상 속에서 보편적이고 영원한 가치를 지닌 것으로 묘사된다. 코엘료의 표현을 빌자면, "어느 쪽에서 보더라도 항상 똑같고 누구에게나 가치가 있는 절대적인 것"이다(230). 신비 경험자이기도 한 제드카는, 사랑을 통해 자신을 찾은 베로니카에게 많은 사람들이 미래와 과거에 얽매여 사랑에 빠지지 못한다면서 "네 경우엔 존재하는 건 오직 현재뿐"이라고 말한다(232). 사랑은 과거와 미래에 걸리지 않고 시간을 넘어서는 것이라는 말일 것이다. 베로니카는 사랑에 빠진 후 "마치 손가락들이 저절로 움직였던 것"처럼 피아노를 쳤다(231). 자신이 아닌 다른 "어떤 힘"이 자신을 이끌어 전에는 "연주할 수 있으리라고는 생각지도 못했던 멜로디와 화음들을 배열"해주었다. 그녀는 사랑을 통해 "온전한 나 자신"을 찾게 되었다고 할 수 있다.

사랑을 하면서 자신이 아닌 다른 어떤 힘이 자신을 이끈다는 것을 느끼고, 이전에는 할 수 없었던 연주를 하게 되었다는 체험이 '사실'일까, 아니면 그저 생각 속의 일일 뿐일까. 뒤에서 다시 언급하게 될 제드카의 신비 경험은 정말 일어난 일일까, 아니면 환각에 불과한 것일까. 물론 소설 속의 일들이지만, 우리 주위에서 이런 경험을 언급하는 사람을 여전히 찾아볼 수 있는 것이 분명할진대, 짚고 넘어가지 않을 수 없는 문제다. 먼저 기억해야 할 것은 일상과 구별되는 경험을 하는 사람들에게 이 경험은 너무나 확실한 일이라는 점이다. 인간은 불완전하고 덧없을지라도 세상에 살아가면서 그 너머를 지향하며 경험한다. 그 경험이 환각이 아닐까 의심하기도

한다. 그러나 사람들은, 소설가 김훈의 말대로, "환각이기도 했겠지만, 살아 있는 생명 속으로 그처럼 확실하고 절박하게 밀려 들어온 사태가 환각일 리도 없었다"고 자신의 경험을 진술한다.[3] 우리는 사람들이 확실하고 절박하게 경험한 것을 사실이 아니라고 무시하기만 해서는 안 된다. 종교현상학자들의 관점에서 인간의 종교경험을 기술한 심리학자 융C. G. Jung은 자신이 "[종교적인] 관념이 있다는 사실에 관심을 가질 뿐이지, 이러한 관념이 어떤 의미에서 진실이냐, 거짓이냐 하는 문제에는 전혀 관심을 갖지 않습니다"고 말한다. 그의 심리학은 "그러한 관념이 존재하고 있는 한에서 심리학적으로 그 관념은 진실"이라고 간주한다. 제드카와 베로니카의 경험이 무가치한 환상으로만 설명될 수 없음을 기억해야 할 것이다.[4]

사랑은 진정한 자아를 찾은 사람들이 삶 속에서 찾을 수 있는 성스럽고 신비한 힘을 의미하기도 한다. 사랑에 빠진 에뒤아르와 베로니카는, 사랑의 의미에 대해 이야기하며 가톨릭 신자들이 "노트르담"이라고 부르는 한 부인이 살아있는 뱀을 밟고 있는 그림에 대한 의견을 나눈다.[5] 베로니카는 "뱀이 이 땅에 선과 악을 가져왔고, 그 부인[즉 성모마리아]이 사랑으로 선과 악을 다스린다"고 설명하고, 그 그림을 "사랑에는 두 개의 얼굴이 있다는 의미"로 해석했다(275). "사랑으로 이미 한번 파괴"되었던 에뒤아르에게, 사랑이

---

3 김훈, 『바다의 기별』(서울: 생각의나무, 2008), 131쪽.
4 C. G. 융, 『심리학과 종교』, 이은봉 역(서울: 창, 2003[1938]), 16쪽.
5 책에는 "가톨릭 신자들은 그 여자를 노트르담이라고 부른다"는 부연이 덧붙어 있다. 노트르담은 프랑스어로 "우리들의 귀부인"이라는 뜻으로 성모 마리아를 가리킨다.

행복을 부를 수도 있고 파괴를 유발할 수도 있는 양면적 의미가 있다고 지적하며 자신들이 "남자와 여자가 할 수 있는 가장 위대한 미친 짓"인 사랑에 빠졌음을 고백하는 것이다. 그러나 두 사람은 그림을 통해 이보다 더 초월적인 사랑의 의미까지 생각하게 된다. 에뒤아르는 베로니카에게, 여성적 에너지와 사랑을 상징하는 성모 마리아가 지혜를 상징하는 뱀의 주인이며, "성모 마리아가 뱀 위에 있듯이 사랑은 지혜 위에 있"음을 보이는 그림이라는 전혀 새로운 해석을 내놓는다(285). 이성적 지혜가 지배적인 세상이지만, 사랑이야말로 그 지혜를 다스리는 우월한 것이다. 책 앞머리의 누가복음 10장 19절이 어떤 의도로 인용되었는지를 알 수 있게 해주는 부분이다. 예수가 제자들에게 "이제 내가 너희에게 발로 뱀을 밟을 권능을 주었으니"라는 말은, 지혜보다 사랑이 더 우위에 있고 그 사랑으로 지혜를 다스려야 한다는 의미로 사용되었다고 볼 수 있다. 그림에서 성모 마리아와 누가복음의 예수 모두 사랑의 권능을 행사하도록 하는 초월적인 존재들이다.

코엘료가 초월적이고 신비한 힘인 사랑에 대해 설명하는 것을 더 잘 이해하기 위해서는 사랑에 대해 더 구체적으로 언급하는 『연금술사』(1988)를 살펴볼 필요가 있다. 여기서 사랑은 "우주의 언어로 소통하는" 것이고, "순수한 만물의 언어"이자 만물의 정기의 "표지標識"라고 설명된다. 또한 사랑은 "지상의 모든 존재들이 마음으로 들을 수 있는 '만물의 언어'의 가장 본질적이고 가장 난해한 부분"이라고도 한다(158-59). 또한 이 사랑은 "만물의 정기를 변화시키고 고양시키는 힘"이다(242). 코엘료가 말하는 사랑은 세상의 지혜를 넘어서는 신비한 소통의 도구이자, 만물의 정기를 주관하는 초월적인 힘인 것이다.

삶 속에서 경험하는 성스러움

코엘료는 『연금술사』에서 신비주의적 세계관을 잘 보여주었다. "신비주의mysticism"는 직접적인 경험, 직관, 본능 등을 통해 궁극적 실재, 신성, 영적 진실, 신 등과 하나가 되는 것, 혹은 이런 존재를 의식적으로 인식하는 종교적 관점을 가리킨다. 대개 경험을 촉진하는 수행을 강조하며, 이 세상 속에서 신과 자신을 일치시키거나 결합하는 경험, 혹은 자기 자신을 없애 해탈하는 경험 등의 방식으로 여러 종교의 중요한 요소로 발전되었다. 『연금술사』를 시작하며 코엘료가 인용하는 「누가복음」 10장 38-42절은, 신과의 교류가 가장 중요하다는 것을 강조하기 위해 그리스도교 신비주의자들이 종종 인용해온 부분이다. 『연금술사』는 이후로도 여러 군데에서 아브라함을 축복한 살렘 왕 멜기세덱, 제사장의 우림과 툼밈, 이집트의 요셉, 예수를 만난 백부장 등 성서의 일화와 상징들을 통해, "만물이 한가지이다"라고 믿으며(60, 136 등), "만물의 정기를 이해"하면 궁극의 힘을 얻을 수 있다고 생각하고(134), "무언가를 찾아가는 매순간이 신과 조우하는 순간"이라고 경험하는(213) 신비주의적 종교관을 보여준다.

10년 뒤 출간된 『베로니카, 죽기로 결심하다』에도 신비주의적 요소는 여전히 나타난다. 이 책 속의 등장인물들은 전통적인 신비주의 종교인들과 같이 비밀스런 지식을 얻고, 삶의 비밀을 깨달으며, 소위 신비로운 체험을 하기도 한다. 이런 방식을 직접 추구한 것은 원래 에뒤아르였다(261). 그는 천국의 환영을 찾는 경험을 하고, 그 경험을 하지 못한 다른 사람들에게도 천국의 환영을 보여주기 위해 그 마술적인 순간을 그리고 싶어했다. 부모의 반대로 그 일을 하지 못하게 되어 정신병원에 들어온 후에도 신비주의적 관점은 변하지 않았다. 그는 이슬람 신비주의인 수피즘에서 가르치는 것, 좀더 넓은 맥락에서 "구원"이라는 것의 핵심이 "사람들이 고유의 삶을 살아가며 다른 사람들도 나름의 삶을 살게 내버려둔다면 신은 매순간 속에" 있다는 것이라고 생각한다(213). 마리아도 에뒤아르와 같은 생각을 한다. 그녀는 자신의 삶 속에서 신과 함께 사는 것을 경험하는 것, 이것이 종교의 가르침이자 고대철학의 지혜라고 생각한다. 또한 신은 삶이라는 모험을 통해서 철학적 공론이 아닌 인간과 함께 사는 존재가 된다는 것을 깨닫고 새로운 방향의 삶을 시작하고자 한다(217). 이들에게서 삶 자체를 종교적 경험으로 만드는 신비주의적 요소를 찾을 수 있는 것이다. 제드카는 "인슐린 충격요법"을 받았을 때 자신의 영혼이 "천장을 닿을 듯 허공을 부유하며 깊디깊은 평온을 맛보고 있다"는 것을 경험한다. 그녀는 육체가 정신과 분리된 채로 평온과 즐거움을 맛보았다는 신비주의자들의 책을 읽으며, 자신이 신비주의자들이 "천체여행"이라고 부르는 것을 경험했다는 것을 알게 된다(77-81). 육체에서 아무리 멀리 가더라도 육체와 영혼을 연결시켜주는 줄은 끊어지지 않으며, "신비로운 터널"을 통해 가고 싶은 장소를 떠올리며 공간 속으로 뛰어들 수 있다는 것도 경험한다. "탈혼망아의 전문가"인 샤먼의 영혼이 "육체를 떠나 하늘로 오르거나 지하세계로 내려가는" 신비주의적 여행을 한다고 하는 것과 다르지 않은 것이다.[6]

성서의 가르침도 신비주의적 관점에서 수용된다. 위에서 언급했던 마리아가 뱀을 밟고 있는 그림과 누가복음의 구절에 대한 설명은 신비주의적 해석의 사례다. 베로니카는 성모 마리아가 성령으로 인한 동정녀 잉태를 고지받았을 때에 다른 사람들이 어떻게 생각할지 걱정하지 않고 그대로 받아들인 것도 일반 사람들의 기준으로 판단하자면 미친 것이라고 말한다(288). 이성적 "판단"이 아닌 "영감"에 근거하여 신의 섭리와 우주의 신비를 이해하는 성모 마리아의 자세도 현대인의 관점으로는 수용하기 어려운 신비주의적 자세다.

마지막으로, 베로니카의 마스터베이션을 신비주의와 관련시켜 한번 더 생각해보자. 앞에서 말했듯이, 그녀가 자위를 통해 자신이 한계 지은 것과 자신에게 금지되어온 "비밀스런 욕망들을"(191) 넘어서는 경험을 했다고 심리학적으로 설명할 수 있다. 하지만 그

---

[6] Mircea Eliade, *Shamanism: Archaic Techniques of Ecstasy*, trans. Willard R. Trask (Princeton: Princeton University Press, 1974[1951]), p.5. 샤머니즘과 신비주의의 관계에 대해서는 같은 책의 7-8쪽을 참조할 것.

것만으로는 그녀가 자위 후 경험한 평온과 해방감을 완전히 납득하기는 쉽지 않다. 자기 자신에게 숨겨왔던 성적 쾌락을 통해 그녀는 영혼이 가벼워지고, 죽음에 대한 두려움에서 벗어나는 자유를 경험했다(194). 인도에서 출발한 탄트리즘 계열의 신비주의자들 중에도 성적인 행위를 통해 초월적 경험을 시도해온 사람들이 있다. 의례화된 성관계는 샤크티Shakti 여신[7]과 쉬바의 결합을 재현하며, 초월적 존재와 가장 은밀하고 밀접한 관련을 맺는 방식이다. 나아가 인간이 우주의 에너지를 받아들이고 이용하는 방식이기도 하다. 인간이 경험하는 우주는 신의 에너지 혹은 신성한 성스러운 에너지가 구체적으로 나타난 것이며, 그 자체로 소우주인 인간 내부에서 그 신성한 에너지를 이용하고 교신하기 위한 의례적 방식으로 성적 결합을 사용한 것이다.

---

7 쉬바Shiva 신의 성적 힘을 상징하며 동시에 그 배우자 여신을 가리키기도 한다.

chapter 14

죽은 자를 기억하는 법,
죽고 다시 살아나는 법

구효서, 『저녁이 아름다운 집』
천운영, 『그녀의 눈물 사용법』*

구효서와 천운영이 보여주는 종교적 인간의 신화 세계

이 장에서는 최근 활발하게 활동하는 두 명의 현대소설 작가의 소설집에서 '죽음'과 관련된 종교적이고 신화적인 요소들을 찾아보고자 한다.[1] 구효서의 『저녁이 아름다운 집』(2009)과 천운영의 『그녀의 눈물 사용법』(2008)에서 우리는 죽음에 대한 옛 신화의 주요한 주제들을 확인할 수 있다. 죽은 사람을 그리워하다가 찾아온 영가靈駕와 만나는 이야기, 죽은 사람과 함께 살아 행복한 사람과 죽은 사람을 저승으로 보내야만 행복한 사람의 이야기, 살아있는 사람들이 자신의 삶을 위해 죽였거나 혹은 죽도록 내버려둔 사람을 기억하는 법에 대한 이야기, 죽음의 간접적 혹은 상징적 경험

---

* 구효서, 『저녁이 아름다운 집』(서울: 랜덤하우스, 2009); 천운영, 『그녀의 눈물 사용법』(파주: 창비: 2008).

1 1957년생인 구효서는 1990년대부터 대중에게 이름이 알려진 작가다. 최근에도 왕성히 활동하고 있으며, 2005년부터 2008년까지 다섯 개의 주요 문학상을 수상했다. 천운영은 1971년생으로, 2000년에 등단하여 2000년대 중반 이후 많은 사람의 주목을 받고 있다.

을 통해 새롭게 태어나는 사람의 이야기 등이 두 소설집에 포함되었다. 이 장에서는 구효서의 「명두」,² 천운영의 「그녀의 눈물 사용법」과 「내가 데려다줄게」 등의 단편소설을 죽음과 관련시켜 종교학적 관점으로 조명할 것이다.

하지만 이 두 소설집에는 죽음을 주제로 하지 않는 소설들 중에도 종교적인 관점으로 설명해야 하는 것들이 포함되어 있다. '기원 신화'의 형성 과정, 자연의 조화와 균형, 인간과 자연의 일치, 가신家神신앙의 대상이자 생명력과 인간 소망의 상징인 뱀, 생명의 근원인 대지와 동일시되는 여성성 등 종교적인 여러 주제가 몇몇 단편의 중심을 이루고 있다.

먼저 구효서의 「승경勝景」부터 살펴보자. 이 소설은 일본 나가사키 부근의 다테노라는 마을을 방문한 한국인 소설가가 관찰자이자 화자다. 화자가 다테노 마을의 인공호수 "긴린코"가 만들어진 배경을 조사하던 중 알게 된 사랑이야기와, 그가 50대 후반의 여주인공 하루미에게 느낀 묘한 매력이 이야기의 줄기를 이루고 있다. 그러나 이것이 전부가 아니다. 긴린코와 관련된 이야기는 마치 '기원 신화origin myth'처럼 공동체에 발생한 '새로운 상황'을 설명하고 합리화한다.³ 여기에는 우주의 조화와 균형이 깨지는 것은 매우 위험한

---

2 구효서의 『저녁이 아름다운 집』에 포함된 소설들 중 「저녁이 아름다운 집」과 「TV, 겹쳐」도 죽음을 중심 소재로 한다. 이 소설들에는 죽어가는 사람이 바라보는 세상과 보내는 사람의 안타까움이 잘 나타나 있다. 여기서는 종교적 관점이 더 두드러진 다른 소설들을 논의의 대상으로 삼았음을 밝혀둔다.
3 Eliade, *Myth and Reality*, p. 21. 엘리아데는 태초의 시간에서 시작하는 우주 창조 신화와 구별하여, 태초부터 있지 않았던 '새로운 상황'을 이야기하고 합리화하는 신화를 '기원 신화'라

일로, 전체인 우주와 하나를 이루는 개별적인 인간들에게도 고통을 가져다준다는 동양의 전통적 우주관도 포함되어 있다.

　화자가 만난 마을 사람들은 나가사키에 원자폭탄이 투하되었을 때 마을 유일의 산 오기야마의 정상에 솟아 있던 크고 뾰족한 바위가 굴러 떨어졌다고 말해주었다(16). 이때 하늘을 상징하는 산이 정상을 잃어버려 가벼워졌고, 상대적으로 땅이 무거워져 마을의 중심이 무너졌다. 사람들도 중심을 잃게 되어서, 몸이 기울고 현기증으로 비틀거리고 길을 잃는 일이 생겼다. 걷던 사람들끼리 부딪혔고, 넘어져 논바닥에 처박히는 경우도 있었으며, 마을 사람들 모두 빈혈과 구토를 앓았다. 모두 불면에 시달린 것처럼 창백해졌다(17). 이 문제를 해결하기 위해 재일교포 야마가와 겐타로와 그의 아내 하루미가 막대한 비용을 들여 인공호수 "긴린코"를 만들었다. 그 후 자연은 조화와 균형을 되찾았고 사람들의 병적 증상들은 모두 없어졌다. 오기야마의 대칭점에 만들어진 긴린코가 하늘을 반사하여 그 비중을 높이고 땅을 가볍게 한 것이다(21, 34). 마을 사람 모두 되찾은 우주의 균형 앞에서 종교적 인간이 성스러움을 경험하는 것과 동일한 체험을 한다. "호수가 완성되고 물이 들어찬 날, 마을 사람들은 기쁨도 환성도 없이 저마다 섰던 자리에 주저앉아 넋을 잃었다. 끼니도 잊고 말없이 눈만 연 채, 언제까지고 언제까지고 그렇게

고 불렀다. 기원 신화는 인간이 경험하는 우주와 환경을 설명하는 역할을 하면서, 때로는 예기치 않은 상황을 대처하는 수단이 되기도 한다.

앉아 신비에 젖어들었다. 수면 위로 금빛 노을이 떨어질 때까지."(35) 그 압도적인 우주의 모습 앞에서 사람들은 "끼니도 잊고" 언제까지고 "신비에 젖어들어" "넋을 잃"은 채 주저앉아 있을 수밖에 없었던 것이다.

구효서의 또 다른 단편 「화사花蛇-스며라 배암!」은 인간의 간절하고 절실한 소망과 바람에 대하여 이야기한다. 오키나와 출신의 중년 여류작가 기리노 나쓰오를 향해 표현된 두 남자의 절실한 마음과, 그녀가 묵고 있는 호텔의 과장인 주인공(이자 화자)이 연하의 애인을 향해 품은 절실한 사랑이 이 소설의 얼개를 이루고 있다. 소설 속에는 나쓰오와 주인공에게 가장 절실했던 어린 시절의 기억이 소개된다. 어릴 때 오키나와에 살던 나쓰오는 어부인 오빠의 "명운命運"이자 수호신 역할을 했다. 오라비는 그녀가 여러 날 공들여 만들어준, 꽃뱀처럼 생긴 색실허리띠를 부적으로 허리에 두르고 바다에 나가 고기를 잡았다. 풍랑이 이는 바다로 목숨을 걸고 고기를 잡으러 가야 했던 오빠는, 그 꽃뱀 부적을 받는 순간 어느 때보다 더 절실한 눈빛을 하고 있었다(101). 주인공의 부모님이 가장 절실하고 간절한 모습을 보였던 순간도 뱀과 관련되어 있다. 심한 여름가뭄이 지속되던 날 집에서 구렁이가 나와 큰길 쪽으로 향하고 있었다. 집을 떠나버리면 집안이 망한다는 "업"[4]이었다. 부모님은 "모셔

---

[4] 한자로는 業. 우리나라에 두루 퍼져 있던 동물 형상의 가신(家神)을 이르는 말. 업으로 모셔지는 동물 중에는 구렁이가 압도적으로 가장 많았고, 족제비가 다음이며, 간혹 두꺼비나 송아지가 업이라고 믿는 경우도 있었다. 사람들은 집에 머물던 업이 떠나면 집안이 망한다고 생각했다.

야 할 영물"인 업을 감히 위협하지는 못하고 큰길 쪽을 막고 막대기로 천천히 집을 가리키며 허리를 굽신거리는 등 "통촉을 간구하는 몸짓"을 계속했다. 똬리를 틀고 있던 구렁이가 집으로 돌아가 마루 밑으로 사라지고 나서야 부모님은 "창백하다 못해 흙빛이 된 얼굴로 털썩 주저앉았다." 부모님은 그해 집이 망하지 않은 것이 뱀이 돌아왔기 때문이라고 굳게 믿었다(104). 뱀은 주인공의 애인과 유사한 모습이기도 하다. 애인을 처음 만난 날, 그녀는 나무 위에 "검게 웅크"리고 있었고, "구불구불하고 반들반들"한 "가지를 타고 빗물과 함께 흘러내려" 주인공 앞에 섰다(95). 주인공은 마치 뱀처럼 "비 맞은 나뭇가지거나 더러운 물웅덩이에서 불쑥 모습을 나타내고, 마냥 짓궂게만 굴다가 도심의 건물 틈새나 맨홀로 사라져버리는"(96) 그녀를 조바심내며 절실히 기다린다. 뱀이 떠나가면 집이 망한다고 믿은 부모님처럼, 주인공은 애인이 없으면 살 수 없을 정도로 그녀를 필요로 한다. 세계 여러 문화의 신화에서 생명력, 풍요, 다산, 원초적 에너지 등을 가리켜온 뱀의 상징이 이 소설에서도 사용되었다. 그것이 험한 바다에서 살아 돌아오는 것이건, 극심한 여름가뭄을 버텨내는 것이건, 사랑하는 사람이 떠나지 않는 것이건, 뱀은 인간의 가장 절실한 소망과 그 소망의 대상을 가리키고 있는 것이다.

천운영의 「노래하는 꽃마차」에는 광신적인 "찬양사역단"에서 상처를 받으며 자란 여자가 주인공으로 등장한다. "거인가족"에 어울리지 않게 막내딸인 그녀만 몸이 작고 가냘프다. 애정을 주지 않아온 어머니는 성장하는 그녀의 아름다움이 죄악의 근원이라며 저주를 퍼부었다. 피어나는 꽃과 같은 그녀의 젊음을 "마녀의 씨앗"이라고 불렀다. 어머니가 보기에 봄은 유혹과 시험과 욕정의 시기일 뿐이고, 꽃은 신을 대적하다 망할 "색"을 나타낸다. 오빠는 신의 이름으로 그녀를 겁탈하고 침묵을 강요했다. 그녀가 노래하는 사람이 되어 주점에서 일하게 된 후에도 많은 남자들은 그녀의 몸을 탐한 후에는 침을 뱉고 돌아섰다. 그녀에게 봄이 좋은 기억으로 남았을 리 없다. 봄은 "내 속의 짐승이 나를 찢고 나와 내 몸을 겁탈"하는 시기였고(159), 그녀는 봄이 오면 온몸에 붉은 반점이 생기고 "불안정하게 서성이며 온몸을 긁어"댄다(136). 온몸에 "꽃보다 붉은 피가" 흘러 "피꽃"이 피도록 긁어대고 쥐어뜯는다. 그러다가 사람들의 눈이 닿지 않는 허름한 여인숙의 창도 없는 작은 방으로 잠적한다. 그 방은 "시간이 멈추어버린 듯한 공간"이며(147) "은둔과 보호의 장소"인 "깊고 어두운 동굴"이다(137).

아버지가 없는 가정에서 어머니는 어머니의 역할을 하지 않았다. 주인공의 어머니는 여성성을 상실한 혹독한 종교 지도자이자 "거인가정"의 가장으로, 봄으로 상징되는 딸의 여성성을 철저히 짓밟았다. 반면, 주인공은 오히려 생명을 태동시키는 신화 속 태고의 어머니를 닮았다. 주인공을 사랑하는 남자는 그녀가 생명을 태동시키는 봄과 같다는 것을 알고 있다. 그는 그녀의 노래를 들으며 "온몸을 따뜻하게 만드는 봄의 노래"(151)라고 느꼈다. 그녀의 노래를 돕고 함께 살게 되었지만, 어느 순간 말없이 사라지는 그녀를 의심하고 괴롭혔다. 하지만 시간이 지나면서 봄이면 그녀의 상처가 터지는 것을 알게 되고, 그녀가 작은 방에 스스로를 가두는 일을 돕는다. 그녀가 숨어들어간 방은 남자가 "침범할 수 없는 성역"(147)이다. 그 속에서 그녀는 남자는 할 수 없는 성스러운 일을 행하고 있는 것이다. 남자는 그녀가 없는 시간을 "혹독한 겨울"로 경험한다. 그리스 신화의 지모신 데메테르는 딸 페르세포네가 하데스에게 납치되어 명계에 머무는 동안 올림푸스 산을 떠나 잠적했다. 그러자 온 땅에 겨울이 오고 황폐해졌다. 또한 로마인들은 "생명을 주관하는 위대한 여신" 베누스(그리스의 아프로디테)가 새 봄의 문을 열고 봄을 시작한다고 생각했다.[5] 여자가 "봄을 낳기 위해 동굴 속으로 숨어든 것인지도 모른다"고 생각하는 남자는 여자를 생명의 여신과 동일시하고 있다. "봄을 피해서 간 것이 아니라 봄을 낳기 위해 온 몸에 꽃을 피우면서 산고를 겪는 것인지도… 온몸으로 열병 앓으며 싹을 틔우는 대지다. 봄을 잉태하고 봄을 낳는 당신."(157) 때로는 경계, 억압, 핍박의 대상이며 때로는 탐욕과 착취의 대상이기에, 그래서 받는 상처로 피꽃을 피울 수밖에 없더라도, 여성성이야말로 세상을 낳은 대지와 같다는 것을 우리 시대의 이야기가 다시 강조하고 있다.

---

5   골로빈, 『세계신화 이야기』, 186쪽.

불망不忘! 죽은 자를 잊지 말라: 구효서, 「명두」

구효서의 「조율-피아노 월인천강지곡」은 다소 전설과 같은 이야기다. 주인공은 사랑하는 여인이 사고로 죽은 후, 그녀를 잊지 못해 말을 하지 못하게 된 채 절에 들어간다. 그는 절에서 영가靈駕(혼령)가 되어 그를 찾아온 여인을 만나고 절절한 아쉬움을 풀어 다시 말을 하게 된다. 절에 찾아온 여인의 영가에게, 지장전地藏殿에 머무는 노스님의 영가는 "사랑하는 사람과 헤어지는 고통"에서 벗어나기 위해 사람들은 "사랑하는 존재를 완전히 잊고 기억에서 떠나보냄으로 고통에서 벗어나고자" 한다는 것을 알려준다(62). 그러나 그렇게 잊으려고 한다면 기억 자체를 상실해버리는 결과를 낳을 뿐, 불법佛法의 기준에서 볼 때 "아무런 해결책도 되지 못한다"고도 지적한다. 죽은 자에 대한 집착을 버리고 저승으로 떠나 보내면서도 잊지 않고 마음에 담아두는 것, 그것이 소설 속의 노스님이 말하는 "있으면서도 없고 없으면서도 있는 이치"(63)에 가까운 태도일 것이다. 그러나 많은 산 자들은 그저 자신이 편하기 위해서 자신과 연관된 죽음을 잊으려고만 한다. 같은 소설집에 실린 「명두」는 잊지 말아야 할 죽음을 쉽게 잊는 사람들에 대한 준엄한 꾸짖음을 소재로 한다.

우리나라 무교전통에서 명두明斗는 크게 두 가지 의미를 지닌다. 먼저, 무속인이 지닌 신물神物을 가리킨다. 대개 무속인은 이 신물이 신 자체인 것처럼 모시면서 필요에 따라 의례적 목적을 위해 사용한다. 많은 지역에서 신당에 걸어두는 둥근 놋쇠거울을 명두로 여기지만, 제주도에서는 무속인(심방)이 사용하는 신칼, 산판, 요령 등 세 종류의 물건이 삼명두(제주 방언으로 멩두)라고 지칭된다. 둘째, 남부지방, 특히 호남지방에서 명두는 7세 혹은 9세 미만에 죽은 원혼을 가리키며, 그 원혼에 들씌워진 무당도 명두라고 부른다. "명두무"라 불리는 무당은 죽은 아이의 유골의 일부나 아이와 관련된 물건을 단지에 담아 신당에 모셔두다가, 필요할 때 아이의 원혼을 불러낸다. 죽은 아이의 원혼은 무당이 신의 뜻을 알아내고 점을 치는 일에 도움이 된다. 이 소설에서는 '명두'를 두 번째 의미로 사용한다.

한국전쟁 전후의 가난한 시골 마을의 생활이 대개 그러했듯, 「명두」의 배경이 되는 마을의 주민들도 비참하게 가난했다. 마을 사람들은 감당할 수 없을 정도로 많이 태어나는 자식들이 버거워, 갓난아기들을 종종 죽이거나 버렸다. 태어나자마자 죽지 않더라도 병이나 굶주림으로 열 살이 되기 전에 죽은 아이들도 많았다. "한스럽게 나이를 먹은" 노인들도 "다 늙기도 전에⋯ 자식들에 의해 죽임을 당하고 버려졌다. 나이 예순이면 망령이 들어 얼어 죽거나 물에 빠져 죽도록 방치"했다(116). 그러고는 그냥 잊었다. 모든 것을 "삼신할미의 조화며 염라대왕의 뜻"으로 돌리고(117), 쉽게 잊었다. "공범의식 때문에 서로 묻지 않"으면서, "지신이 성을 내 동티가 난다는 오래된 금기"를 핑계로 내세웠다. 폭압적인 가난 때문에 "죽음에 대한 중압감"이 일상이 된 상황 속에 살고 있는 사람들은 어쩌면 다른 사람들의 죽음으로 인하여 안도했을지도 모른다. 죽는 사람들이 있어서 산 사람들이 살아갈 수 있었기에, "죽음은 끝없이 생명을 만들고, 삶은 끝없이 죽음을 낳았다"라고 할 수 있었을 것이다(118).

이 소설의 주인공 명두집 역시 세 아이를 그렇게 보내고 뒷산 굴참나무 아래 묻었다. 남편이 뱀에 물려 죽은 후 마을 남자들에게 성적으로 학대 받던 명두집이 어느 날부터인가 "귀신 씐 사람을 고치고 미친 사람을 다스리는 놀라운 영험"을 보이자(118), 마을 사람들은 명두집이 자신의 세 아이를 죽이고 원혼으로 만들어 명두로 품고 있다고 수군댔다. 그러나 명두집은 자신이 살기 위해 생후 열흘도 안 된 세 아이를 죽게 내버려두고 굴참나무 아래 묻었다는 것을 절대 잊지 않고 있는 사람이었다. "50년 동안 하루도 잊은 날이 없었다." 명두집이 죽은 후에, 그녀가 그토록 애지중지하던 명두가 무엇이었는지 드러났다. 그것은 아이를 묻을 때마다 굴참나무 가지를 꺾어 껍질을 벗기고 다듬어 손가락 모양으로 만든 것이었다(134). 아이들을 잊지 않기 위한 장치로 만들어 보관하고 있던 것들이 영험을 발휘하는 명두가 된 것이다.

명두집의 신비한 힘은 세월이 흘러도 계속 유지되었다. 현대식 병원이 들어선 후에도 마을의 병자들은 그녀를 찾아왔다. 그녀는 "맥이 막혀 흑빛으로 찾아오는 사람들을 향해 불망!이라고 포함을 질렀다. 기함을 하며 하얗게 질리는 병자들에게 잊은 게 있지? 라고 연이어 물었다. 잊은 게 있어. 그게 너를 살린 건지도 모르고."(121) 소설 속의 마을 사람들은 가난을 핑계로 자신이 살기 위해 죽이거나 죽음을 방조했던 죽은 자들을 너무도 쉽게 잊어버렸다. 그들에게 명두집은 잊지 말라고 소리쳤다. 죽은 자들을 잊는 것은 곧 죽는 것이라고 했다. "잊는 게 죽는 거라구."(130) "너희가 뭣 땜에 지금까지 살아왔는데? 누가 늬들을 살렸는데? 무엇이 너희들을 살게 했는지 벌써 잊어? 아직 몰라?"(122)

이 세상에 남은 사람들은 먼저 간 죽은 사람들이 이생의 일에 개입하는 것을 한편으로는 두려워하면서도, 그들을 기억하고 기려야 할 책임을 지고 살아간다. 전통사회의 많은 종교적 인간들은 자신을 존재하게 한 조상이나 공동체를 위해 공헌한 사람들의 죽음은 반드시 기억해야 하는 것으로 여긴다. 그래서 기일을 지켜 제사를 지내고 추도식을 열며, 죽은 사람의 삶을 기억하기 위해 탄신일을 기념하는 것이다. 그 죽음을 잊지 않는 것이 살아남은 자들이 제대로 살아가는 방법이기 때문이다.

천도재를 지내 그애를 보내자: 천운영, 「그녀의 눈물 사용법」

죽은 자를 잊지 않는 것도 중요하지만, 이에 못지않게 죽은 자들을 그들의 세계로 온전히 보내는 것도 중요하다. 「그녀의 눈물 사용법」은 죽은 가족을 저 세상으로 보내지 못하고 살아가는 가족의 이야기다. 소설은 주인공(화자)의 아버지가 "천도재를 지내야겠다"라고 "엄숙하다 못해 비장"하게 말하는 것으로 시작한다(44). 천도재가 죽은 사람의 영혼을 극락으로 보내기 위해 치르는 의식이라는 것은 누구나 알고 있을 것이다. 아버지는 30년 전에 미숙아로 태어난 지 하루 만에 죽은 주인공의 남동생을 저승으로 보내야 한다고 말하고 있다. 부모는 임신 7개월째에 태어난 아이를 인큐베이터에 넣을 비용이 없어 집으로 데려왔고, 가족 모두 아이가 "죽기만을 기다리며 장롱 속에 내버려" 두었다. 누가 죽인 것도 아니었지만 누구나 책임을 느끼는 이 죽음에 대하여, 주인공은 "모두가 공범이면서 범인이 아니었"다고 말한다(47). 아버지는 포대기에 싸인 죽은 아이를 안고 하염없이 걷다가 한강에 이르러, 청년시절 자신이 빠져 죽을 뻔 했던 지점에 죽은 아이를 가라앉혔다. 적절한 절차를 거쳐 저 세상으로 보내지 않은 것이다.

여류작가 천운영은 밤낮 울어대는 아버지, 오빠, 오빠의 배우자와, 전혀 울지 않는 할머니, 어머니, 주인공 여장부 3대를 대조시킨다. 아버지는 크고 작은 일이 생길 때마다 술에 취해 울며 "어쩔 수 없었어. 내 잘못이 아니야"라며 죽은 아들을 떠올린다(49). 아버지는 동생의 어린 원혼이 병든 오빠를 해코지하고 있다고 생각한다. 그래서 천도재를 지내 그 아이를 저 세상으로 보내야만 하겠다고 말하며 운다. 약을 먹어도 소용 없을 정도로 심한 우울증에 걸린 오빠는 울지 않는 날이 거의 없다. "눈물은 오라비의 모든 감정"이다(50). 오빠를 믿을 수가 없어진 올케도 "자기연민"에 빠져 주인공을 붙들고 운다(51). 아버지, 오빠, 올케의 눈물은 모두 두려움에서 비롯된 것이다. 아버지는 아들을 죽게 내버려둔 것에 대하여 참회가 아닌 "죄책감의 허울을 쓴 두려움의 눈물"(49)을 흘리고, 오라비는 "자꾸만 어긋나는 인생이 두려워서" 울고(50), 올케는 "오라비의 병이 자기 삶을 위협하는 데 대한 두려움과 분노" 때문에 운다(50).

주인공이 보기에 이런 눈물은 비굴하고 탐욕스럽다(44-45).

　소설의 제목이 「그녀의 눈물 사용법」이지만 할머니와 어머니로 그리고 주인공으로 이어지는 여성들은 울지 않는다. 아버지나 오빠 부부와 달리 그들은 두려워하지 않는다. 할머니와 어머니의 굴곡진 삶은 두려움과 눈물로 정리될 수 있는 것이 아니었다. 할머니는 "작은 마누라"와 살림을 차려 집을 떠났다가 병이 들어 돌아온 할아버지를 10년 동안 수발했다. "마지막 물기를 소진하듯 진물 같은 눈물 한방울을 흘리고 죽"은(61) 할아버지의 장례식이 끝난 후부터 할머니는 전혀 눈물을 흘리지 않았다. 할아버지 재산을 정리해 "눈물을 삼킨 세월 동안 못 했던 수많은 일들을 하면서" 살다가 "재산을 남김없이 쓰고 난 후, 잠든 상태에서 고요히 생을 마감했다"(62). 유방암으로 한쪽 젖가슴을 잘라낸 어머니는, "짝가슴을 훈장처럼 내밀며 기세 등등"하게 살며(60), 한 방울의 눈물도 흘리지 않는다. 어머니는 미숙아로 태어난 아들을 포기하여 젖도 물리지 않았고 시체를 처리하는 일에도 관여하지 않았지만, 그녀가 울지 않는 것이 "울어도 눈물을 흘리지 않는"(52) 신생아 상태에서 죽은 아들과 무관하지 않을 것이라고 짐작해본다. 주인공 역시 "감정의 늪"이자 "굴복의 다른 이름"인 눈물을 흘리지 않는다. 울고 싶을 때면 "눈물 대신 오줌을 싼다."(57-58) 아버지가 죽은 동생의 몸을 포대기에 싸서 나가는 날도 그녀는 울지 않았고 대신 요가 흠뻑 젖도록 오줌을 쌌다.

　주인공도 동생을 잊었던 것은 아니었다. 그녀는 동생이 죽은 후 줄곧 자신의 옆에 있다고 믿는다. 어린 시절 홍역을 앓고 있을 때, 죽을 당시보다 훨씬 자란 모습으로 나타난 동생은 누나를 괴롭히는 고열과 홍역의 요정을 물리쳤다. 그녀 안에 머물면서 함께 성장하다가, 그 아이가 죽을 때 주인공의 나이 즈음인, 이갈이하기 직전의 모습에서 성장을 멈추었고, 일곱 살 소년 상태로 이십여 년을 그녀와 살았다. "단 한번도 울지 않은 영원한 일곱 살 소년"을 주인공은 그냥 "그애"라고 불렀다(52). "할매신"을 받아 "점쟁이"가 된 주인공의 친구는 "신어미를 소개시켜준다고" 제안했다. "그애를 제대로 받으"라는 충고였다. 천도재를 해서 아이를 보내야 하는 상황이 되자, 그 친구는 그애를 제대로 받았더라면 떠나 보내지 않아도 되었을 것이라고 주인공을 탓했다(53). 주인공은 그애를 떠나보내기 싫었지만, 그래도 제대로 보내야만 하겠다고 생각한다. 일곱 살 소년의 모습으로만 알고 있던 "그애"가 비열한 성인이 되어 성기를 붙들고 자신을 바라보며 무서운 얼굴로 "따라오지 마"라고 말하고 돌아서는 꿈을 꾸고 깬 새벽(63), 그녀는 아버지에게 전화를 걸어 묻는다. "그애를 어떻게 했어요? 어디다 묻었느냐고요?"(64) 천도재를 지내자고만 답하던 아버지는 아이를 강물에 던졌다는 것을 고백하고, 이 말을 들은 주인공은 천도재를 추진한다.

　　주인공에게서 죽은 동생에 대해 전해들은 오빠는 천도재에 가장 적극적으로 나섰고, 일곱 번 치러진 재에 한 번도 빠지지 않고 참석했다. 이 의례를 통해 가족들은 "모든 짐"을 벗게 되었다. 오빠는 "거짓말처럼 안정을 찾았"고, 아버지도 "두려운 목소리로 그애

탓"을 하지 않게 되었다(67). 주인공은 "그애"가 영영 떠날 것을 두려워했다. 정말로 "그애"는 꿈에도 나타나지 않았다. 더는 주인공 속에 살고 있다고 생각할 수 없게 된 것이다. 그래도 그녀는 자신과 삼십 년을 함께해온 "그애"를 짐을 처리하듯 지워버리고 싶지 않았다. "저승으로 보내는 마지막 절차"로 두 켤레의 신생아 양말과 배내옷을 태울 때, 그녀는 양말 한 짝을 빼돌려 같은 절에서 함께 천도재를 지낸 여자에게 주었다. 그 여자는 나흘 전에 물에 빠져 죽은 사내아이의 엄마였다.[6] 아이 엄마는 짐을 벗는 홀가분한 기분인 주인공의 가족들과는 달리 비통하고 침울했다. 주인공은 재에서 한상을 받은 자기 남동생이 물에 빠져 죽은 사내아이를 지켜줄 것이라고 그녀를 위로했다. 이후로도 주인공은 계속 눈물을 흘리지 않았다(71). 앞서 구효서의 소설을 보며 언급했듯이, 제대로 된 절차를 거쳐 동생을 저승으로 보낸다는 것이 곧 동생을 그녀의 삶 속에서 지워버리는 것은 아니기 때문일 것이다.

물에서 죽고 다시 태어나라: 천운영, 「내가 데려다줄게」

오쿠다 히데오의 『면장선거』를 이야기하면서 통과의례가 상징적인 죽음을 통해 새로운 존재로 거듭나게 하는 기능이 있다는 것을 살펴보았다. 천운영의 「내가 데려다줄게」는 더 많은 상징적 장치를

---

6 천도재를 하며 만난 죽은 아이의 엄마와 주인공의 관계도 소설의 중요한 부분이지만 이 책에서 내가 주목하고자 하는 주제와는 큰 관련이 없다고 여겨 여기서는 언급하지 않는다.

사용하여, 위기에 처한 사람이 죽음의 경험을 통해 이전과는 다른 사람으로 살게 된다는 내용을 담고 있다. 천운영은 오랜 세월 동안 많은 사람들이 죽음과 관련된 상징적 의미를 전달하기 위해 사용해 온 물(거대한 습지), 안개, 그리고 뱀을 주요 소재로 삼아 한 남자가 새로운 존재로 태어나는 이야기를 만들어냈다.

여제자와 강압적인 성관계를 가졌다는 의혹과 질책을 받는 교수인 "사내"는 "내 죽음이 진실을 대신하리라"는 짧은 유서를 남기고 늪으로 뛰어든다(107). 원래는 비난을 피해 쉴 곳을 찾아 길을 떠났었다. 하지만 운전을 하는 동안 안개가 길을 덮었고, 안개를 따라오다 보니 "안개의 중심"인 "끝이 보이지 않는 거대한 습지"에 이르렀다. 그 앞에서 "저도 모르게" 물 속에 들어가 죽을 생각을 하게 된 것이다. 그런데 죽으려고 들어간 물이 오히려 그에게 편안함을 제공했다.

> 어머니 품에 안긴 젖먹이 어린애처럼 아무 걱정도 들지 않았다.(107)
> 늪은 제 속으로 걸어들어온 사내를 부드럽게 감싸안았다. … 늪은 아기에게 젖을 물리듯 사내의 벌린 입속으로 버드나무 잔가지와 물달팽이 껍데기와 생이가래와 자라풀을 집어넣었다.(109)

그는 죽기 위해 뛰어든 물 속에서 어머니의 품속에서 젖을 물고 있는 아기처럼 포근하고 편안했던 것이다.

　이 물은 사내가 이전의 존재와 결별하고 새롭게 태어나는 공간이다. 물에 빠져 정신을 잃어가며, 사내는 먼저 "안개 속의 남자를 쫓아"가는 환상을 본다. "마치 거울을 들여다보는 것"처럼 자신의 모습과 같았던 그 남자에게 손을 대는 순간, "남자는 안개처럼 흩어졌다."(109-10) 자신의 모습과 같지만 자신이 아닌, 이전의 자신이 사라졌다. 다음으로 그는 초록 얼룩뱀들이 온몸을 감싸안는 느낌을 경험한다. 뱀과 엉켜있으면서 자신은 사라지고 "뱀들만 남아 서로의 몸을 휘감으며 꿈틀거리"는 듯한 느낌이었다. 사내가 재생을 상징하는 뱀과 동일시되고 있는 것이다. 이제 과거의 존재는 없어지고 자연과 하나가 되어 다시 태어남을 기다려야 한다. 물에 가라앉으면서 사내는 "자신이 흙인 것도 같고 공기인 것도 같았다. 물인가 싶으면서 동시에 불인 듯도 했다. 어쩌면 그 모든 것이 되고 있는지도 몰랐다."(110)

　바로 그 순간 그는 구조되었다. 사내는 "색색의 헝겊을 치렁치렁 늘어뜨린 거대한 당산나무"가 다가와 자신을 건졌다고 생각했다. 죽지도 아직 다시 태어나지도 않은 채, "이승과 저승 사이 어느 지점에 누워 있는" 상태로 정신을 잃은 며칠을 보내고 깨어난 사내는 늪에서 논우렁이와 민물조개를 잡는 여자가 자신을 구했다는 것을 알게 되었다. 그러고는 거대한 당산나무와 같은 여자, 여자의 어머니인 무속인 노파, 여자의 딸로 이루어진 가족의 일상 속에서 오래 전부터 그들과 함께 살아온 것처럼 지낸다.

강물과 늪 부근 외딴 집에서 이 세 여자와 사는 동안 사내는 새로 태어난다. 여자의 딸아이는 사내에게 "머리부터 꼬리까지 온전히 다 있는" 새끼 뱀의 허물을 주워주고, 뱀이 허물을 벗는 과정을 이야기해준다. 뱀은 몸에서 물기를 빼고 말린 후 허물을 벗기 때문에, 허물 벗을 때가 되면 늪으로 와서 허물을 벗고 물 속으로 들어간다고, 그리고 그 눈이 안개 낀 것처럼 뿌옇게 흐려진다는 것을 알려준다. 사내는 자신이 허물을 벗는 뱀의 상태가 되는 것을 느낀다. 그는 "허물벗기 직전의 뱀눈"처럼 자신의 "눈에 뿌연 안개 같은 것이 끼면서 몸이 근질"거렸고, "목이 탔다."(118) 그는 허물을 벗고 새롭게 태어날 준비를 하고 있는 것이다.

노파는 사내가 모든 것이 창조되는 태초의 신화 세계로 들어가는 경험을 하도록 한다. 노파는 집 마당의 거대한 "[감]나무의 일부분처럼 보이는" 사람이었다. 여자와 그 어머니 모두 나무와 같이 보인 것이다. 노파는 "시간을 거슬러올라 원시의 숲속에 들어간 기분"이 들게 하는 신화 세계의 이야기를 계속 했다.(120) "그 속에서 사내는 나무와 대화하고 새들과 함께 날고 뱀과 함께 똬리를 트는 자신을 발견하곤" 했고, "그것은 스스로의 경계를 허물어 하나의 덩어리로 합쳐지는 안개 속 풍경과 같았다."(120) 그가 본 광경은 인간이 자연과 구분되기 이전, 아주 오랜 옛날 신화적 시간의 모습이다. 엘리아데의 표현을 빌자면, 사내의 삶에 "신화적 시간의 회복"이 일어난 것이다. 종교적 인간은 과거의 시간을 폐기하고 새로운 시간 속에서 새로운 존재로 살아가기 위해 세상이 창조되는 신화적 태초를 반복하고자 했다. 태초의 시간에 대한 신화를 되풀이하고 이를 재현하는 의례를 수행함으로써, "과거는 소멸되며, 실수와 죄는 폐지"되고, "인간과 우주가 계속 재생"될 수 있었다.[7] 사내는 할머니가 이야기해주는 태초의 신화 세계 속에서 과거의 시간을 지우고 새로운 탄생을 기다렸다.

계집아이의 어머니는 허물벗는 뱀을 품어주는 깊은 늪과 같은 사람이다. 그녀가 민물조개를 잡고 "안개를 밀어내며 늪에서 나온" 모습은 "꿈결"과 같이 "현실감이 없었다."(124) 그녀와 이야기할 때, 남자는 "눈에 하얀 장막이 드리우며, 뭐든 훌훌 벗어던져야 할 것 같은 느낌"이었고, "허물 벗기 직전의 뱀" 같았다(125). 마을 노인에게서 노파 모녀에 대해 의심스런 이야기를 들은 후 여자에게 두려움을 품고 그녀를 겁탈하지만, 여자는 "안개처럼 모호하고 늪처럼 깊은" 몸으로 "아무 저항 없이 사내를 받아들였다."(130) 여자는 허물을 벗는 뱀의 눈을 하고 있었고, 사내는 젖먹이 어린애가 된 듯한 느낌이었다. 그녀 품에 안긴 사내는 너무 편안해서 눈물이 날 것 같았고, 깊은 잠에 들었다. 드디어 그는 이전과 다른 존재로 태어난다. 자신이 진실이었다고 생각한 억울함과 진실을 몰라준 다른 사

---

[7] Eliade, *Patterns*, pp. 394-408. "신화적 시간의 회복"은 394쪽의 "restoration of mythical time"을 번역한 것이고, "과거는 소멸되며, 실수와 죄는 폐지"되고, "인간과 우주가 계속 재생될 수 있다"는 부분은 406쪽에서 발췌 번역했다. 엘리아데는 *Patterns*에서 신화적 시간을 반복하여 새로운 시간을 만드는 것에 대한 다양한 사례를 제공한다. 종교적 인간은 신년의례를 포함한 계절적 축제처럼 주기적으로 새로운 시간을 만들 때는 물론, 토지의 점유, 집의 신축, 공동체의 위기 상황, 족장의 취임, 황제의 취임 등 다양한 비주기적 행사나 사건을 맞을 때도 과거의 시간을 없애고 새로운 시작을 하기 위해서 태초의 시간으로 돌아가는 신화를 낭송하고 의례를 수행했다.

람들에 대한 원망이 없어졌고, 자신의 문제점을 돌아볼 수 있게 되었다. 힘과 권력과 지위를 이용하여 여제자가 스스로 옷을 벗도록 종용한 것은 아닌지 반성했다. 늪 앞에 선 사내는 "늪이 생기기까지의 시간을 한자리에 서서 모두 본 듯한 느낌", "영겁의 시간을 지나온 것 같은 느낌"을 경험한다(133). 신화적 태초로 돌아갔던 그가 새로 태어나서 돌아온 것이다.

「내가 데려다줄게」에서 남자를 구한 여자는 늪으로 묘사되고, 늪과 연결되어 안개와 뱀이 계속 등장한다. 작가가 전통적으로 종교 신화들에 사용된 상징들을 재사용하고 있기 때문에, 소설에 나오는 몇몇 상징적 장치의 의미를 이해하면 사내가 새로운 존재로 다시 태어나는 과정을 더 쉽게 파악할 수 있을 것이다.[8] 많은 창조 신화에서 물은 우주가 창조의 모태이자 우주의 근원이 되는 물질이었다. 태초의 바다에서 첫 생명이 나왔다는 신화는 중앙아시아, 북아시아, 북미, 고대 인도, 동유럽, 러시아 등지에서 찾을 수 있다. 북미 인디언들은 이 세상이 원래 태초의 신비스러운 물로 덮여 있었다거나, 태초의 바다에 들어가 가지고 나온 흙으로 인간 세상을 만들었다는 등의 신화를 가지고 있었다. 이 태초의 물은 아직 삶과 죽음이 분화되지 않은 공간이기도 하다. 물은 창조 이전의 무정형의 자리를 표상하면서, 새로운 창조의 태동을 기대하게 하는 장소다. 원래 물 속에 들어갔다가 나오는 형식으로 행해졌던 기독교의 세례

---

8 천운영과 구효서 소설에 사용된 물, 뱀, 달 등이 신화와 종교에서 어떠한 상징적 의미를 갖는 지에 대해 살펴보려면 졸저『종교적 인간, 상징적 인간』7장을 참조할 것.

(혹은 침례)가 옛 존재를 없애는 동시에 새로운 존재를 탄생시키는 상징적 의미를 지니고 있듯, 물은 죽음과 생명의 태동을 동시에 나타낸다. 작가 천운영은 이런 신화적 태초의 물이 가진 상징적 의미를 재사용하여 죽음과 재생을 동시에 상징하는 늪의 모습을 만들었다. 늪 속에서 죽음을 경험하고, "늪의 짙은 안개 속에서 깊은 잠"에 들었던(134) 사내는 이전의 존재와는 다른 사람으로 다시 태어났다.

안개도 늪과 연결해서 이해해야 한다. 종종 미지의 세계, 불안, 공포, 방황 등을 상징하는 안개는 물에서 피어나는 원초적 물질이며 태초의 물의 일부이기도 하다. 그래서 이 소설에서 안개가 늪의 일부, 특히 어둡고 고요한 면으로 묘사되는 것이 어색하지 않다. 사내는 안개를 따라서, "안개의 중심"인 늪에 도착했다(107). "해가 뜨면 사라질 안개"는 늪 속의 생물을 침묵시키며(123), 이들은 안개가 없어야 다시 생명력을 자랑한다. "늪은 소란과 침묵을 함께 갖고" 있는데, "안개 속에서는 모든 생명이 숨을" 죽이고 해가 떠서 "안개가 걷히면 그 숨죽인 것들이 한꺼번에 일어나 소란을" 떤다.

뱀은 늪 속에서 자살을 시도하는 사내의 몸을 감쌌고, 남자는 허물을 벗는 뱀이 되는 느낌이 들었다. 뱀의 상징적 의미는 매우 다양하다. 뱀은 많은 신화에서 원초적 동물이며, 때로는 코스모스 이전의 혼돈의 동물이다. 메소포타미아 신화「에누마 엘리쉬」에 나오는 신들의 어머니이자 원초신原初神인 티아마트는 거대한 뱀의 형상으로 묘사된다. 티아마트의 첫 자식이 뱀이었고 부하들도 뱀이었다. 뱀은 태초의 바다에 가장 먼저 거주한 동물이었다. 인도 신화에서 비쉬누 신과 배우자 락슈미 여신은 만물을 탄생시킨 태초의 대양에서 천 개의 머리가 달린 뱀 아난타를 보금자리 삼아 살았다. 또한 뱀은 풍요와 다산, 성적 에너지를 표상하며, 생명의 끝없는 지속과 재생을 상징한다. 동유럽 어민들에게 뱀은 물과 땅에 모두 살 수 있는 "불가사의한 생명의 화신"으로 받아들여졌다.[9] 뱀이 허물을 벗는 모습이 생명의 지속과 재생을 의미하는 신화를 많이 찾을 수 있다. 메소포타미아 신화의 영웅 길가메시는 우트나피시팀의 도움으로 깊은 바닷속에서 불로초를 구해오지만 잠시 목욕을 하는 중 뱀이 나타나 그것을 먹어버리고 그 자리에 허물을 벗어놓았다. 제주도 신화 중 「차사 본풀이」에서도 염라대왕이 저승으로 사람들을 차례대로 부르는 "적패지"를 뱀이 삼켰다. 이 신화는 "그래서 뱀은 죽는 법이 없어 아홉 번 죽었다가도 열 번 다시 살아나는 법이다"라고 설명한다.[10]

현대의 소설가들이 종교 신화에서 사용되어온 물과 뱀의 상징들을 그대로 재사용하는 것은 흔히 볼 수 있다. 구효서가 「화사-스며라 배암!」에서 생명력이나 풍요와 관련된 뱀의 상징적 의미를 보여준 것은 앞에서도 언급했다. 단편소설 「확신」에서 최수철은 죽음과 재생과 관련된 물의 상징적 의미를 다음과 같이 요약한다. "물로 들어가는 것은 죽음이요, 물에서 나오는 것은 부활이라고 했다. 그

---

9 골로빈, 『세계신화 이야기』, 98쪽. 골로빈은 달이 뱀을 창조한 유럽 신화를 소개하며, 달과 뱀이 상징적으로 연결성이 있다는 것도 보여준다.
10 현용준, 『제주도 신화』, 130쪽.

렇듯이 물 속에서 삶과 죽음은 하나였다."¹¹ 9장에서 살펴본 「천지간」에서 윤대녕은 물과 달의 상징적 의미를 사용하여 죽음과 재생에 대해 이야기했다. 구효서의 「사자월獅子月」에서도 달이 죽음과 재생을 상징적으로 나타내는 역할을 한다. 기울어졌다가 다시 차는 달은 죽음과 재생을 의미한다. 그믐 동안 달이 뜨지 않는 것이 죽음이라면, 이후에 차차 달이 차오르며 새로운 생명이 생겨난다. 그래서 달은 "시작으로의 영원한 회귀"를 보여주는 순환적 생명의 상징이다.¹² 첫사랑에게 버림받은 여대생이 이별 후 할머니 집에 온다. 할머니는 달을 가장 귀하게 여기고 숭앙했고, 달을 보며 사자월불獅子月佛¹³에게 빌었다. 여대생은 할머니 집에서 "거대한 달"을 보며 할머니처럼 달의 초월적 힘을 경험한다. 그 달은 "죽음빛깔" 즉 "쏘일수록 차가운 빛. 침묵하는 빛. 은밀하고 기습적이고 압도적인 빛."을 지니고 있었다(168). 그 "무서운 달빛"(170)이 사랑을 잃어 "어떤 풍광도 의미 없"게 된(165) 그녀를 위로하고 그녀에게 계속 살아갈 힘을 주었다. 인류 문화가 생긴 이래 계속 달과 물과 뱀은 죽음과 새로운 생명의 순환을 의미해왔고, 우리나라의 현대 소설가들도 이 상징적 의미를 소설의 주요한 도구로 사용하고 있는 것이다.

---

11 최수철, 「확신」, 『몽타주』(서울: 문학과지성사, 2007), 122쪽.
12 Eliade, *Patterns*, p. 154.
13 『천수경』에 나오는 십이존불 중 하나로, 참회하는 사람들의 축생보의 업장을 소멸해준다고 한다

chapter 15

강 건너를 바라보는
종교적 인간

김훈, 『공무도하』*

"비루하고, 치사하고, 던적스러운" 강 이편 사람들의 삶

『공무도하』는 그 이전에 나온 김훈의 다른 소설들만큼 큰 대중적 인기를 얻지는 못했다. 하지만 나는 이 책 전체를 단숨에 읽어내려갔다. 김훈이 글로 쓴 이야기에서 씻거나 거르지 않고 보여주는 인간 삶의 내음이 비릿하면서도 애처롭게 느껴졌다. 김훈은 위기 상황 속에서 한계와 마주친 우리 시대 사람들이 살아가는 이야기를 생생하면서도 덤덤하게 그려냈다. 나는 『공무도하』가 김훈이 이전에 냈던 역사소설 이상의 큰 울림이 있는 책이라고 생각한다.

김훈은 책의 제목 『공무도하』를 옛날 고조선의 노래 「공무도하가」에서 가져왔다. 나루터에서 백수광부가 강을 건너다 물에 빠져 죽자 그의 아내가 이 노래를 만들어 부르고는 자기도 물에 몸을

---

* 김훈, 『공무도하』(파주: 문학동네, 2009).

던져 죽고 말았다는 이야기도 전해지고, 백수광부의 처가 남편을 따라서 죽고 난 후 나루터 사공의 아내 여옥이 이 이야기를 전해 듣고 노래를 만들어 불렀다는 설도 있다. 어쨌든 공무도하公無渡河, 즉 "사랑아, 강을 건너지 마라"는 노랫말은 강 이편에 있는 사람의 외침이다. 김훈의 말대로 "'공무도하가'는 강 건너 피안의 세계로 가자는 것이 아니라 약육강식의 더러운 세상에서 함께 살자는 노래이다.[1]

강, 혹은 바다로 대표되는 물은 한 영역과 다른 영역 사이를 구별한다. 나라와 나라, 지역과 지역을 구별하는 경계선을 구성하기도 하고, 살아있는 사람들의 영역과 죽은 사람들의 영역도 구별한다. 켈트 족의 왕과 영웅들은 죽은 뒤 배를 타고 바다 저편의 아발론Avalon이라는 섬으로 갔고, 그리스의 사자死者들은 사공 카론Charon의 배를 타고 스틱스Styx 강을 건넜으며, 바리공주는 부모를 살릴 약수를 구하러 서천 서역으로 가기 위해 무지개를 타고 바다를 건너갔다고 신화들은 이야기한다.

『공무도하』는 강 건너편의 모습에는 관심이 없다. 강 이편에서 살아가는 사람들의 모습을, 신문에 날만한 '사건'들을 중심으로 기술한다. 사건 담당 기자 문정수가 취재하는 사람들의 모습은 슬픔과 고통 그리고 부조리로 가득하다. 기자 문정수는 고통스런 세상을 관찰자의 시점에서 본다. 그러나 기사로 보도될 수 있는 것보

---

1 『공무도하』 뒷표지에 실린 작가의 글.

다 훨씬 자세한 사정을 속속들이 알고 있기 때문에, 자신도 세상의 아픔으로 괴로워한다. 기자는 "자신과 아무런 관련도 없어 보이는 이 세상의 온갖 냄새들"에 절어 살면서도(47), "세상을 들여다볼 뿐 만질 수 없고 개입할 수 없는 자"이다(16).

장마와 홍수로 강과 하천이 불어나 생긴 사건들을 중심으로 기술된 소설의 첫 장면부터 세상의 부조리는 악취를 풍긴다. 공장 운영자들은 불어난 강물에 독극물이 포함된 폐수를 내보내고, 아랫마을과 윗마을의 젊은이들이 물의 방향을 조절하려다 패싸움을 벌이며, 저수지의 뚝방이 터지려 할 때 관리자는 수문이 고장난 것을 알고 혼자 도망가버린다. 전기와 수도가 끊기고 인명 피해가 속출해도 사람들이 할 수 있는 것은 비가 그치기를 기다리는 일뿐이다. 김훈은 인간이 얼마나 이기적이고 부도덕하며, 또 무기력한지를 생생하게 보여준다.

시위 중 옥상에서 떨어져 숨진 노동자를 위한 추도사에서 운동권 출신 장철수는 "인간은 비루하고, 인간은 치사하고, 인간은 던적스럽다. 이것이 인간의 당면과제다. 시급한 현안문제다"라고 말한다(35). 그는 세상을 단념할 수 없다고 결연히 말했지만, 얼마 지나지 않아 수배 중인 선배들의 거취를 자백한 후 배신자가 되어 고향 경남 '창야'를 떠나 충남 '해망'으로 도망해 산다. 거기서 미군이 폭격 훈련 중 떨어뜨린 포탄 껍질을 건져 살다가, 다시 궁지에 몰리자 신장을 판 돈으로 문제를 해결하고 상한 몸으로 다시 창야로 돌아간다. 그는 자신이 말한 "비루하고, 치사하고, 던적스런" 인간의 전형일 것이다. 장철수의 신장을 사서 목숨을 건진 전직 소방구조대원 박옥출 역시 치사하고 던적스러운 인물이다. 인명을 여럿 구조한 영웅 대접을 받으면서도 소방대원 일을 계속할 자신이 없던 그는 백화점 화재 현장에서 소방수消防水 때문에 바닥에 흩어진 귀금속을 훔친다. 이를 눈치챈 문정수 기자에게 기사로 쓰지 말아달라고 비굴하게 애걸한 후, 물건을 장물아비에게 팔아 돈을 챙기고 고향 해망으로 내려와 바닷속에서 포탄을 수거하는 "해저개발회사"의 중역으로 취직한다.

이들이 비겁하고 초라한 위선의 삶을 이어가지만 악한 사람은 아니다. 또 언론에서 사건으로 다룰만한 일을 저지르지도 않는다. 무기력한 삶을 살던 장철수의 신장은 박옥출을 살리고, 박옥출은 장물을 판 돈으로 신장을 구입하여 살아난다. 장철수는 신장을 판 돈을 자신과 함께 일하던 베트남 여자 '후에'에게 줘서 한국인 남편에게서 도망쳐서 발생한 문제들을 해결하도록 한다. 떨어진 포탄, 떨어진 귀금속은 생계를 꾸리게 하고 사람들을 살렸으며, 무기력하던 장철수는 신장을 팔아 자신보다 더 약자인 후에를 구한다. 극악무도한 범죄를 저지른 사람도 악의 화신이 아닐 수도 있다. 친아버지를 쇠절구로 내리쳐 살해한 젊은이는 "수사할 수 없고 기소할 수 없는, 취재할 수 없는 눈빛"을 지니고 있었다(22). 어린 의붓딸, 즉 자신의 의붓동생을 계속 성폭행하는 아버지를 죽인 그는 인간이기를 포기한 것인가, 아니면 인간이고 싶었던 것인가. 강 이편의 삶은 이런 질문에 단순한 대답을 제시할 수 없기에 더욱 비루하고 치사하고 던적스러울지도 모른다.

사랑이 기어이 강을 건너고 말았네公竟渡河

문정수는 사회부 기자라는 직업상 인간의 온갖 부조리와 고통에 개입하지 못한 채 지켜봐야 했지만, 특히 죽음에 대해서는 할 수 있는 일이 아무것도 없다. 그가 경험하는 죽음은 산 사람들에 의해 "이해받지 못할 죽음"이었다(131). 문정수는 홍수에 떠내려온 변사체들을 보며, 강 건너 저편에 간 자들이 얼마나 멀리 있는지 절감한다.

> 접근되지 않는 죽음들이었다. 그 죽음들은 삶과 사소한 관련도 없어 보였다. 살던 것이 죽어서 죽음을 이룬 것이 아니라, 애초부터 죽어 있었던 것처럼 그것들은 삶과 무관해 보였고 살아 있는 자들이 다가가서 만질 수 없을 만큼 멀어서… (132)

일단 강 저편으로 건너가 버린 사람은 강 이편 삶의 영역과는 전혀 무관한 것처럼 보였다. 그래서 문정수는 "그 많은 죽음을 흘려"보낼 수밖에 없고, 신문사의 당직 차장은 강물에 떠내려온 변사체가 기사화될 수도 없는 것이라며 "그가 손댈 수 없는 세상을 향해" 욕설만을 내뱉을 뿐이다(133).

죽음은 "살아 있는 자들이 다가가서 만질 수 없을 만큼" 멀다. 그래서 공公(사랑하는 사람)이 기어이 강 저편으로 떠날 때의 슬픔은 강 이편에 남은 사람들이 경험하는 가장 애절한 슬픔일 것이다. 시인 박목월도 「이별가」에서 강 건너편으로 가버린 사람을 애타게 부르지만 답을 들을 수 없는 살아남은 이의 막막함과 애절한 슬픔을 노래하지 않았던가.[2] 소설 속에 나오는 여러 형태의 죽음 중에서도 키우던 개에게 물려 죽은 초등학교 5학년 아이의 죽음은 독자들의 가슴을 가장 먹먹하게 하지 않나 생각한다. 아이는 가족을 그려오라는 숙제로도 개를 그려냈을 정도로 개를 사랑했다. 개에게 "날개"라는 이름을 붙이고, 천사의 날개를 달고 있는 개를 그리기도 했다. 아이는 화려한 도시의 그림자 뒤, 사람들 눈에 띄지 않는 비닐하우스에서 처절하게 비루한 삶을 살았고 무너진 가정으로 더 큰 아픔을 안고 있었다. 이런 아이가 행복해지는 것이 이야기를 읽으며 사람들이 기대하는 바일 테지만, 김훈은 그 기대를 무참히 꺾어버린다. 아이의 어머니 오금자는 고향마을 식당에서 일을 하다가 TV에서 개에 물려 죽은 아들의 소식을 듣고 정신을 놓아버렸다. 갑작스런 아들의 죽음으로 인연이 사라지고 "애초부터 없었던 것"이 되어버렸을 때, 어머니는 아들의 사라짐으로 인한 숨막힘과 스산함에 "실려서 한동안 두 발로 땅을 디딜 수 없는 모양새로 떠다녔다." (270) 아들을 자신의 삶에서 떼어내고 삶을 이어가기 위해 그녀는 자신을 아는 사람이 없는 곳으로 잠적해버린다.

---

[2] 뭐락카노, 저편 강기슭에서/니 뭐락카노, 바람에 불려서//이승 아니믄 저승으로 떠나는 뱃머리에서/나의 목소리도 바람에 날려서/……//뭐락카노, 저편 강기슭에서/니 음성은 바람에 불려서//오냐, 오냐, 오냐./나의 목소리도 바람에 날려서.(박목월, 「이별가」 중)

간척지 개발지에서 대형 크레인에 깔려 소리도 내지 못하고 죽은 십대 딸을 강 건너로 보내야 하는 아버지의 이야기도 먹먹하다. 많은 종교인이 이 방미호라는 이름의 소녀를 강 건너로 보내는 의례를 행한다. 먼저 무당이 그녀가 깔린 자리에 사잣밥을 차리고 살풀이 춤을 추고, 그녀를 "일으키고 달래고 씻겨서 수평선 쪽으로 전송"했다(180). 추모제 형식으로 진행된 사십구재에서는 "중이 방미호의 옷가지와 책을 태웠"고 "천수경을 독경했다."(187) 추모비 제막식은 마을 교회의 목사가 인도했고, 성가대가 "며칠 후 며칠 후 요단강 건너가 만나리…"라는 가사의 찬송가를 불렀다(196). 이후 지역 행사에 포함된 추모식에서 성가대는 다른 찬송가를 부른다. "강 건너편 언덕에서 주님 나를 부르시네. 나는 건너가리니. 주여 못 박힌 그 손으로 내 눈물 닦아주소서."(312) 방미호의 아버지 방천석은 딸의 모양으로 만든 비석이 바다 쪽으로 걸어나가는 듯싶어서 '미호야, 가니? 가?'라는 말이 터져 나오려는 것을 진땀을 흘리며 참는다(276). 죽은 소녀는 강, 혹은 바다 너머 저편으로 건너가야 하기에, 종교전문인들은 그녀를 보내는 의례를 했고, 아버지는 가는 딸의 환영을 보았다. 방천석도 딸이 죽은 해망에 머무를 수 없어 고향을 버리고 떠난다.

아들과 딸을 가장 처참한 방식으로 강 건너 저편에 보낸 어머니와 아버지는 머나먼 죽음 앞에서 할 수 있는 일이 없었다. 기어이 강 건너로 가버린 사랑하는 사람을 위해 남은 사람들이 할 수 있는 일이란 강 건너로 잘 가도록 하는 일뿐이었다. 이편에 남은 사람들은 사랑하는 이가 강 건너로 떠난 자리에 머무는 고통을 감당할 수 없어 잠적하고 떠나야 했다. 강 이편에 남은 사람들의 삶은 강 건너 저편으로 간 사랑하는 사람들로 인해 더욱 슬프고 초라해진다.

"하늘을 날려는 지향성"

문정수가 취재하러 다니는 장소들은 이 세상 사람들의 비루하고 치사하고 던적스런 삶을 적나라하게 보여준다. 소년이 기르던 개에 물려 죽은 비닐하우스 촌이 그렇고, 홍수로 불어난 강물 주변 마을도 그렇다. 운동권 출신 장철수가 배신자의 이름을 덮어쓰게 된 고향 "창야"나 그가 도망가 살면서 신장을 팔게 되는 "해망"도 모두 비루한 인간의 모습을 보여준다. 특히 해망은 김훈이 말하는 "인간 삶의 먹이와 슬픔, 더러움, 비열함" 그리고 아득한 저 너머를 향한 "희망"까지, 힘겨운 인간 삶을 축약적으로 보여주는 곳이다.[3] 김훈이 보여주는 해망은 낭만적이고 아름다운 바닷가 마을과는 거리가 멀다. 사람들은 잘 살겠다고 1만 년 전 선사 유적인 패총을 없애가며 해망의 펄을 메워 간척지를 만들었다. 그 펄에서 도요새가 떠났고, 갯장어와 조개가 죽어간다. 미군의 비행기 폭격 연습장으로 사용된 인근 섬에는 조개보다도 포탄이 더 많다. 하지만 이렇게 황량하기

---

3 『공무도하』 뒷표지에 실린 작가의 글 참조. "인간 삶의 먹이와 슬픔, 더러움, 비열함, 희망을 쓸 것이다."

그지 없는 땅 해망에 사람들은 몸을 피한다. 해망은 배신한 전 운동권 출신 장철수, 범죄 후 숨어들어온 소방관 박옥출, 처참하게 죽은 아들의 죽음을 멀리서 알게 된 아이 엄마 오금자, 한국인 남편에게서 도망친 베트남 이주 여성 후에 등이 모여들어 살아가는 곳이다.

    김훈은 인간에 대한 이야기들 틈에 몇몇 동물의 삽화揷話를 집어넣었다. 이 동물들을 통해 이 세상에 살고 있는 사람들의 모습을 비유적으로 보여주고자 했을 것이다. 어부의 그물에 잡혀와 횟집 수족관에 갇혀 있는 바다사자는 정당한 삶의 터전과 영역을 보장받지 못하고 갇힌 채 찢기고 상처 입은 몸으로 괴로워한다. "해망에서 살 놈이 아닌 놈"(233)이었던 바다사자처럼, 해망에서 장철수와 후에는 철저히 남이며 자기 자리로 돌아가지 못하는 사람들이다. 해망의 고철 수집업자 '남'은 장철수와 후에가 건져낸 포탄을 사지만 그의 이름처럼 남일 뿐이었다. 그래도 바다사자는 장철수의 배에 실려 바다로 돌아가 자유롭게 헤엄쳐갔다. 하지만 말라가는 펄에 남은 갯장어와 게들은 대부분 죽고 말았다. 갯장어와 게들이 바다로 돌아갔다는 소문도 있었다. 몇몇 사람들이 방조제 안 쪽 "웅덩이의 물이 말라가자 갯장어가 방조제를 넘어서" "몸통을 뒤틀며 4차선 도로를 가로질러 바다 쪽으로 가서 물 위로 떨어져 내렸고, 그 뒤를 게들이 대열을 지어서 따라가더라"고 증언한 것이다(173). 이 소문은 전설과 같이 "신뢰하기 어려운 목격담"(175)이었다. 학자들과 방송국에서 사흘 밤낮을 기다렸어도 확인할 수 없었다. 다만 학자들은 "먼 바다의 냄새를 깊이 느끼고 바다의 인력에 강력히

끌리는 몇 마리가 방조제를 넘어서 바다로 갈 수는 있었을 것"이라며 가능성을 부인하지는 않았다. 거대한 "인간 삶의 먹이, 슬픔, 더러움, 비열함"에 비하면 희망은 때때로 실낱같이 느껴진다. 그 실현 가능성이 없다고는 할 수 없어도 실현을 확인하는 것은 너무도 어려운 일일 것이다.

"2억 5천만 년 전 해망의 갯가를 어슬렁거렸던 공룡"이 품었던 희망 실현의 열망도 처절했다. 해망의 마른 펄에서 발견된 공룡의 화석을 연구한 학자들은 이 공룡이 날개가 달린 익룡이었으나, "몸집의 크기에 비해 공룡의 날개가 작"다고 말한다.

> 하늘을 날려는 지향성이 늪에서 허우적대는 파충류에게 날개를 돋게 한 것인데, 그 날개로 비행이 가능했던 것인지는 알 수 없습니다. 공룡의 날개는 늪을 기던 지느러미의 변형인데, 뼈의 구조가 정교하지 못해서 기체역학적 조정기능은 없었고, 비행추진능력도 없었던 것으로 보입니다. 그러므로 공룡의 날개는 이륙과 비행을 향한 지향성의 결과물이라고 보면 됩니다.(146-47)

이 공룡들은 자신이 살고 있는 세상 너머를 지향했다. 이들은 해망의 늪지에서 허우적대면서도 하늘을 날려는 지향성으로 인해 날개를 가질 수 있었다. 그러나 날 수는 없었다. 해망의 공룡은 힘겨운 강 이편의 세상에서 "세상 너머"를 지향하는 인간들의 처절하고 절박한 모습을 상징적으로 보여주는 동물이다. 사람들은 "희망"을 포기하지 않는다. "약육강식의 더러운 세상"의 진흙탕에 뒹굴면서도 그 너머를 바라보고 지향한다. 실현이 불가능해 보인다 할지라도, 지느러미를 퍼덕여 날개를 만들고 마는 것이다.

"잿더미와 참상 속에서 부서질 수 없고 불탈 수 없는 원형을 노래하는 행복한 인간"

소설『공무도하』는 "비루하고 치사하고 던적스런" 이 세상에서 살면서도 세상 너머를 지향하는 사람들의 모습도 보여준다. 문정수의 애인 노목희와 중국에서 온 인문학자 타이웨이 교수는 이 세상 너머의 세계를 꿈꾸고 또 보여준다. 앞에서 본 다른 현대 소설의 주인공들처럼 이들도 종교에 직접 참여하는 종교인들은 아니다. 하지만 이들은 종교적 인간의 지향성을 이어받은 사람들이다.

문정수의 애인 노목희는 세상의 냄새가 묻지 않은 사람이다. 그녀는 이 세상을 볼 때 샤워를 하듯 자신의 몸에 붙은 세상의 흔적을 다 씻어내고 싶어 한다(30). 그녀에게서는 세상의 다른 냄새가 남지 않은 "몸냄새" 혹은 "새벽안개" 냄새만 났고, 그녀의 집에는 "숨결의 냄새"가 가득 차서 세상의 흔적이 묻어 있지 않았다(24, 123, 130). 노목희는 최루탄 냄새, 먼지 냄새, 연기 냄새, 증기 냄새, 배기가스 냄새, 휘발유 냄새, "씻어도 지워지지 않는 발냄새," 심지어 "야근한 냄새"와 "말을 할 때마다 몸 속에서 품어져 나오는 불화不和

같은 냄새"까지, "세상의 온갖 냄새"로 찌든 문정수(46, 47, 120, 123)를 거두고, 품고, 다독이며, 먹인다. 그녀는 문정수 몸에 묻어 있는 세상의 온갖 냄새를 씻어주는 사람이다. 문정수가 그녀 집에서 샤워를 하는 것은 물론 성관계를 갖는 것도 그를 깨끗하게 하고 새롭게 하는 정화의례와 같다. 두 사람이 성관계를 하는 동안 노목희는 다음과 같이 생각한다.

> 노목희는 문정수가 놓쳐버린 세상이 모두 내 몸속 깊은 곳으로 들어와서 거기에서 녹아서 편안해지기를, 그리고 그것들이 아무런 자취도 남기지 않기를, 그래서 아무것도 묻어있지 않은 몸이 새로운 시간 앞에 다시 서기를, 홀로 그 시간 속으로 걸어갈 수 있기를 노목희는 바랐다.(224)

노목희는 성관계를 하면서 문정수가 놓친 세상이 그녀의 몸속 깊은 곳에서 녹아버리고, 그래서 문정수의 몸이 아무것도 묻어있지 않게 정화되고 새롭게 되기를 기대했다. "노목희의 몸이 깊어서 문정수는 닿을 수 없었다."(224) 그녀는 문정수의 모든 일을 받아줄 수 있을 만큼 깊은 사람이었다. 그녀는 마치 깊은 바다처럼 세상의 온갖 것을 정화하고자 했다.

중국의 대인문학자 타이웨이 교수는 목희牧姬라는 이름이 "짐승을 먹이고 거두는" 사람을 뜻해서 "평화로움을 느꼈다"고 말했다(91). 정말 그녀는 목희라는 자신의 이름처럼 문정수를 계속 먹이고 거둔다. 문정수를 거두는 일 중에는 그의 이야기를 들어주는 것도 있다. 취재 중 세상의 온갖 슬픔, 더러움, 비열함을 들여다보는 문정수는 막막한 심정에 빠진다. 그럴 때면 "누군가 들어주며 답해주지 않으면 울어버릴 듯한 말들"을 가지고 급하게 노목희를 찾아와 "추적하고 전할 수 없는 세상에 관하여" 털어놓는다(218, 219). "문정수의 어조는 무력했으나, 그 무력감 속에 폭발 직전의 위태로움이 숨어있었다." 그래서 그녀는 잘했어, 내버려둬 라고 응답하며 그를 달랬다. 그렇게 이야기해주는 것은 세상에 대한 "연민"이었고 평화로운 일이었다(221). 그녀는 문정수와, 문정수 이야기 속의 비루한 사람들을 "불쌍하고 가엾"게 여긴다(128). 문정수는 그녀가 세상을 가엾게 여기는 것이라고 말한다(128). "죽은 사람보다 산 사람이 더 불쌍한 거지"라는 말에서도 엿보이듯이, 그녀가 강 이편의 세상과 이 세상에 살아남은 자들을 불쌍하게 여기는 것을 알 수 있다.

노목희는 타이웨이 교수의 책 『시간 너머로』를 번역했고 표지 그림을 그렸다. "시간 너머로"는 이 세계에 살면서 그 너머의 것을 지향하는 사람들의 방향이다. 세계는 시간과 공간으로 구성되어 있고, 시간을 넘는다는 것은 이 세계 너머로 가는 것이다. 노목희는 『시간 너머로』에 나오는 혜초도 "시간 너머로 가고 싶"어서 "공간과 시간을 함께 넘어가려" 파미르 고원을 넘어갔을 것이라고 말한다(214). 문정수가 책 표지에 낙타를 그린 이유를 묻자, 그녀는 "사막의 고난을 감당"하며 "시간을 건너가는 낙타"가 책의 이미지에 맞아서라고 말한다(214). 그녀는 낙타가 "시간 너머로 갈 수 있는 동물"

이며 "생로병사가 한 덩어리로 들러붙어" "젊음과 늙음"이 구별되지 않는 동물이라고 생각했다(201, 203). 해망의 공룡과 갯장어가 자신들의 삶의 자리 너머를 지향하면서도 그 너머로 가지 못한 반면, 낙타는 시간과 공간을 함께 넘어간다. 문정수는 스위스로 유학을 가게 된 노목희가 바로 책 표지의 낙타라고 말하고, 노목희는 타이웨이 교수가 "낙타의 늙음과 낙타의 여정을 간직한 인문학자"라고 생각한다(202, 224). 낙타는 시간 너머로 가고자 했던 구도자 혜초와, 고통의 이 세상 속에서 고통 너머에 있는 것을 보고자 하는 노목희와 타이웨이를 상징적으로 나타내는 동물이라고 할 수 있다.

노목희와 타이웨이 교수는 같은 부류의 사람들이다. 타이웨이 교수를 해망에 초청해 답사 후 강연을 해달라고 부탁하는 문정수를 노려보며, "해망은 안 돼. 해망은 너무 어려워. 거긴 니 구역이잖니"라고 노목희는 답한다(223). 해망은 시간이 흘러가는 이 세상이고, 그녀와 타이웨이 교수는 시간의 흐름 속에 이 세상의 가변적인 것 너머에 관심이 있다. 노목희는 문정수가 "시간 속으로 걸어갈 수 있기를" 기대했지만(224), 자신은 "시간 너머"를 꿈꾸었던 것이다. 타이웨이 교수는 시간의 세계에 살면서 시간 너머를 향해 가는 사람들의 이야기를 썼고 노목희는 시간을 건너가는 낙타의 그림을 그렸다.

시간 너머를 지향하는 것은 결코 쉬운 일이 아니다. 노목희는 미술대학 재학중 해가 지는 저녁 풍경을 보면서 끝없이 부서지고 새로 태어나는, "짧고 정처없는" 그 빛과 색을 그림으로 그리는 것을 주저했다(41-42). 노을은 시간의 세상에 있기 때문에 그 빛은 시간에 따라 사라지고 다시 생성되며 계속 변화한다. 아우구스티누스는 시간은 존재하는 것이 아니라 비존재非存在로 향해 가는 것임을 파악했다. 과거의 시간은 이미 지나가서 존재하지 않고 미래의 시간은 아직 존재하지 않으며, 현재는 바로 과거로 넘어가 존재하지 않는 것이 된다는 것이다.[4] 이 세상의 모든 것이 쉼 없이 흘러가는 시간의 지배를 받는다. 시간의 흐름 속에서 영원하고 불변하는 것은 없다. 김훈은 노을 빛이 시간의 흐름 아래 있는 것이지 시간이 노을 빛에 영향을 받는 것이 아니라고 지적한다(315). 시간은 인간을 무기력하게 하여, 늙고 병들고 죽음에 이르는 고통을 준다. 그러나 종교적 인간은 시간 너머를 바라보며 고통을 이겨낸다.

타이웨이 교수는 시간의 흐름 속에서 고통 받는 인간이 그 너머를 바라볼 때 시간을 극복할 수 있다는 것을 잘 알고 있다. 타이웨이의 "글 속에서 '인생'이라는 단어는 그 유한한 종말이나 생애의 신산辛酸을 의미하기보다는 인간의 삶 앞으로 다가오는 시간의 운명적인 새로움을 의미하는 말로" 사용되었다(89). 타이웨이는 인생에서 유한성과 고통을 바라보지 않고, 시간의 새로움을 강조했다. 이는 새로운 시간 속에서 새로운 삶을 살아가고자 하는 종교적 인간이 강조해온 것이기도 하다. 종교적 인간은 시간의 한계 속에 살면서 그 한계를 넘어 새로운 시간을 만들고 새로운 시간을 살아간다.

---

[4] 성 어거스틴, 『성 어거스틴의 고백록』, 김광채 역(서울: 기독교문서선교회, 2004[401]), 352-63쪽.

사람들은 매년 신년제 때마다 이전의 시간을 소멸시키고 새로운 시간을 창조해왔다.[5] 타이웨이의 글 속에서 "은의 갑골문에서 기록으로만 남아 있는 피리 소리가 수천 년을 건너와서 현재에도 유효한 선율로 흔들리고 있었다." 그는 "폐허 속에서 소멸된 것들을 흔들어 깨워서 지금 살아 있는 인간의 영혼 앞으로 바싹 끌어당겨 놓는" 인간의 모습을 보여주었다(88). 엘리아데에 따르면, 종교적 인간은 신화적 시간에 발생한 성스러운 사건을 현재에 다시 재현해낸다.[6] 달리 말하자면, 시간의 흐름에도 변하지 않는 원형적 본보기를 찾아 그것을 삶 속에서 반복한다. 기독교인들이 성체성사 혹은 성찬식을 행하는 것은 2천 년 전 사건을 과거의 일이 아닌 현재의 것으로 만드는 의례다. 의례를 통해 그리스도가 인간을 위해 몸을 희생한 사건이 현재에도 유효한 것이 된다. 석가탄신일을 기리는 사람들의 의례를 통해 붓다는, 김훈의 표현대로, 수천 년을 건너와 지금 살아 있는 인간의 영혼 앞으로 다가선다.

시간 속에 사는 사람들은 '시간 너머'를 '시간의 흐름' 속에서 추구하고 경험할 수밖에 없다. 따라서 타이웨이의 "글 속에서는 변하지 않는 것들이… 변하는 것들 위에 실려" 있을 수밖에 없고, "변하지 않는 것들은 변하는 것들 위에서 존재의 방식을 운영하고 있"는 것이다(88). "변하지 않는 것"을 우리가 지금까지 사용한 말로 바

---

5 Eliade, *The Sacred and the Profane*, p. 77.
6 Eliade, *Patterns*, p. 402; *The Sacred and the Profane*, p. 68.

꾸면 "시간 너머"이며, "변하는 것"은 "시간의 흐름 속"에 있는 것이라고 할 수 있다. 인간은 성스러움의 가장 중요한 속성 중 하나를 "변하지 않는 것"으로, 범속함의 속성을 "변하는 것"으로 간주했다. 인간은 성스러움을 범속한 인간 삶의 환경과는 완전히 구별된 것으로 경험하지만, 인간의 경험은 인간이 살아가는 범속함의 영역에서만 가능하다. 그래서 변하지 않는 성스러움은 변하는 범속함과 구별되면서도 변하는 것을 통해서만 나타날 수 있다.[7]

한국을 방문한 타이웨이가 일연에 대하여 강연한 내용을 보면 종교적 인간의 지향이 잘 요약된다(96-97). 일연은 무너져버린 세상의 역사를 쓰기 위해 일흔이 넘은 노구를 이끌고 인각사로 들어가 『삼국유사』를 집필했다. 그는 "무너진 황룡사의 잿더미와 참상에 대해 한 줄도 쓰지 않았"다. 타이웨이는 "일연에게 그 잿더미는 기록할 만한 가치에 미달"했을 것이라고 말한다. 일연은 "애초에 황룡사를 지은 사람들의 마음속에 살아 있었던 유토피아의 원형에 관하여" 썼다. 그는 "부서질 수 없고 불에 탈 수 없는 것들에 관하여" 썼고, 그것이 "당대의 야만," 혹은 자신이 겪어야 했던 처절한 한계 상황에 맞서는 싸움이었다. 종교적 인간은 변하는 것, 없어지는 것, 잿더미의 현 상황이 아니라, 태초의 원형을 노래한다. "원리와 현상이 다르지 않다고 믿었던 점에서 그[일연]는 행복한 인간이었다"는 말은 종교적 인간의 행복을 말하는 것과 같다. 타이웨이는 무의미

---

7 Eliade, *Patterns*, p. 324; *The Sacred and the Profane*, pp. 11-12.

하고 가변적이며 덧없는 속(俗)의 세상 속에서 유의미하고 불변하고 영원한 성스러움을 지향하는 종교적 인간 일연을 이야기한 것이다.

이 장에서 지금까지 살펴본 내용과 직접 관련되지는 않지만, 마지막으로 『공무도하』에서 김훈이 말하는 타이웨이 교수의 인문학적 태도에 대해 잠시 언급하겠다. 두 페이지가 넘는 분량으로 묘사되는 그의 학문 세계는 인문학자의 미덕을 두루 갖춘 것으로 보인다(24-27). 이 뛰어난 인문학자의 "글은 과학이라기보다는 성찰에 가까웠고 증명이 아니라 수용이었으며, 아무것도 결론지으려 하지 않으면서 긍정이나 부정, 그 너머를 향하고 있었"다(26). 반면 해망에서 일어난 환경변이와 뱀섬의 폭격훈련의 상관관계를 조사한 과학자들은 "여러 가지 변이들에 보편적으로 적용될 수 있는 인과관계의 존재를 증명할 수 없"다며(53), "증명되지 않는 것들의 실체를 긍정할 수 없는 것이 과학의 고충"이라고 말한다(54). 하지만 인문학자들은 과학만큼이나 성찰을 강조하고, 증명되지 않는 인과관계에 집착하는 대신 인간이 경험하는 현상에 주목한다. 그렇다고 그가 과학을 무시하는 것으로 보이지는 않는다. 타이웨이는 "과학 지식의 객관의 틀을 훼손하지 않으면서 그 객관을 인생의 시선으로 바라보고 해석"하는 학자였다(89). 연구 방법과 연구 대상에 대한 조사에는 엄밀한 객관성이 유지되어야 하는 것은 두말 할 필요도 없이 중요하지만, "그 객관을 인생의 시선으로 바라보고 해석"하는 일도 인문학자가 포기해서는 안 되는 중요한 부분이다.

타이웨이는 "문명과 역사는 미완성으로서 아름답다"고 말한다(112). 타이웨이처럼 "세상의 어떠한 고통과 야만도 멀리 밀쳐놓고 사유의 대상으로 삼아서 즐길 수 있는 자"는 무책임한 지식인이며 잔인한 사람일 수도 있다. 하지만 이 말이 인간의 존엄을 짓밟는 힘 앞에서 침묵하며 자신의 삶만 즐기는 것을 강조하지는 않는 듯하다. 인간의 삶을 연구하는 인문학자의 학문적 자세에 대해 말하고 있는 것이다. 인간의 삶과 삶의 축적물이 미완성 그 자체인 것은 너무도 당연하다. 그 어떤 것이라도 사유의 대상에서 제외될 수 없다. 종교적 인간이 지향하는 것들이 삶 속에서 완성되지 못하더라도, 늪지에서 하늘을 지향한 공룡이 날 수 없는 날개만 만들어냈듯 그들의 꿈이 달성될 수 없는 것이라고 하더라도, 그들이 그렇게 살아가는 모습 자체가 사유의 대상인 것이다.

에필로그

현대 소설이 종교 신화와 거리가 먼 것처럼 보이더라도 사실은 신화를 계승한다고 할 수 있는 이유들이 있다는 것은 1장에서 지적했다. 현대 소설은 신화의 주제와 내용을 반복하며, 신화처럼 이야기의 힘으로 독자들을 설득하고, 일상과 구분되는 시간 속으로 들어가는 경험을 제공하기도 한다. 물론 현대 소설이 종교 신화처럼 '참'으로 받아들여져 우리 삶을 형성하고 결정짓는 기능을 하는 것은 아니다. 그러나 현대 소설은 신화의 매우 중요한 기능을 여전히 수행한다. 그것은 우리가 지금 어떤 모습으로 이 땅에 살고 있는지, 인간으로 살아간다는 것이 무엇을 의미하는지에 대한 진지한 성찰의 자리로 우리를 불러들인다는 것이다. 인간이 위기에 맞서고 한계 상황에 부딪히면서 인간으로 살아가는 모습과, 한계를 끝으로 생각하지 않고 그 너머를 꿈꾸는 모습은 신화와 현대 소설이 공통적으로 주목하는 주제다.

  현대에도 인간은 여전히 인간이기에 겪을 수밖에 없는 위기와 한계에 부딪힌다. 절대적으로 척박한 환경, 강제된 노동과 굶주림, 인간성을 잃어버린 사람들, 부조리 앞에서의 무기력함, 약속의 배신과 외로움, 의식하지 않을 수 없는 남들의 시선, 실현되지 않는 삶의 목표와 소망들, 자기 자신의 꿈을 포기해야 하는 아픔, 늙고 변해가는 인간의 육체, 사랑하는 사람의 죽음, 사라지고 잊혀지는 인생의 속성 등, 이 책에서 살펴본 소설들이 제시한 다양한 인간의 위기는 옛 신화의 주인공이 겪은 것과 크게 다르지 않았다. 절망적인 삶의 조건들이나 인간의 환경을 규정하는 시간과 공간은 맞서기 버거운 한계인 것은 당연하겠지만, 삶 속에서 의미를 찾으려는 인간들에게는 때때로 삶 자체가 위기이며 한계이기도 하다.

지금까지 살펴본 소설들은 이 세상에 사는 인간들이 이런 한계에 맞서는 다양한 모습을 보여주었다. 소설 속의 주인공들이 감당하기 어려운 현실을 극복하는 방법들은 전통적으로 종교가 제시해온 것과 상당히 유사하다는 것을 확인할 수 있었다. 의례를 통해 자신의 행위에 의미를 부여하고, 극한 상황을 버텨낼 수 있도록 가상의 존재를 설정하며, 자신이 감당하기 어려운 세상의 일들을 벗어버리는 정화의 방식을 만들고, 유의미한 원형적 신화를 현실에 반복하며, 이 세상 너머를 가리키는 상징을 삶 속에 적극적으로 이용한다. 물론 종교가 인간에게 위기를 가져다줄 수도 있다. 1부에서 다룬 『1984』, 『이끼』, 『1Q84』는 인간을 한계로 몰아가는 삶의 상황이 종교 혹은 종교에 필적할 만한 어떤 것에서 비롯된다는 것, 종교라고 규정되는 것에 의해 인간의 위기와 고난이 유발될 수 있다는 것을 이야기했다. 하지만 이 이야기들의 주인공들이 이런 위기에 맞서는 방식 역시 종교적이었다. 사회의 표상이 절대적 성스러움으로 강요될 때 잊혀져간 진실되고 아름다운 세계를 되살리고자 노력하고, 종교를 이용하는 부도덕한 사람들에 맞서 종교적 이상을 실현하고자 하고, 초월적 존재가 인간에게 영향력을 행사할 때 존재의 의미를 찾는 종교적 지향을 통해 극복해내는 모습들을 찾을 수 있었다.

 종교적 인간은 한계에 부딪힐 때, 한계를 끝으로 받아들이지 않는다. 한계 너머를 꿈꾸고, 『공무도하』에 나온 해망의 공룡처럼 한계 너머를 향해 아직 생기지도 않은 날개를 퍼덕인다. 현실 속에서 징그러운 몸을 꿈틀대고 있지만, 언젠가 날개가 돋으면 끝없이 펼쳐진 하늘을 날아다닐 것을 꿈꾸는 "푸른 애벌레의 꿈"이 바로 종교적 인간의 꿈인 것이다.

> … 끝없이 펼쳐지는 저 높은 하늘
> 저 하늘 위에 내 마음을 두고
> 슬피 쓰러져 잠들던 이 어두운 숲 속에
> 불 밝히며 땀 흘리며
> 그렇게 오랜 세월 기다려왔던 푸른 날개가 돋으면, 날개가
> 이 어둠의 껍질을 벗고 이기고 나가
> 그렇게 목말라 애타게 그리워했던
> 새로운 하늘 새로운 태양
> 새로운 빛깔의 세계를 날아다닐
> 자유, 자유…
>
>   하덕규, 〈푸른 애벌레의 꿈〉 중에서

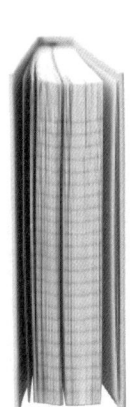

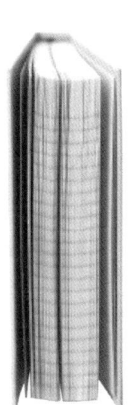